REGIONAL- UND FREIZEITFÜHRER

Hedwig Amann, Ruhpolding, Kunsthistorikerin, Autorin: »Macht und Pracht«, »Bei uns«
Heinz Burghart, Grünwald, Chefredakteur a.D. Bayerischer Rundfunk, Bücher: »Heimat im
   Oberland«, »Kleiner Garten — große Liebe«, »Rathaus, Umwelt, Bürgernähe«
Gregor Dorfmeister, Bad Tölz, Redakteur und Schriftsteller, Bücher: »Die Brücke«, »Das
   Urteil«, »Die Straße«
Ruth Drexel, München, Intendantin Münchner Volkstheater
Helmut Eckl, München, Wissenschaftlicher Mitarbeiter, Schriftsteller, Bücher: »Da Bibe«,
   »Bierblick«, »I hob wos gschriebn«
Wolfgang Gärner, Garmisch-Partenkirchen/München, Redakteur »Süddeutsche Zeitung«
Gisela Goblirsch-Bürkert, München, freie Journalistin
Hans Heyn, Rosenheim, Schriftsteller, Bücher: »Der Chiemgau«, »Der Inn«, »Süddeutsche
   Malerei«
Walter Hörmann, Miesbach, freier Journalist
Cornelia Krings, Schnaitsee, Fernseh-Journalistin
Joachim Krings, Schnaitsee, freier Journalist
Roswitha Loibl, Starnberg, Redakteurin »Süddeutsche Zeitung«
Hannelore Meyer-Bréfort, Eichenried, Fernseh-Redakteurin
Willy Michl, München/Oberland, Blues- und Rocksänger
»Ponkie« = Ilse Kümpfel-Schliekmann, München, Film- und Fernsehkritikerin, »Adolf-
   Grimme-Preis«, Bücher: »Ponkies Glossen: Wo bleibt das Positive?«, »Bayern vorn«,
   »Cinema und Kino«
Dr. Christian Soika, Traunstein, Kreisheimatpfleger, Bücher: »Bei uns«, »Sehenswürdigkeiten
   bei uns«, »Der nördliche Rupertiwinkel«
Ferdinand Steffan, Eiselfing, Studiendirektor, Bücher: »Von der Adria zum Chiemsee«, »Vom
   Steinbeil bis zum Bajuwarenschwert«, »Süddeutsche Malerei«
Susanne Strohmeyer, Kunsthistorikerin, Fernseh-Journalistin
Karin Wimmer, Berchtesgaden/München, Kunsthistorikerin

Regional- und Freizeitführer

OBERBAYERN

Herausgegeben von Joachim Krings

VSA-Verlag, Hamburg

Fotonachweis
Cordes 10, 13, 15, 21, 24, 27, 29, 38, 40, 81, 108, 170; Englmaier 9, 33, 103, 139, 187, 192, 197, 201, 206, 211, 212, 215, 222, 230, 233, 241, 247, 250, 253; Fremdenverkehrsverband Pfaffenwinkel 83; Kümmerle 133; Löbl-Schreyer 18, 23, 30, 35, 37, 45, 47, 50, 53, 54, 57, 61, 62, 66, 69, 74, 78, 84, 86, 94, 97, 101, 104, 110, 114, 120, 122, 125, 127, 130, 140, 144, 147, 148, 152, 154, 159, 160, 163, 165, 168, 173, 174, 178, 182, 185, 188, 191, 199, 203, 208, 225, 226, 228, 238, 243, 245, 249; Lutz 117.

VSA-Verlag, 1992, Stresemannstr. 384a, 2000 Hamburg 50
Alle Rechte vorbehalten
Druck: Fuldaer Verlagsanstalt
ISBN 3-87975-590-6

Inhalt

Oberbayern-Info

Hier scheint die Zeit stehengeblieben zu sein

Eine Reise durch Oberbayern

Wer unbedingt im »Bräustüberl« zu Weihenstephan dem Gerstensaft aus der ältesten Brauerei der Welt zusprechen und einen »Obatzdn« verdrücken will, hat schon 'mal Leib und Seele für die Reise prächtig eingestimmt. Natürlich könnte er schnurstracks auf die Scharitzkehlalm am Obersalzberg düsen und dort eine Königsseeforelle plus Enzian genießen. Damit hätte der eilige Besucher immerhin schon dreierlei geschafft: Oberbayern von Norden nach Süden auf der 250- Kilometer-Direttissima zurückzulegen, zwei Paar lukullischer Schmankerl einzulegen — und den Anspruch auf das Gesamtvergnügen Oberbayern abzulegen.

Nehmen wir uns also lieber Zeit zum Müßiggang und fragen: Was treibt den Isarwinkler Michael Angermeier, aus uralter Flößerfamilie stammend, dazu, auf hölzernen 18-Meter-Riesen die heftig wogende Freizeit- und Touristikwelle mit seinen gewaltigen ›Pratzen‹ in der Fahrrinne zu halten? Warum tragen die unverheirateten Miesbacher Trachten-Madln ein Mieder? Woran denkt der meisterhafte Fingerhakler Sepp Huber aus Eiselfing im Chiemgau, wenn er einen furchterregenden Koloß in Krachledernen über den Tisch zieht? Weshalb überlegt sich Prinz Luitpold von Bayern, mit seinen Kaltenberger Rittern das Münchner Oktoberfest im Handstreich zu nehmen?

Da warten einige überraschende Geschichten und amüsante G'schichtln auf den entspannten Leser, der mit uns eine sehr persönlich gefärbte Reise durch's weißblaue Stammland unternehmen will. Nichts kommt von ungefähr, schon gar nicht das innige Verhältnis zwischen Altbaiern, Preißn und Zugeroasten — aber alles ist im Fluß. Apropos Altphilologen: Wie hätte es der Latein-, High-Tech- und Black-Power-Freak Franz Josef Strauß gesagt: De mortuis nihil nisi bene. Auf gut boarisch heißt das: Dene laß' ma eana Ruah! Halten wir's also am Grabe des Alpen-Machiavelli im wunderschönen Rott am Inn mit der tradierten Volksweisheit und schauen unter anderen den dort immer häufiger aufkreuzenden FJS-Pilgern aus Luther-Landen auf's Maul!

Wer Oberbayern in ein schwarzes Einmachglas preßt, hat keine blasse Ahnung vom prallen Farbenspiel zwischen Himmel, Erde und grantig-griabigen Bauernschädeln. Was dahinter zum Vorschein kommt? Beispielsweise St. Martin, ein im Pfaffenwinkel wohlverborgenes Rokoko-Juwel aus der Kollektion eines umwerfenden Schatzes an Sakral- und Profan-Kunstwerken, von denen das baierische Oberland nur so — also eben nicht neureich — strotzt.

Spätestens jetzt ist es an der Zeit, mit dem dumm-dreisten Klischee vom jodelnden Schaum-vorm-Mund-Seppl aufzuräumen. Das besorgt ›Ponkie‹, gebürtige und geborene Münchnerin, mit Verve. Die unerbittliche Großreinemache-Frau in puncto Film-, Fernseh- und Festival-Putz hat jahrzehntelang so gründlich die kleinbürgerliche Großkotz-Szene geschrubbt, bis sie von ihren volkstümelnden Erzfeindinnen und -feinden gehaßt und von TV-Nordlichtern mit dem ehrlich verdienten Adolf-Grimme- Preis in die Klasse der geadelten Federn erhoben wurde — halleluja!

Und was läuft mit den nahtlos-braunen Sirenen am Starnberger See? Stimmt es, daß die Goldgräber vom Erdinger Moos aus sauren Wiesen Nuggets schürfen? Wieso hören die Croupiers im Spielcasino von Bad Wiessee ausgerechnet auf das Kommando einer braven Beamtentochter aus Freising?

Bevor wir nun auf den Heiligen Berg von Andechs wandern, eine Maß von Pater Anselm trinken, über den Kreuzritter Graf Rasso schwadronieren und eine Antwort auf die Frage geben, woher der Homo Alpinus eigentlich kommt und wohin ihn seine Haferl-Schuah führen, blättern wir um.

Joachim Krings

Nur Massel
Ein Stück Sprachforschung

Wer etwas davon versteht, wundert sich wohl kaum über die Huldigungen der Damen und Herren Sprachforscher: Besonders ursprünglich soll es sein, das Altbayerische, farbig, klangvoll und facettenreich — wenn man das Abgewetzte, Entgleiste, Verschmierte abzieht, das erst in den vergangenen fünfzig Jahren seinen schönen Sprachkörper ›verunstaltet‹ hat. An ihm haben, seit vor etwa hunderttausend Jahren die ersten Menschen aus dem Mittelmeerraum ins Alpeninnere vordrangen, ganze Heerscharen modelliert: etliche vorgeschichtliche Volksgruppen, dann die Kelten, die Römer, auch Slawen, auch Juden; nicht zu vergessen amerikanische Besatzer, Gastarbeiter und Touristenschwärme.

Von der grauen Theorie in medias res, ins Eingemachte. Die alten Römer bezeichneten den gebrannten Ton als ›tegula‹, im Oberland sagen die Bauern zu einem Tongefäß noch heute ›Degel‹. Ihre Ochsen und Pferde bringen sie mit einem kräftigen ›Wiahh‹ auf den rechten Weg, der Lateinschüler lernt, daß die Straße ›via‹ heißt. Ortsnamen, die mit einem ›-pfunzen‹ enden, liegen immer an einem Bach oder Fluß — Hinweis auf eine Römerbrücke, eine ›pons‹.

Bei jeder Fahrt übers Land stößt man auf das Erbe der Kelten, das sich im Altbayerischen wie im Englischen erhalten hat. Die zahlreichen Ortschaften, deren Namen auf ›ham‹ enden, spiegeln es wider: das keltische ›ham‹ wird im Bayerischen ›hoam‹ ausgesprochen und heißt im Englischen ›home‹, also Heim. Beim ›Anzünden‹ spricht der Altbayer von ›Kentn‹, was auf das angelsächsische ›candle‹ verweist. Und die ›Goaß‹, die ›Geiß‹, klingt auf englisch ›goat‹, was auf eine ebenso nahe Verwandtschaft schließen läßt wie der englische ›moon‹ mit dem altbayerischen ›Muu‹, dem Mond.

Von den Romanen haben die Bayern das lautmalerische ›Stuzzn‹ übernommen, mit dem ein kleingewachsener Mensch bedacht wird. Schauen Sie doch einmal auf

Viele Nordlichter werden diese Runde nicht verstehen

eine italienische Zahnstocher-Packung: da steht ›stuzzicadenti‹ drauf. Und das schöne ›Stranizn‹, das von unseren Freunden im Süden kommt, nehmen wir auch lieber in den Mund als die schnöde ›Tüte‹. Von ihren gemeinsamen Feldzügen mit Napoleon haben die Bayern das Trottoir (Gehsteig), das Portemonnaie (Geldbörse), das ›Potschamperl‹ (pot de chambre, Nachttopf) und das ›Budei‹ (bouteille), die kleine Flasche, mitgebracht, und, nicht zuletzt, die ›Klawusterbirl‹, die Kotzotteln am Hinterteil der Kühe (éclabousser: mit Kot bespritzen).

Das angeblich so urbayerische ›Massel‹, das unverdiente Glück, stammt aus dem Hebräischen, ebenso wie der ›Baaz‹, mit dem der Bayer das Schmierige — übrigens auch das Geld — bezeichnet; das hebräische Stammwort heißt ›boz‹, und damit war lehmige Erde gemeint.

Aufschlußreich sind auch die Bergnamen: Jeder bayerische ›Buckel‹ entspricht dem römischen ›buccula‹ und jeder ›Kogel‹ dem lateinischen ›col‹ für Hügel. Am Schliersee ragt der ›Waxensteiner‹ auf; den hat jemand so getauft, der barfuß die steinigen Wege zum Gipfel genommen hat, denn die Pfade sind ›wax‹, rauh, oder auch ›vaxus‹, wie der Lateiner zu sagen pflegte. Selbst so ›deutsche‹ Bergnamen wie ›Staufen‹ oder ›Tauern‹ verdanken wir den angeblich so Fremden; die Italiener besteigen keine Treppe, sondern eine ›scala‹, und die ›Tauern‹ kommen vom slawischen ›tur‹, das etwas Aufgebrochenes, Krustiges meint.

Ja, die Sprach- und sonstigen Rassisten seien dringend davor gewarnt, sich selber und ihre ererbte Sprache für sonderlich rein oder echt oder unverfälscht oder sonstwas zu halten. Selbst den ›Radi‹ und die ›Brezn‹, die sich der Bayer zum Bier schmecken läßt, kannten schon die alten Römer, und zwar als ›radix‹ (Wurzel) und ›brachiolum‹ (kleines Ärmchen).

Nein, das Altbayerische ist eine wunderbar gelungene Mischung, die davon zeugt, daß die so häufig von völlig unauthorisierter Seite zitierte ›Liberalitas Bavariae‹ im Sprachgebrauch der einfachen Leut' Eingang gefunden und ihn geprägt hat. Ein letzter Beleg: Die ›urbayerische‹ Bezeichnung ›Gungerer‹, die für eine beliebte Kuhglocken-Art steht, geht auf die persisch-pakistanische Ursprache namens ›Gutscherati‹ zurück; dort trägt eine Kuhglocke den klangvollen Namen ›gungara‹.

Walter Hörmann

Sieg mit Links
Der stärkste Finger im Hakler-Land

Sein größter Tag fing an mit Übergewicht: Nach drei Wochen bei sperrigem Fleisch, Gemüse und Knäckebrot bringt Josef Huber immer noch 88 Kilo auf die geeichte Waage — ein Pfund zuviel für die Halbschwergewichts-Klasse. Nichts wie in die Sauna vom Spezl, eine Stunde abkochen, dann im 1000-Meter-Sprint zurück ins Festzelt von Wasserburg am Inn, wo die Deutsche Meisterschaft '91 im Fingerhakeln ausgetragen wird. Elf Uhr. Der Sepp, 30 Jahre, Landwirt, ein sehniges Muskelpaket von 1,87 Meter Größe, zieht sich aus, hält die Luft an: paßt, 50 Gramm unterm Limit. Noch vier Stunden bis zum ersten Kampf. Er marschiert zurück zum Hof, drei Kilometer entfernt. Zwei Schnitzel, ein Verdauungsspaziergang, noch ein Schnitzel, ein paar Eier, Mittagsschlaf. Der Lokalmatador, vor zwei Jahren schon einmal deutscher und alpenländischer Hakler-Meister, betritt um 14 Uhr die Walstatt im Chiemgau: zweieinhalbtausend Zuschauer, die Musi spuit auf, Maßkrüge krachen aneinander, die Fans in Trachten toben. Ruhig, selbstsicher, lächelnd die ›Chefin‹, seine junge, hübsche Frau, die ihn begleitet; ihre zwei kleinen Kinder mußten daheim bleiben, bei Großmutter und Urgroßmutter.

Auslosung. Ein harter Schlag — gleich der Vizemeister vom Vorjahr, als der Huber Sepp wegen eines Unglücksfalles in der Familie seine zwei Titel von '89 nicht verteidigen konnte. 15 Uhr: Der Schiedsrichter, ein Hakler aus dem Bayerischen Wald, legt den knapp 10 Zentimeter langen, gut ein Zentimeter dicken Ring aus Hanf und Hundsleder auf den eingeschraubten, 80 mal 60 Zentimeter großen Tisch. Die Kontrahenten hakeln mit dem rechten Mittelfinger ein, stemmen ein Bein gegen die Tischkante, die Auffänger hinter den Matadoren strecken die Arme aus. Der Sepp schwitzt, rutscht unruhig hin und her, das Kommando kommt: »Beide Hakler fertig — zieht!« Ein Schrei, lähmendes Entsetzen im Chiemgauer Lager — der Sepp liegt

Nicht alles, was so aussieht, ist Folklore

am Boden, das Gesicht verzerrt, der Finger blutet, aus, vorbei. Der geschlagene
Favorit rappelt sich hoch, gratuliert seinem Bezwinger, tritt ab. »Guat is er scho, der
andre, da gibt's gar koa Radi neda«, sagt Josef Huber anerkennend — will heißen:
Sein Gegner hat verdient gewonnen, basta.

War alles umsonst, die Fasterei, die Schinderei auf dem Dachboden, wo er den
Elektromotor an die tausend mal aufgezogen hat, die unzähligen Klimmzüge an den
Trainingsringen vor der Haustür? »Normal bist du weg, wenn du gleich in der ersten
Runde verlierst und dein bester Finger kaputt ist«, weiß Huber aus vielen Schlach-
ten. Aber was ist schon normal für ihn? »Daß du morgens um sechs aufstehst, zehn,
zwölf Stunden arbeitest, jahraus, jahrein, zusammen mit der Frau und der Mutter,
um den Hof über Wasser zu halten. Daß die Großmutter auf die Kinder aufpaßt. Und
daß wir zu unseren zwei Mädeln noch einen Bub, einen Stammhalter wollen.«

Der auf einem sanften Hügel gelegene, von Wiesen und Wäldern umgebene
Einöd-Hof im Chiemgau gehört der Familie Huber seit Jahrhunderten. 35 Hektar
groß ist er heute, 70 bis 80 Stück Vieh, Milchwirtschaft, Holzgeschäft. Der Bauer
starb, als Sepp 19 Jahre alt war; seine Mutter führte den Hof weiter, verpachtete ihn
vor sechs Jahren an den Sohn, damit sie weiterhin die lebensnotwendige Witwen-
rente beziehen kann. »Wir müssen rechnen, arbeiten, kämpfen. Rückschläge sind da
immer drin, das gehört dazu«, sagt der Dreißigjährige, der vom Äußeren her dem
Klischee vom urwüchsigen, ein wenig unbeholfenen Naturburschen täuschend
nahekommt.

Natürlich zieht er mit dem rechten Mittelfinger schier unglaubliche zehn, wenn's unbedingt sein muß auch zwölf Zentner über den Tisch, mit dem linken ein bißchen weniger. Aber damit allein ist in Hakler-Kreisen kein Blumentopf zu gewinnen. »Ich will den Erfolg. Du mußt Schmerzen aushalten können, kämpfen bis auf's Blut, auch gegen Freunde. Nachat samma wieda guat.«

Vielleicht ist es diese Mischung aus archaischem Siegeswillen, stoischem Gleichmut und der Fähigkeit zur Freundschaft, die Josef Huber ein wenig aus der Masse der gut 1000 Fingerhakler aus Bayern und Österreich heraushebt. Wenn er bedauernd feststellt, daß heutzutage selbst in Oberbayern für's echte Brauchtum keine Sponsoren aufzutreiben sind, so hat das weniger mit einem Becker-Graf-Syndrom zu tun.

Seiner Meinung nach liegt da etwas im Argen. Wenn sich's ergeben würde — Dollars oder harte D-Mark verachtet auch der Huber Sepp nicht; Bauern können seit jeher rechnen, weil sie's können müssen. Doch für ihn zählt das Ganze, eines ganz besonders: »Auf Freunde muß man sich verlassen können.«

Da war er, im Wasserburger Festzelt, schon ein wenig in Zugzwang; schließlich erwarteten die Spezln von ihm, dem eisernen Sepp aus Eiselfing, vor den Toren Wasserburgs nichts anderes als den Sieg — Flop im ersten Gang hin, kaputter rechter Finger her.

Der zweite Kampf, ein junger Gegner, gerade zwanzig: keine Probleme; der dritte bringt's auch nicht. Beim vierten stößt er auf seinen besten Freund, der einen Hof zehn Kilometer nördlich bewirtschaftet. Der, ein Spitzen-Hakler, hat bislang alles gewonnen; eine Niederlage kann man sich erlauben, er nimmt sie sich; Absprache, vorher; Verlaß. Der schwerste Brocken jetzt — Titelverteidiger '90. Der Sepp hat schon dreimal gegen ihn verloren, mit Hurra. Ein erfahrenes, bärenstarkes Mannsbild, gefürchtet wegen seines explosionsartigen, fast unmenschlichen ersten Zugs, der meist alles entscheidet.

18.23 Uhr. Josef Huber verankert den Ring sorgfältig zwischen Horn-Buckel und Handballen, linker Mittelfinger. Magnesium kleistert die Einrißstellen, Spuren der vorangegangenen Kämpfe, an der Wurzel zu. Der andere, sein Kontrahent, ist auch schon ramponiert. Diesmal ist der Sepp ruhig, konzentriert, selbstsicher — Voraussetzung für's Überleben der ersten, ultimativen Attacke.

Zug und Gegenzug stauen sich 15 erbarmungslose, ewige Sekunden lang in den Armen, dann fliegt der Gegner, 87 Kilo schwer, wie eine Feder über den Tisch. Der Rest ist reine Formsache: Das vorletzte Hindernis auf dem Weg zum erneuten Titelgewinn, dem Triumph vor heimischer Kulisse, geht in Sekundenschnelle über den Jordan, der Finalist hat den Glauben an sich verloren — es ist der Meister '90, den der Sepp eben, im Kampf davor, zum ersten Mal geschlagen hatte. »Der war weg, der schlagt mi nimmer«, sagt Josef Huber.

Seine energische, tüchtige Frau hört ihm lächelnd zu. Sie hakt ihn unter, am Arm. Die Kinder, die Mutter, die Großmutter warten auf den Kämpfer. Und der Hof.

Joachim Krings

Es liebt, es haßt, kniet und rennt
Bauerntheater

Über »Bauerntheater« soll ich mich äußern. Warum? Wohl, weil ich ein Theater leite, das sich »Volkstheater« nennt, und weil wir jahrelang, ziemlich kindisch, ernsthafte Theaterleute mit dem Schlachtruf »Wir wollen Bauerntheater machen!« frustriert haben.

Heutzutage stößt solche Verlautbarung auf erhebliche Empfindlichkeiten. Auch das Theater ist aufgestiegen aus dem Straßengeruch — »Hängt's die Wäsch' weg, die Schauspieler kommen« — zu den ... Nein! Nicht zu den Reichen und Mächtigen; prostituiert hat es sich immer, für viel Geld, und das hat ihm sogar gutgetan. Hinauf zur reinen Luft des Akademischen hat sich das Theater geschwungen — und sich dort den Mehltau geholt. Die Sonne eines Publikums, das liebt, scheußlich findet, haßt, bewundert, kniet, zur Polizei rennt, kurz brennt — sie bringt die Pflanze Theater zum Gedeihen und ist durch blendende Kritiken und Theater-Bundesliga-Rituale nicht zu ersetzen.

Allein aus dem Unbehagen über diese Tatbestände soll diese Sucht nach »Bauerntheater« zu verstehen sein? Aber was ist »Bauerntheater«?

Ich suchte mich kundig zu machen und fand unter dem Stichwort ›Bauerntheater‹ Aufführungen, die von Bauern für Bauern gespielt werden: »Das hat es kaum je gegeben, Handwerker haben dort für Ansässige und Sommerfrischler gespielt, die Letzteren waren sehr bald in der Überzahl ... Das Geschäft war gut, wenn nicht glänzend ...« Und, zum Inhalt: »Ein Liebespaar liegt sich gerührt in den Armen, im Vordergrund der alte Pfarrer, der ins Wasser gefallen ist mit triefenden Kleidern, im Hintergrund die Bösewichte Vater und Sohn, ersterer einen durch Zufall verhinderten Mord, letzterer einen Inzest verbergend, das macht in einem Volksstück gar nichts, wenn nur der richtige Bua das richtige Deandl kriegt.«

Pfui Teufel! Danach sehnt sich doch kein Mensch, da hätten wir uns aber gewaltig geirrt. Dieses Zitat stammt schon aus dem späten 19. Jahrhundert; etwas früher ist folgendes passiert, ich lese: »In Baiern ist das Theaterspielen wieder einmal verboten, aber im Tirolischen ist es erlaubt. Wenn die Herren hoffen (geschrieben 1864), daß sich ihnen zu Lieb der Bauer sein schönstes Sonntagsplaisier abgewöhnt — jetzt lauft und fahrt alles ins Tirol hinein, zecht den teueren Wein, lebt in der größten Lustbarkeit und kommt in der finsteren Nacht mit leerem Beutel paarweise wieder heim. Hätten wir unser Theater im Dorf, blieben die Leute daheim und wir könnten selber auf sie Obacht geben.« Weiter steht da: Auf einem Tiroler Theater hätten sie eine Art Passionsspiel aufgeführt, da habe Judas dem Teufel seine Seele verschrieben, nachher sei der Verräter vom Baum gefallen und ihm der Wanst geborsten, es sei ein ganzes Gequirl von schmackhaften Würsten, seine Eingeweide vorstellend, herausgequollen, welche die Teufel unter furchtbarem Hallo des Publikums verzehrt hätten.

Das ist doch grandios, da entdecke ich die Verbindung zum Stück des Innsbrucker Polizeipräsidenten Rudolf Brix ›Die Räuber vom Glockenhof‹, das ich bei den Tiro-

Interessantes Bauerntheater, das sind die großen Stoffe

ler Volksschauspielen 1983 inszeniert habe und das mir so recht als eine Art wunderbares Bauerntheater erschienen ist und auch den Telfern offensichtlich sehr gefallen hat. Das war mir wichtig, denn sie sind die begabtesten, lustigsten und intelligentesten Laienspieler, die ich kenne. Sie sind ohne weiteres in der Lage, mit Profis auf der Bühne zu stehen, mit ungeheurer Präsenz und ohne Augenzwinkern eine Rolle mit allen Konsequenzen durchzuspielen.

So glaube ich, daß es nicht die blöden Familien- und Erbschaftsgeschichten sind, die das wirklich interessante Bauerntheater ausgemacht haben, sondern Räuberpistolen, Ritterstücke, die Passion, die Sintflut und andere Motive aus der Bibel, aus Sagen und Märchen — die großen Stoffe eben.

Vor kurzem erst bin ich wieder mit einem Stück konfrontiert gewesen, das in diesem besten Sinne mit Bauerntheater zu tun hat: »Fürwahr ein Schreckstern jedem ist, der Sündflutgrund zu aller frißt« von Anton von Bucher, der auch den »Entwurf einer ländlichen Karfreytagsprozession« geschrieben hat. Diese Prozessionen hatten in Bayern eine alte Tradition. Bucher: »Sie sind zuerst an den Wirkungsstätten der Jesuiten ab 1570 belegt, die ihr Talent für theatralische Inszenierungen auch hier bewährten... Kleine Spielszenen wurden eingefügt, immer mehr Nummern enthielt der Umzug... Die bayerische Lust an derben Späßen macht nicht Halt vor dem Anlaß. Kritische Anmerkungen auf mißliebige Obrigkeiten mehrten sich... Verbote fruchteten wenig, wer sich unterfing, sie durchsetzen zu wollen, hatte damit zu rechnen, daß ihm von den aufgebrachten Bauern die Fensterscheiben eingeworfen wurden.«

Die Bayern werden da als »theaternärrisches, sinnlich-fanatisches Volk« beschrieben, das »überschüssige Energien im Spiel befreit«. Das klingt doch anders als das, was wir heute unter Bauerntheater verstehen!

Nun interessiert noch die Rolle des Dialekts, denn sicher finden wir im Bauerntheater die Wurzeln aller Mundartstücke. Volker Klotz schreibt über die Mundart in seinem Buch »Das bürgerliche Lachtheater«: »Die Sprache der Posse ist die Mundart des Ortes, an und von dem sie handelt, die Verständigungsform der Kleingewerbetreibenden, die das Hauptpersonal der Posse stellen. Sie riegelt sich räumlich und sozial ab gegenüber den verstörenden Auswirkungen des aufkommenden Industriekapitalismus, seine einebnenden Heimat- und eigenartswidrigen Tendenzen, so auch gegen seine Hochsprache. Sie steht den lokalen Werten neutral, wo nicht feindlich gegenüber. Sie (die Tendenzen) sind politisch ein Ausdruck dessen, worin sich die jeweiligen lokalen Kleinbürger verwaist und entrechtet sehen: im Raum der deutschen Einzelstaaten, aber auch in der angestrebten nationalstaatlichen Einheit. Die Mundart in der Posse dient somit als authentisches Mittel der sozialen Verständigung für alle und der psychischen Selbstverständigung jedes Einzelnen. An ihr scheiden sich die Leute in solche, denen man vertrauen darf, und solche, denen man mißtrauen muß.

Daher sprechen die Bösewichte regelmäßig hochdeutsch. (Die hessische Zensurbehörde hat darauf bestanden, daß die Polizisten im ›Datterich‹ den Niederungen des Dialekts zu entziehen seien und hat damit weniger im eigenen als im Interesse der Posse gehandelt.) Hier hat die Posse ihre Chance!

Der andersartige Sprachbrocken schlägt ein Loch in die geläufige Lokalsprache, das sich jedoch umgehend wieder schließt. In dem Augenblick, wo sie von außen angerempelt wird, verwandelt sich die selbstverständlich gesprochene Alltagssprache in einen bewußten Akt. Sie erweist sich dem deplazierten Text gegenüber als widerstandsfähiger, nicht sie, sondern der sprachliche Fremdkörper wird verlacht. Notwendigerweise. Denn ob gestelzter Liebesbrief, Tragödienpassage, bürokratische Amtsverlautbarung — wo derlei überraschend in eine handfeste Lebenslage stößt, kann es nur lebensfern, verkünstelt und untauglich erscheinen. Doch die Posse kritisiert nicht nur das auswärtig Fremdartige, sondern zudem das inwendig Eigenartige. Die Doppelkritik äußert sich unüberhörbar, wenn eine verklärte, heroische Welt durch den Fleischwolf des kleinbürgerlichen Gemütslebens gedreht wird … Nicht so leicht wird das Publikum geneigt sein, in die andere, die eigene Richtung mitzulachen. Gegen den zusammengeschrumpften Spielraum der Taten und Leidenschaften, gegen eine wohlbehütete Lebensführung, die weder dem Einzelnen noch der Gesellschaft das Äußerste ihrer menschlichen Vorstellungskräfte und Handlungspotenzen abfordert.« — Soweit dieses lange Zitat. Es scheint mir wichtig, weil gerade diese Ausführungen, die ja Stücke aus der Vergangenheit beschreiben, mir so verdammt aktuell erscheinen.

Greift nicht im Moment der »nationalen Einigung« 1990/91 im Gegenzug irratio-
nale Angst vor Verlust der Identität um sich, die sich in furchterregenden und gewalt-
tätigen Aktionen Luft zu machen versucht, während ich im selben Zeitraum über
den gewiß nicht komödienstadlverdächtigen Herbert Achternbusch in der Süddeutschen Zeitung lese, er hätte sich einen »längst überholten Regionalismus« zuschul-
den kommen lassen.

Gibt es da nicht einen Zusammenhang? (Zwischen ›nur noch Deutscher‹ =
selbstverständlich Hochdeutscher sein, und Ausländern und Andersrassigen die
Bude anzünden?) Kann man die (höchst vernünftigen) immer größeren, übergrei-
fenden politischen und wirtschaftlichen Organisationsformen (Europa z.b.) nicht
besser verkraften, wenn man Europäer und beispielsweise Oberbayer sein darf?

Und da würde dann die Bedeutung von etwas, das ich schon wieder Bauerntha-
ter nennen möchte, enorm wachsen. Diese Ausdrucksform »Bauerntheater« sehe
ich nicht nur auf das Theater beschränkt, ich sehe sie in der Literatur, im Film und in
Sternstunden sogar im Fernsehen.

Ruth Drexel

Absichten und Aussichten
Übers Fensterln

»Steig net so laut auffi, mei Büaberl, sei gscheidt, geh fei auf dö Zeechern (Zehen),
sonst weckst meine Leut!« In diesem Vers eines altbairischen Scherzliedes, das der
wohl bekannteste Sammler derb-erotischer, weiß-blauer Redensarten, Georg
Queri, für die Nach(t)welt aufbewahrt hat, klingt eine besondere Spielart vorehe-li-
cher Liebesbeziehungen an — das Fensterln. Sie ist landauf, landab mit Nachdruck
betrieben worden, zumal in jenen noch gar nicht so lange zurückliegenden Zeiten, da
eine gemeindliche Heiratsgenehmigung vom Nachweis des Hausbesitzes oder
wenigstens eines Wohnungseigentums abhängig gemacht wurde — um Sozialfälle in
der »Gmoa« (Gemeinde) erst gar nicht entstehen zu lassen.

Das Kammerfensterln, mancherorts polizeilich verboten, andernorts stillschwei-
gend geduldet, wird von Johann Andreas Schmeller, dem Schöpfer des ›Bayerischen
Wörterbuches‹, als abend- oder nächtlicher Besuch eines Burschen beim Mädchen
seiner Wahl geschildert, »was meist in allen Ehren geschieht«. Womit Schmeller
meint, das Fensterln beschränke sich auf's Liebesgeflüster, äußerstenfalls auf den
Austausch von harmlosen Liebkosungen am Fenster, wobei das Mädchen drinnen,
der Bursch aber gußeisern draußen auszuharren hat.

Daß indes ein so hoher moralischer Anspruch des öfteren dem Sturm der Gefühle
nicht standhalten konnte, ja, daß in der Regel das Fenster nicht nur Treffpunkt blieb,

sondern zur Pforte ins Paradies, sprich in den »Kreister« (Bett) der Angebeteten wurde, das belegt die im Volkslied festgehaltene Mädchenklage: »Hätt' i mei'm Büaberl net 'traut, hätt' i koa Wiagerl (Wiege) net braucht!« In der Tat bezeugen so manche Vernehmungs-Niederschrift und nicht wenige Vaterschafts-Prozeßakten, daß der — oder die — Verführer erst mittels einer Leiter ans Ziel ihrer Begierde gelangt waren. Und daß selbst die »ausgesetzte« Lage eines Kammerfensters keine Gewähr für die Tugendhaftigkeit der dahinter hausenden Dirn zu bieten vermochte. Da gibt's Belege wie: »Dö hat an jeden eini und dö mehran aa auffi laß'n.« Das machte dem Richter, der über die Vaterschaftsklage zu urteilen hatte, die Sache im Falle eines Falles nicht gerade leichter.

Da gibt's Geschichten, stammend aus dem Isar- und Loisachtal, von den Ufern des Lechs, der Salzach und des Inns: von Bauern, die den Burschen den Weg zur Kammer der Tochter verwehren wollten und dabei in der Wahl ihrer Mittel nicht eben zimperlich waren; zur Not griffen sie zum Schrotgewehr oder ließen den Hofhund von der Kette. Oder von hitzigen Liebhabern, die sich in der Wahl des Fensters vertaten und unversehens bei einer furchterregenden Altdirn landeten. Der bayerische Volksmund hat für solchen Irrtum einen hämischen Ausdruck auf Lager: »Der hat's Kuahfenster 'troff'n!« Ein Volkslied berichtet: »Da Bau'r und da Hund ham mir 's Mensch net vergunnt. Hab 's scho g'habt bei sei'm Pfoad (Hemd), ham s' mi do no vajoat (verjagt).«

Hier könnt man sich's vorstellen

Bezeugt ist auch, daß so manchem fensterlnden Burschen die an der Hauswand lehnende Leiter vom Bauern weggeräumt und der Liebhaber so zum offiziellen Rückzug über die Hausstiege gezwungen wurde, was nicht selten einen unfreiwilligen Heiratsantrag zur Folge hatte — wollte der ertappte Bursch nicht 's Dirndl in d'Schand bringen!

Doch über all der angeblichen Gaudi, die es mit dem Fensterln so auf sich hatte und in dämlichen Soft-Pornos unablässig aufgerührt wird, darf keinesfalls die wohldurchdachte Sozialfunktion des ländlichen Brauchs in den Hintergrund treten. Das Kammerfenster war zu Zeiten, als an das selbstverständliche Miteinander von Mädchen und Burschen noch nicht zu denken war, der einzig mögliche Begegnungspunkt überhaupt — und ein geduldeter dazu.

Heut' haben es die Madln und Buama selbst in konservativen Landstrichen nicht mehr nötig, am Fenster zu scharwenzeln und zu balzen; dieses Spielchen wird höchstens noch auf den Bauernbühnen zum Gaudium vorwiegend außerbayerischer Zuschauer aufgeführt. Wenn der Brautwerber heute der ohnedies rar gewordenen Dirn oder gar der Bauerntochter selber den Hof machen will, dann kommt er nicht mehr in Strumpfsocken über Leitersprossen, sondern pfeilgrad durch die Haustür.

So wird also jener mißglückte Fensterlversuch in Gaißach, den die Tölzer Landespolizei notierte, der Schlußpunkt gewesen sein: Ein liebeshungriger Galan kippte samt Leiter um, stürzte vier Meter tief und blieb mit kompliziertem Schulterbruch gleich neben dem Misthaufen liegen.

Das war vor nunmehr zwanzig Jahren.

Gregor Dorfmeister

Eine Geschichte für sich
Über die Boier

Was sind das nur für Leute, die sich darüber wundern, daß im Freistaat die Uhren anders gehen? Schon mal was von Geschichte gehört, Herr Hinz und Frau Kunz? Naja, einige der weiß-blauen Polit-Dimpfl und ihrer subalternen Schaumschläger, vorzugsweise im Raiffeisen-Smoking gewandet, scheinen auch nicht mehr zu wissen, woher sie kommen, geschweige denn, wie weit sie gehen wollen.

Wir werden sehen. Beginnen wir unsere Tour d'horizon an einem bedeutsamen Ende: Am 13. November 1918 entbindet König Ludwig III. auf Schloß Wildenwarth am Chiemsee seine Beamten und Soldaten vom Treueeid auf die Krone. Die 700jährige Herrschaft der Wittelsbacher ist passé, aus dem Königreich Bayern, gute 100 Jahre alt, wird der Freistaat. Das Ruder in München übernimmt, wenn auch nur für einen Wimpernschlag der Geschichte, Kurt Eisner, übrigens wie Benito Mussolini

Die Könige sind tot, die Schlösser leben als Ausflugsziele

ein Theaterkritiker und Sozialist. Während der »Duce« bekanntlich zum Faschisten mutieren und später an einer Tankstelle aufgehängt werden wird, fällt Eisner sehr bald den Schüssen eines Grafen Arco (lat: der Bogen) zum Opfer. Der Attentäter, der damit den Anstoß zur kurzlebigen Räterepublik gab, wurde von der Justiz nie zur Rechenschaft gezogen.

Nun denn: Ein Hochgefühl für das »königlich-bayerische Zeitalter« hat sich bis in die Gegenwart erhalten; die Verklärung des absolutistischen, homoerotischen Romantikers Ludwig II. zum Märchenkönig ist ein kleines, liebenswertes Beispiel dafür. Doch die Ära der Monarchie war lediglich ein Zwischenspiel, wenn auch — nehmt alles nur in einem — ein kunstvolles. Als Patron für die Thronbesteigung fungierte Napoleon, der geniale Korse — aus kaltem Machtkalkül. Der selbsternannte Kaiser der Franzosen hatte sich erkenntlich dafür gezeigt, daß Kurfürst Max Joseph 1805 flink die Seite gewechselt, sich zum Rheinbund (!) geschlagen und damit dem Heiligen Römischen Reich Deutscher Nation den Todesstoß versetzt hatte. Ein Jahr später war Bayern Königreich geworden.

Ausnahmeweise sind sich Historiker und Tagespolitiker einmal einig: Das hatte Folgen! Sehr umstritten dagegen die Frage: War damit nicht die über tausendjährige Souveränität der Bayern gekrönt worden? Hatten die Wittelsbacher nicht die rechtmäßige Nachfolge der Agilofinger angetreten? Jede Monarchie braucht eine Legitimation — vor Gott und dem Volk.

Manche Politiker wollen, daß auch das Rindvieh zur Geschichte wird

Obacht — wir gehen noch weiter zurück. Das, was wir als Geschichte bezeichnen, was Menschen, soweit wir wissen, mit- und gegeneinander unternommen haben, beginnt unendlich viel früher. Steigen wir 15 vor Christus ein. Die Stiefsöhne des römischen Kaisers Augustus, Drusus und Tiberius, schlagen die schwäbisch-bayerische Hochebene ihrem Imperium zu. Die herrischen Cäsaren haben einen Dressurakt im Sinn: das bunte, aufsässige Völkchen im Norden ihres Weltreiches zu domestizieren. Was das für Leute sind? Nun: Ureinwohner morgenländischer Herkunft, Kelten aus dem angelsächsischen Kulturkreis und Markomannen. Letztere siedeln in Böhmen, ihr König Marbod ist ein germanischer Adliger, der die moderne Kriegskunst bei den Römern erlernt hat, ebenso wie der Cheruskerfürst Armin. Der haut erst dem treudoofen Varus aufs Haupt und hetzt dann seinen Blutsbruder Marbod zu Tode. Das gibt geschichtsbewußten Bayern bis heute schwer zu denken, denn: Die Kelten nannten die Böhmen »Boier«, und das waren — (Ur-)Baiern! Merke: Der Cherusker legte den Boier um. Arminius wird hart genug bestraft dafür: Erst bringen ihn seine eigenen Landsleute zur Strecke, und dann wird er auch noch von deutschtümelnden Romantikern in ›Herrmann‹ umgetauft.

Machen wir einen großen Sprung nach vorn. Bereits um 550 ist Bayern, zusammengeschirrt vom mächtigen Geschlecht der Agilofinger, die wiederum von den Herulern (Herkunft: Schwarzes Meer!) stammen, ein Herzogtum; es reicht von Schwandorf bis Kufstein, von Cham über Landshut bis Reichenhall. Die Agilofinger bereiten den Boden für eine wahrhaft historische Entwicklung vor — die Christianisierung Bayerns. Die wichtigsten Sendboten des neuen Glaubens sind Rupert aus Salzburg (daher der ›Rupertiwinkel‹), Emmeran, der von Regensburg aus missioniert, Corbinian, der in und um Freising wirkt, sowie Bonifatius, ein Angelsachse, der von den Franken Schützenhilfe bekommt.

Durch eine Intrige, die mancherorts noch heute für böses Blut sorgt, wird der letzte Agilofinger von Karl dem Großen gnadenlos abserviert (788). Tassilo III. verliert nicht nur Bayern, sondern auch sein Augenlicht — er wird geblendet. Dann kommt's knüppeldick: Der Sohn von Charlemagne, wie die Franzosen den Frankenkaiser nennen, heißt nicht nur ›Ludwig der Deutsche‹ — er benimmt sich auch so. Klerikaler Militarist, der er ist, versucht er zeitweilig, von der Fraueninsel im Chiemsee aus einen Gottesstaat auf Erden zu errichten; vergebens, Gott sei's gedankt. Es folgen unruhige Zeiten, von denen in erster Linie die Stellvertreter, wie Rolf Hochhuth einen der späteren Päpste genannt hat, profitieren; sie festigen ihre Macht mit allen Mitteln.

Achtung Nordlichter: 1070 erhalten die Welfen das Herzogtum Bayern zum Lehen. Die wiederum waren über Lothringen nach Schwaben gekommen und sitzen heute, nach Zwischenstationen wie Regensburg und Hannover, auf dem Thron von England. Erinnern Sie sich noch, wie genießerisch damals Ministerpräsident Franz Josef Strauß den guten Prinz Charles und dessen Diana beim Staatsbesuch in München auf diesen Background hinwies? Requiescat in pace. Nach dem baldigen Ende der Welfen in Bayern treten erstmals die Wittelsbacher auf den Plan. Otto I. wird am

16.9.1180 Herzog von Bayern. Sein Sohn erweitert das Lehen um die Rheinpfalz (daher der Pfälzer Löwe im Wappen), sein Enkel beerbt die Grafen von Bogen in Niederbayern (daher die weiß-blauen Rauten).

Wie allen deutschen Fürstentümern bleibt auch Bayern nicht das Schicksal ständiger Teilungen erspart. Schon während der ersten Glanzzeit der Wittelsbacher, in der sie mit Herzog Ludwig IV. erstmals einen deutschen Kaiser stellen, wird das Land in Ober- und Niederbayern zerrissen. Die Erbstreitigkeiten nehmen kein Ende, einer der Herzöge läßt seine Schwiegertochter — Agnes Bernauer, die aus dem Bürgertum stammt — bei Straubing in der Donau ertränken. Albrecht IV. macht 1506 Schluß mit dem blutigen Theater: Er verfügt per Gesetz, daß künftig der Erstgeborene das ganze Land erhält (unteilbares Bayern).

Dem Zwist der Herrscherfamilie folgt der Irrwitz der Kriege: zunächst der Dreißigjährige, in dem die Wittelsbacher neben den Habsburgern an der Spitze der Gegenreformation marschieren, dann der Spanische Erbfolgekrieg, in dem die Bayern an der Seite Frankreichs stehen, der Österreichische Erbfolgekrieg, in dem Herzog Karl Albrecht gegen Maria Theresia zu Felde zieht, und schließlich der Siebenjährige Krieg, in dem Bayern gemeinsam mit Österreich gegen Preußen unterliegt. So weit, so schlecht, frisches Blut tut gut: Mit dem Tode von Max III. fällt Bayern an die Pfälzer Linie der Wittelsbacher. Karl Theodor, der nur höchst ungern von Mannheim an die Isar wechselt, tut sich anfangs schwer. Obwohl er in der provinziell gewordenen Residenzstadt für frischen kulturellen Glanz sorgt, mögen ihn die Münchner nicht so recht; hinzu kommen die umstürzlerischen Ideen der französischen Revolutionäre, die auch im Dritten Stande Bayerns diskutiert werden. Da macht der schlaue Pfälzer dem skeptischen Publikum ein königliches Geschenk — den Englischen Garten, angelegt (1788—'92) vom Amerikaner Benjamin Thompson, besser bekannt als Graf Rumford.

Während Napoleon das müde Europa unter seine Knute zwingt, blüht Bayern auf. Architekt dieser Renaissance ist Graf Montgelas, ein gebürtiger Münchner, dessen Vofahren aus Savoyen stammen. Der ebenso kompromißlose wie geschmeidige Minister (1799—1817) zieht die außenpolitischen Fäden, arbeitet für den neuen, nunmehr größten deutschen Mittelstaat eine Verfassung aus und schafft einen straff organisierten, modernen Staat. Selbst die katholische Kirche kriecht zu Kreuze: 1803 muß sie die Enteignung (Säkularisation) eines großen Teils ihres unermeßlichen Kirchen-, Kunst- und Immobilienbesitzes hinnehmen. Doch Napoleon läßt auch die Bayern bluten. 33.000 ihrer Soldaten kommen auf seinem Rußlandfeldzug um. Ein Jahr später ist der Wechsel fällig, die Wittelsbacher treten dem Bündnis gegen den Kaiser bei, und der verliert in Waterloo Haus und Hof. Bayern steht glänzend da, König Ludwig I. kann sich seiner Lieblingsbeschäftigung hingeben — der Pflege der Künste. Alles, was Rang und Namen hat, holt er nach München; Ludwigskirche, Feldherrnhalle, Pinakothek entstehen, die Technische Hochschule gründet er, die Universität Landshut wird verlegt, München — wie Thomas Mann knapp 100 Jahre später vermerkt — leuchtet. Doch der Stern von Ludwig I. sinkt, sein Stolperstein ist

Im Norden sagen sie »Kunst am Bau«, hier ist es Lüftelmalerei

die skandal- und geheimnisumwitterte Lola Montez. Cherchez la femme? Der eine liebt die Frauen zu heftig, der andere zu wenig; auch dafür muß bezahlt werden — siehe Ludwig II. Immerhin handelt der Märchenkönig mit dem Eisernen Kanzler einen — im nachhinein sogar vorteilhaften — Deal aus: Bismarck erhält das bayerische Placet für die Gründung des Deutschen Reiches (1871), der Wittelsbacher steckt die Gelder in seine Schlösser. Die stehen immer noch.

Womit wir wieder beim Ende des bayerischen Königreiches und fast schon in der Gegenwart angelangt wären. In der Weimarer Republik ging's drunter und drüber. Für den Österreicher Adolf Hitler, der München und sein Environ erst zum Experimentierfeld und dann zur Hauptstadt der braunen Bewegung mißbrauchte (wobei die Münchner Gesellschaft, siehe Lion Feuchtwanger, eine lausige Rolle spielte), war Berlin Ziel und Grab. Die Verfassung der Bundesrepublik Deutschland wurde gegen die Stimme Bayerns verabschiedet — aus Sorge um die Eigenständigkeit.

Der Freistaat — ein Kuriosum? Uhrmacher: aufgepaßt!

Cornelia Krings

Howgh! Der Häuptling der Berge hat gesprochen

Ein Bekenntnis

Ich bin ein Indianer, der in Bayern geboren ist. Es ist mein Heimatland, meine Erde, auf der ich über 40 Jahre lang gewandert bin. Aber ich sehe nicht aus wie ein Bayer und denke und lebe nicht wie er. Ein Bayer hat kurze Haare, hat eine Lederhose an, ist Christ aus Prinzip, katholisch, geht jeden Sonntag in die Kirche und wählt CSU. Er lebt in einem übersättigten Wirtschaftsbereich; da gibt's alles, da kann man alles haben, da arbeitet man 40 Stunden in der Woche. Dieser Bayer unterscheidet sich nicht sehr stark vom Amerikaner, dem weißen Mann, und auch nicht vom Hamburger — vielleicht nur durch seine noch intolerantere Haltung Andersartigen gegenüber. Ich bin Indianer aus Überzeugung; das ist eine Frage der Philosophie und der Religion, der Naturreligion.

Ich habe mit den Bergen gelebt, in einer Hütte, über 2000 Meter hoch, jahrelang. Dort bin ich zu mir gekommen. Ich hab' da oben Musik gemacht, Blues, Rock, Lieder geschrieben, nachgedacht. Die Natur ist frei, der Berg gehört allen. Aber was um mich herum geschah, war erschreckend. Der Berg wurde verkauft, verraten, verhackstückt. Von ein paar wenigen, die ihr Geld in Seilbahnen und gastronomische Betriebe investieren, um Kasse zu machen. Die Zugspitze ist ein brennendes Fanal für die weltweite Zerstörung der Natur.

Ich kenne die Gegend noch, als es noch kein Selbstbedienungsrestaurant auf dem Gletscher gab, keine Eibsee-Seilbahn, keine Draht-Autobahn runter zum Schneeferner. Man hat diesen Berg bestiegen, man war oben, man hat die Natur greifen können. Es war etwas ganz Besonderes, da oben zu stehen, etwas Feines, Schönes, Gewaltiges, Freies. Wer heute mit der Bahn hochfährt, wird ausgespuckt in ein Krebsgeschwür der Zivilisation. Ich kann es gar nicht erklären, mich erfaßt eine tiefe Traurigkeit über das Tun der Menschen. Die Profitgier macht vor nichts halt. Nicht einmal vor einem heiligen Berg. Die Zugspitze ist der höchste Berg, den dieses Land hat. Ein Naturwunder, 3000 Meter hoch, das äußerste Ende unserer Alpen. Es will mir nicht in den Kopf.

Sicher, da gibt's Leute, die sagen: »Jetzt können doch viele Menschen hinauf und die Naturschönheiten betrachten.« Ich sage: Die sehen die Schönheit der Natur ja gar nicht, können es auch nicht. Die sehen nur die Plattform, auf der sie stehen, und von da aus ein paar namenlose Berge, die für sie in unerreichbarer Ferne liegen. Nur wer einen Berg hinaufsteigt, kann den Berg erleben und sein Geheimnis erkennen. Jeder Weg hat seine Eigenart, er spricht zu dir. Auf diesem Weg erkennst du dich selbst. Deshalb ist es für meine Begriffe völlig sinnlos, jemanden hochzukarren — es sei denn, der Sinn liegt darin, ihm 65 Mark abzuzocken.

Vor 30 Jahren stieg ich mit meinem Vater, der ein großer Krieger war, das erste Mal auf den heiligen Berg. Als wir auf dem Gipfel standen, tauchte die untergehende

Die Seile sind zum Bestandteil der Landschaft geworden

Sonne das Gebirge in ein gestreiftes Licht. Die Strahlen, die sich ihren Weg durch die
Wolken brachen, waren rot, dunkelrot — ein Bild, das ich nie vergessen werde. So
etwas sieht man nicht, wenn man mit der Seilbahn hochfährt, eine halbe Stunde da
rumsteht und wieder runterfährt. Warum dann nicht gleich unten bleiben und warten, bis die Sonne versinkt? Die Geier mit den Banknoten im Schnabel haben der
Zugspitze die mystische Ausstrahlung geraubt, das Kleid des Berges zerrissen, sein
Geheimnis zertrümmert.

Ich ärgere mich nicht darüber, ich bin traurig und zornig. Über den bayerischen
Staat, der es zuläßt, daß der Berg geschändet wird. Über den Deutschen Alpenverein, der mit den Konzernen zusammenarbeitet und Arm in Arm mit ihnen das Credo
brüllt: Gewinne machen, investieren, expandieren. Die Leute vom Alpenverein
haben nur noch ein Ziel: Einnahmen erhöhen, jedes Jahr. Man müßte ihnen an die
Halsschlagader gehen. Das heißt: Schließung aller bewirtschafteten Hütten, Abriß
aller Seilbahnen, striktes Bauverbot für Häuser, Straßen, Pisten.

Ein alter Sioux hat einmal gesagt: »Schau hinauf, da siehst du Sterne. Jeder Stern
ist ein Ort, an dem sich das große Geheimnis bei seiner niemals endenden Wanderung ein einziges Mal aufgehalten hat.«

Der weiße Amerikaner, der arrogante Hamburger und der kurzgeschorene Bayer
werden das nie kapieren. Deshalb stirbt der Berg, die Antarktis, die Erde. Gut so!

Willy Michl

Schloß Nymphenburg

Das Münchner Umland

*Oh je, München — was ist los mit dir? Ponkies geschliffenste und schärf-
ste Feder gibt eine hinterfotzige Antwort. Willy Michl, Rocker, Blues-
Barde und Blutsbruder der aussterbenden Indianer-Internationale, atte-
stiert der Weltstadt eine Staublunge. Im Umfeld braut ein Prinz herum,
dessen Ahnen das Oktoberfest gestiftet haben, der gleichwohl mit seinem
Bier nicht auf der Theresienwiese landen kann. Das sogenannte »Kreuz
des Südens«, ein FJS-Airport der Superlative, läßt für einheimische Bauern, die ihre sauren Wiesen vergoldet haben, Milch und Honig fließen;
andere, notorisch Unseßhafte, fliegen ein und finden im Erdinger Moos
eine Heimat. Mag sein, daß sie sich ein wenig hart tun mit der bayerischen Sprache, von der ein wissenschaftlicher Mitarbeiter der Uni München behauptet, sie sei für jeden Nichtbayern ein Rätsel mit sieben Sie-
geln, und das werde auch so bleiben. Nun, vielleicht hängt das ironische
Diktum des zungenfertigen Bajuwaren Eckl sehr eng zusammen mit der
multikulturellen Geschichte seiner Altvordern. Da hocken ja, eifernden
Populisten und dämlichen Machiavellisten zum Trotze, an jedem hölzernen Stammtisch ein paar Rothaarige, die den keltischen Uradel repräsen-
tieren, scharfgeschnittene Gesichter, die das böhmische Erbe der Markomannen (Grenzmänner) zur Schau tragen, schön geschneckelte Romanen (Streibl), umwerfend stiernackige Rätoromanen (Typ Strauß), sogar
blondeNordlichter (Stoiber) und weich-konturierte, putzklopfende Ale-
mannen (Gauweiler). Selbst wenn es die Herrschaften partout nicht
wahrhaben wollen: was für ein buntes, gemischtes Publikum!*

Der Homo Alpinus und seine Schattengewächse
Eine einheimische Analyse

Laßt Euch eins gesagt sein, Ihr lieben Leute, die Ihr mit einer Zweitwohnung in München liebäugelt oder auf ein Ferienhaus am Chiemsee schielt: Über München schimpfen dürfen nur Münchner. Die allerdings ohne jede vornehme Zurückhaltung. Als geborene Schwabingerin (Kleinbürger-Bohème), gelernte Nymphenburg-Neuhauserin (gehobene Beamtenspießer) und verwurzelte Sollnerin (neureiche Schickimickis) kann ich ein Lied singen vom Wandel der Münchner Stadtviertel — und von den Magenkrämpfen, die unsereinem das »Tschüüüs« in allen Tonlagen verursacht (am schmerzhaftesten: die Düsseldorfer Variante über drei Oktaven).

Wir unterscheiden unsere angestammte muffige Mentalität (siehe Ludwig Thomas »Münchner im Himmel«: Sacklzementfixlujah), unser draufgetünchtes High-Tech-Weltstadt-Getue (siehe Empfänge der Bayerischen Staatsregierung) und eine gewisse wendige Hinterfotzigkeit des Charakters beim Anstreben eines Vorteils oder eines Rache-Genusses (siehe Lion Feuchtwangers »homo alpinus« in seinem Roman »Erfolg«).

Was den »homo alpinus« betrifft (ländlich breithintrig, stiernackig und schweinsäugig im Stammtisch-Bierdunst ausgereift, neumodischen Schweinereien der Kunstschlawiner abhold und scheinheilig klerikale Macht nutzend — so ist er im alten »Simplicissimus« von boshaften Zeichnern der Nachwelt überliefert) — dieser in allen Schattierungen und Verfeinerungen vorkommende Urtypus des Barockkirchenstaats Bayern wurde am genauesten von dem Münchner Schauspieler Walter Sedlmayr erfühlt und getroffen.

So etwa muß auch der Alt-Münchner Alois Permaneder ausgesehen haben, den Thomas Mann in seiner Lübecker Familiensaga »Die Buddenbrooks« zum zweiten (Schreckens-)Gatten der etwas dämlichen Senatorentochter Toni Buddenbrook bestimmte, zu dem sie dann von Lübeck nach München umziehen mußte und daselbst grauenhafte Dinge erlebte (Herr Permaneder nannte die hanseatische Madame »Sauluada dreckats«!).

Die Filmproduzenten rochen die Seelenverwandtschaft und besetzten die Permaneder-Rolle in ihrem »Buddenbrook«-Film artgerecht mit Walter Sedlmayr.

Das Münchnerische an sich und als solches ist vielfältig schillernd. Je nachdem, wen man trifft, erscheint es einem als stumpf glotzender gscherter Hammel oder als entzückend schlawinerischer Monaco Franze. Als mollert-gemütliche Löwenbräu-Zenzi oder als giftige Stiegenhaus-Bisgurn (= Bißgurke, eine Kreuzung von Beißzange, Ratschkathl und Zwiderwurz'n, norddeutsch nur schwach erfaßbar mit Quasselstrippe bis Zimtzicke).

München kann so himmelblau sein wie der Hofgarten bei Föhn (und ohne Staatskanzlei) — und so müllgrau wie der Mittlere Ring im Auspuff-Stinkstau.

Die gibt's und andere

Wenn die große Schauspielerin Therese Giehse als Tscharli-Oma in Helmut Dietls TV-Poem »Münchner Geschichten« von einem Perlacher Trabantenstadt-Hochhausbalkon hinunterschaut und sagt, daß es »ois sehr schön« ist — »nur keine Leut' sieht ma auf der Straß'« (weil die nämlich alle im Supermarkt verschwinden und nicht mehr »auf der Straß'« in einen Metzgerladen, Kramerladen und Milchladen gehen können), und wenn sie dann auf das Argument, daß es mitten auf dem Münchner Stachus doch viel mehr stinkt als wie in der schönen reinen gesunden Perlacher Höhenluft da heraußen, stoisch meint: »Am Stachus tät i auch nie wohnen mögen« — das ist München.

Und wenn der größte Hypochonder und Linksherumdenker des bayerischen Schwarzhumors, Karl Valentin (Falentin gesprochen — wer Walentin sagt, zehn Mark Strafe), wenn also der Karl Valentin in einem seiner ersten Mini-Kurzfilme anno 1929 als Fremdenführer mit seinem Assistenten »Herrn Liesl Karstadt« Erklärungen abgibt wie diese: »Vom Petersturm aus hat man eine herrliche Aussicht in die Luft«, oder (über den Kleinhesseloher See): »Der See darf von Fußgängern nicht betreten werden«, oder (über den Monopteros im Englischen Garten): »Von unten kann man zu demselben hinaufschauen, was man von oben aus nicht kann« — das ist München.

Zur speziellen Psychologie des Münchner Abgrund-Philosophen Karl Valentin berichtete seine wunderbare Partnerin Liesl Karstadt, er habe ihr vor jedem Auftritt mit seinem Lampenfieber-Terror die Hölle bereitet: »Mir ist schlecht, ich kann nicht auftreten, ich geh heim«. Sie mußte auf Knien flehen und betteln, daß er auftrat. Bis es ihr eines Tages zu dumm wurde: »Dann sag ich halt die Vorstellung ab«, sagte sie. Er war auf der Stelle gesund.

In den Spinnwebenwinkeln der früheren Vorstädte findet man die liebenswerten Seiten Münchens, die skurrilen, romantischen, sentimentalen und urwüchsigen — die Welt des Stadtspaziergängers und Heimatdichters Sigi Sommer. Die lauten und berühmten Seiten, Marke Hofbräuhaus und Oktoberfest, sind längst steril geworden als Disneyland-Nummern zum Sightseeing-Abhaken, perfekt gestylter Souvenirkitsch eines Weißwurscht-Imperiums, das vom Tourismus lebt. Hierzu sei der neueste surrealistische Film des bayerischen Hartholz-Poeten Herbert Achternbusch empfohlen. Er heißt »I Know the Way to the Hofbräuhaus« und handelt vom München-Erlebnis einer entlaufenen ägyptischen Museums-Mumie.

Da aber andererseits das moderne München fest in der Hand von quadratmeterpreistreibenden Miethaien, Baulöwen, Profitgeiern, Angeberpfauen und Protzpapageien ist, hat man seine reine Freude an der Tierwelt höchstens noch im Tierpark Hellabrunn. Dort ist es wunderschön, weil gefährliche Viecher wie Tiger, Nashörner, Krokodile, Giftschlangen und Blutsauger-Vogelspinnen zwar in prächtigen Naturgehegen zu besichtigen sind, aber nie in die freie Wildbahn der Marktwirtschaft rausgelassen werden. Da ist München zum Liebhaben — Party-frei, Salontrachtler-frei, abgasfrei, schunkelfrei.

Das andere München, das zum Abgewöhnen, ist ein grell geschminktes Luxus-Flitscherl (auf dem Land auch »Schlampen« genannt), das es mit jedem treibt, der ihm eine Penthouse-Wohnung in Bogenhausen und eine Shopping-Kreditkarte für die Maximilianstraße spendiert, und das sein sündhaftes Konkubinenleben jederzeit mit einem frommen katholischen Augenaufschlag in der Schmiergeld-Balance hält.

Ponkie

Die Goldgräber vom Kreuz des Südens
Höhenflüge

In Eichenried, dem neuen Golf-Mekka vor den nördlichen Toren von München, geht ein Gerücht um: Im Hinterzimmer eines geheimnisvollen Luxus-Hofes soll sich — je nach Flugplan — eine Poker-Runde zusammenfinden, die selbst Profi-Zocker aus Nevada vor Neid erblassen ließe. Wegen der Bündel, die angeblich bei donnerndem Motorenlärm über den soliden Bauerntisch geschoben werden.

Die legendären Spieler haben mit Golf nichts am Trachten-Hut. Es sind, so wird gemunkelt, Söhne von Landwirten, die sich am Franz-Josef-Strauß-Airport, dem Kreuz des Südens, gesundgestoßen haben. Zum Wohle des Freistaates Bayern und zu eig'nem Frommen haben sie ihre Höfe im Erdinger Moos verkauft — auf daß der neue Flughafen reiche Früchte trage.

Die Ernte war bislang schon reichlich. Denn der nach dem Hobby-Flieger und verstorbenen bayerischen Ministerpräsidenten benannte Verkehrsknoten entpuppte sich sehr früh als ein landfressender Moloch: Exakt 1.545 Hektar verschlang das Ungetüm für Start- und Landebahnen, Hallen und Hangars, Tower und Terminals. Für dieses Riesenareal berappte die Flughafen GmbH, bestehend aus den drei Gesellschaftern Bundesrepublik, Freistaat und Landeshauptstadt München, eine knappe Milliarde. Ein satter Schnitt, der die meist leeren Hosen der ehemaligen Grundbesitzer mit einem soliden Futter untersetzt hat.

Gegenwärtig sind die staatlich besoldeten Aufkäufer noch dabei, weitere 230 Hektar rund um das Flughafen-Gelände an Land zu ziehen, um einen Grünzug, ein

Freising

›Ausgleichsbiotop‹, wie die Fachleute schönfärberisch sagen, anzulegen. Je nach Lage bieten sie 12 bis 18 Mark pro Quadratmeter — ein läppischer Betrag, über den private Grundstücksmakler nur müde lächeln. Und schließlich sollen zusätzliche 1.000 Hektar auf Vorrat angeschafft werden — denn schon am feierlichen Eröffnungstag im Frühjahr 1992 war abzusehen, daß der himmlische Knoten aus den Nähten platzt.

Wieviel bis heute mit dem Verkauf von sauren Wiesen und fruchtbaren Äckern verdient worden ist, weiß niemand so genau. Da wird eisern geschwiegen — gegenüber dem lieben Nachbarn, den G'schaftlhubern aus der Politik und erst recht gegenüber der Öffentlichkeit.

Tatsache ist jedoch, daß schon 1970, als die ersten Landaufkäufer im Erdinger Moos auftauchten, in den umliegenden Dorfwirtschaften aufgebrachte Bauern Brandreden gegen den Ausverkauf ihrer Scholle hielten, während in den Hinterzimmern die liebe, zeichnungeberechtigte Verwandtschaft eifrig Verträge schloß. Jeder ist sich halt selbst der Nächste.

Damals lag der Quadratmeter-Preis allerdings bei ausg'schamten zwei bis fünf Mark. Explodiert sind die Preise erst anno 1987, als das Bundesverwaltungsgericht in Berlin grünes Licht für das gigantische Nachfolge-Modell vom heimeligen Flugplatz München-Riem gab.

Seitdem ist die Freiheit auf dem privaten Grundstücksmarkt grenzenlos. Bereits vor zwei Jahren war derjenige, der sich in der alten Domstadt Freising eine Eigentumswohnung zulegen wollte, mit 7.000 Mark pro Quadratmeter ausgesprochen kulant bedient. Die Preisentwicklung in Erding, der schönen, alten Kreisstadt nebenan, hinkte da ein wenig hinterher, wie Münchner Makler bedauernd feststellen.

Dabei wird die Mega-Explosion erst in diesen Tagen gezündet. Die Invasion der dienstbaren Geister, des hochqualifizierten Luft- und Bodenpersonals, der Reise- und Speditionsmanager samt Geschwader, der Zulieferer, Service- und Verwaltungsexperten, ist in vollem Gange. Seriöse Fachleute rechnen mit einem Bevölkerungsschub von 80.000 Menschen, die im ohnehin überfüllten Münchner Großraum Wohnungen brauchen.

Das verspricht goldene Zeiten für alle, die auch nur noch einen Zipfel Land in diesen Breiten ihr eigen nennen. Denn die meisten Neubürger sind gut betucht; sie zahlen die Miete für ein standesgemäßes Ambiente aus der Westentasche. Und steigende Nachfrage — schlag' nach bei Ludwig Erhard — erhöht die Preise. So kann sich jeder an fünf Fingern abzählen, was für ein ungeheurer Druck auf dem Grundstücks- und Wohnungsmarkt ins Haus steht.

Zwar versuchen die umliegenden Flughafen-Gemeinden schon seit Jahren verzweifelt, mit sogenannten Einheimischen-Modellen wenigstens für ihre eigenen Leute noch ein erschwingliches Dach über dem Kopf herbeizuzaubern — zum Teil auch mit sichtbarem Erfolg. Einige Bürgermeister haben sich zu wahren Virtuosen auf dem Gebiet der Vorratspolitik von Baugebieten entwickelt, schlicht, um die

Existenz ihrer rundum bäuerlich geprägten Ortschaften zu retten. Inzwischen haben sich jedoch schon weit über 50 Prozent der früher ansässigen Landwirte den neuen Zeiten angepaßt — und sind mit prall gefülltem Bankkonto entfleucht.

Die Goldgräber-Stimmung in den Bauerndörfern fördert häßliche Blüten zutage. Vergebens haben Stimmen aus der traditionsbewußten, bodenständigen Elite vor dem Verfall der guten alten Sitten gewarnt. Das Motto der Liberalitas bavariae — Leben und leben lassen — ist dem schnöden Mammon-Leitspruch ›Abkassieren und Fliege machen‹ gewichen.

Es könnte also gut sein, daß die Pokerrunde in Eichenried mehr ist als nur ein billiges Gerücht.

Joachim Krings

Schleißheim

Ein brauender Prinz, eine kleinbürgerliche Kamarilla und eine süffige Geschichte
Oktoberfest

Eines können ihm selbst seine eingeschworenen Gegner — die neureichen Münchner Bierbarone und deren Kombattanten im Rathaus am Marienplatz — nicht nachsagen: daß Seine Königliche Hoheit, Prinz Luitpold von Bayern, nichts vom Brau-Geschäft verstünde. Das wäre ja auch, ganz abgesehen vom sachlichen Fauxpas, eine gelinde Majestätsbeleidigung.

Schließlich ist der knallharte Unternehmer ein Wittelsbacher, ein Sproß des Herrschergeschlechts, das von 1806 bis 1918 die Könige in Bayern gestellt und bis heute nicht auf seine Thronrechte verzichtet hat. Zwar rangiert der sportliche, intelligente Luitpold, der vom Äußeren her dem legendären Märchenkönig Ludwig II. auf frappierende Weise ähnelt, nur auf einem Platz in der zweiten Reihe der Thron-Nachfolge; Spitzenreiter ist gegenwärtig sein Onkel, Herzog Albrecht — ein bedeutender Kunstkenner und Mäzen. Auch in der Regenbogen-Presse und Schlüsselloch-Branche glänzt er, ganz im Gegensatz zu Neffen, Vettern, Nichten und Basen, durch souveräne Abwesenheit.

Vom Kampf um die Lufthoheit über den Stammtischen merkt der Trinker nur den Preis

Er hält es lieber mit Ludwig dem Strengen, einem seiner direkten Vorfahren. Der ging bereits 1260 dem ehrbaren und in Bayern so überaus geschätzten Handwerk des Bierbrauens nach; sein erstes Sudhaus stand im Alten Hof in München. Das Hofbräuhaus gehörte einst zum Familienbesitz, im 17. Jahrhundert verfügten die Wittelsbacher über das Weißbier-Monopol in Bayern und damit über die Lufthoheit an den Stammtischen — fast 200 Jahre lang.

Was von all der Stamm-Würze übriggeblieben ist? Know-how, Instinkt, Kampfgeist. Ein Erbe, das Prinz Luitpold, 1951 auf Schloß Leutstetten am Starnberger See geboren, so dringend braucht wie die Renke das Wasser. Ist es doch tatsächlich dahin gekommen, daß er, der mehrfache Enkel von Ludwig I., seinen Gerstensaft nicht einmal auf dem Oktoberfest ausschenken darf.

Eine Ironie der Geschichte. Die Wies'n gehen nämlich zurück auf die Hochzeitsparty, die besagter Ludwig am 17. 10. 1810 anläßlich seiner Vermählung mit Prinzessin Therese von Sachsen-Hildburghausen dem bayerischen Volk spendiert hatte — eine gigantische Familien-Fete mit hauseigenem Bier. Doch die Zeiten ändern sich, auch in Bayern. Heute gilt noch immer der angestaubte Beschluß des Münchner Stadtrates, wonach ausschließlich Brauereien, die im Münchner Burgfrieden ihr ›Manna‹ herstellen, auf dem Oktoberfest einschenken dürfen — ein millionenträchtiges Monopol. Und weil Prinz Luitpold in Kaltenberg am Lech und in Fürstenfeldbruck an der Amper braut, hat er den lukrativen Sprung über die Isar noch nicht geschafft — trotz aller Tradition, zwölfmaliger Anrufung der Gerichte und Volkes Stimme.

Aber das Maß scheint voll zu sein. Seit 1968 — damals kostete der Liter Märzen noch schmackhafte 2,20 Mark — wurde jedes Jahr kräftig an der Preisschraube gedreht. Mittlerweile werden astronomisch anmutende 8,50 Mark verlangt — doppelt soviel wie auf der benachbarten Dachauer Wies'n, obwohl die dortige Schloßberg-Brauerei einem der Münchner Bräu-Imperien gehört. Nun droht der Münchner OB damit, die Kartell-Bestimmung über Bord zu werfen und den billigeren Umlandbrauereien den Einzug auf's Oktoberfest zu gestatten.

Womit wir wieder beim hartnäckigen Prinzen wären, der seit zwölf Jahren in den Startlöchern sitzt. »Schön, daß die Fronten aufweichen«, sagt er mit verhaltenem Stolz. Aber noch hat er die Rückkehr auf's Bier-Festival seiner Royal Family nicht gepackt. Deshalb hält er einen letzten Trumpf sorgsam im Ärmel verborgen. Was würden die Münchner und die Medien wohl sagen, wenn Seine Königliche Hoheit, an der Spitze seiner Kaltenberger Ritter reitend, die Theresienwiese im Handstreich nähme? »A Mordsgaudi war's scho«, vermutet Luitpold. Aber noch sei die Zeit nicht reif dafür. Falls die Münchner Lokalpolitiker jedoch weiterhin mit voller Kraft zurück ins Mittelalter dampfen würden, müsse er über neue, zeitgerechte Strategien nachdenken.

Nachat geht's auf: oans, zwoa, g'suffa!

Joachim Krings

Idylle? Ja. Aber was ist dagegen einzuwenden?

S'wird eng. Na und?
Das Dorf und das Glück

Im wirklich so genannten ›Münchner Intelligenzblatt‹ schrieb anno 1795 ein gewisser Dr. Joseph Burgholzer: »Glücklich ist der, der niemals gereist ist, der nie den
väterlichen Boden verließ, und es nie versuchte, entfernt von seiner Heimath zu
schlafen.« Der Autor erntete mit seinem Ratschlag, so weit bekannt, keineswegs
großstädtischen Hohn oder Spott vom Kirchturm, sondern eher Zuspruch, zumal
von denen, die eine Ahnung hatten von der stillen Schönheit des Dorfes Moosinning, über das er sich in besagter Postille ausbreitete.

Klar, daß ich der These des Intelligenzlers vom Lande widersprechen muß: Das
Lebensgefühl eines Nicht-Seßhaften, der quasi mit einem Kickstart und einigen
Kisten voller Habseligkeiten immer wieder an einem neuen Ort einzuparken ver-
mag, hat durchaus etwas mit Glück zu tun! Aber, zugegeben: endlich eine (Wahl-)
Heimat zu finden, in der man sich zu allen Jahreszeiten rundum wohlfühlt, beruhigt
ungemein.

Ich habe mich mitten im Erdinger Moos angesiedelt, im Landwirtschaftsgebiet, in
einem weiß getünchten Häusl mit dunkelbraunen Fensterläden. Die Pferde des

Nachbarn gucken neugierig über den Zaun, ein Bach fließt vor der Haustür, die Katzen sonnen sich auf dem Dach des windschiefen Holzschuppens im Garten, und manchmal weht der Wind das Zwei-Takt-Geräusch eines Traktors herüber. Eine weltfremde Idylle? Idylle — ja! Weltfremd — Einspruch!

Wer mir einreden will, das Erdinger Moos sei platt und langweilig wie eine Nirosta-Vorlegeplatte, es sei bedroht von wuchernden Gewerbegebieten, die die Landschaft auffräßen, von 60 000 Flughafen-Bediensteten, die alle mit zuteilungsreifen Bausparverträgen Gewehr bei Fuß stünden, von Großrechnern, Golf-Gamblern und weiß Gott noch von wem oder was, dem kann ich nur erwidern: na und? Laß die Leute doch kommen, Häuser bauen, Handel und Wandel treiben. Laß sie mit den Einheimischen die Landschaft genießen, die weiten Äcker, die wilden Wiesen, weiße Birkenwälder, Bäche, Badeweiher und Pferdekoppeln. Enger wird's ohnehin überall, wo es schön ist. Und ein wenig zusammenrücken hat den Menschen noch nie geschadet, oder?

Der langjährige Heimatpfleger Eugen Preß kommt in seiner 1953 erschienenen Studie »Vor- und Frühgeschichte des Landkreises Erding« zu dem Schluß: »Wenn sich archäologische und schriftliche Quellen auch nur selten unmittelbar aneinanderfügen, läßt das Gesamtbild doch annehmen, daß das Erdinger Land zu den Ursiedelgebieten der Baiern im Voralpenland zu zählen ist.« Nun, ich kann nur sagen: Jene Bayern, unter und mit denen ich als endlich seßhaft gewordene ›Preußin‹ lebe, haben nichts gemein mit dem Zerrbild der alpinen Gaudiburschen, die sich schenkelschlagend durch angebliche Volksmusik- oder -theater-Sendungen tölpeln; eine Unverschämtheit ist das.

Die Leute von Moosinning, das 1981 sein 950jähriges Bestehen feierte, sind heute ein bunt gemischter Haufen. Dort oder in einem der umliegenden Dörfer Wohnung zu nehmen, ist seit geraumer Zeit für streßgeplagte Münchner en vogue. Aber die Einheimischen haben schon ganz andere ›Neubürger‹ verkraftet. Um die Mitte des 19. Jahrhunderts entdeckte man, daß die billige Torferde hervorragendes Heiz- und Brennmaterial abgab, um die mächtigen Kupferkessel der Bierbrauer zu befeuern. Der Güterhändler Johann Nepomuk Zenger, nach dem das ›Zengermoos‹ bei Eichenried benannt ist, erwarb riesige Flächen scheinbar minderwertiger Streuwiesen, engagierte Tausende von Torfstechern und machte ein ansehnliches Vermögen. Die armen Waldarbeiter, die aus dem Bayerischen Wald und der Oberpfalz kamen, bauten sich bescheidene Holzhütten mitten im feuchten Moos (bayerisch für ›Moor‹), da, wo sonst keiner wohnen mochte. Vater, Großvater und Urgroßvater von Christine, meiner Nachbarin und Freundin, die so gerne nach Portugal in Urlaub reist und dort, immer am selben Ort, nachschaut, ob in den Familien, auf den Straßen und Plätzen auch alles in bester Ordnung ist, waren Tagelöhner im Zengermoos. Sie erzählt von harter Arbeit und geringem Entgelt der Männer, von Kindern, die ihren Vätern in langen Fußmärschen die Brotzeit bringen mußten, von Knechten und Mägden, die ein mehr als bescheidenes Leben gefristet haben. Und wenn sie erzählt, spüre ich die Kraft, die aus der Anspannung gewachsen ist, und verstehe, warum sie und die anderen Nachfahren der Torfstecher vor allem Menschen schätzen, die feste zupacken können und keine Arbeit scheuen. Mit der gleichen Energie wissen sie zu feiern. »Im Moos is alleweil was los« lautet eine stehende Redensart in unserer Gegend. Stimmt; dagegen ist der Disco- und Party-Rummel, dem sich die Großstadtmenschen aussetzen, ein kurzatmiges Hecheln. Das gesellige Dorfleben ist ein Marathonlauf — wenn schon alle beisammen sind, soll es sich auch für alle lohnen, der letzte ist der erste, umgekehrt genauso, Zeit spielt keine Rolle.

Im Erdinger Moos ist der Mensch weit weg und ganz nah. München, da, wo ich arbeiten muß, ist per Auto in etwa 30 Minuten zu erreichen. Welten liegen dazwischen.

Hannelore Meyer-Bréfort

Raus aus der Kohlegrube!
Oder es gibt keine Musikszene

Wie bitte — eine Musikszene in München?! München ist eine Totenstadt, eine Kohlegrube, gefördert wird money money money. Das verrußte Herz von München zahlt die Zeche: Amüsement — abgesoffen, Phantasie — verschüttet, Kreativität — bei Höchststrafe verboten. Wenn du zu einem Münchner Plattenproduzenten gehst, mußt du zuerst den Türrahmen und dann den Boden ablecken, damit der seinen dreckigen Geldhaufen sauber aufstapeln kann. Du bist nichts als billiger Rohstoff, aus dem sie Kohle hauen wollen. So sieht das hier heute aus!

Nicht mit dem Sound of Thunder, nicht mit mir! Ich bin outside of the whole shit. Die Münchner Szene, die vielbeschworene, existiert nicht. Sie hat's nie gegeben, und sie wird's nie geben. Eine Hamburger Musikszene, die gab's wohl 'mal. Aber hier tummelten sich, Jahre ist's her, ganze zwei Leute — der Konstantin Wecker und ich. Der hat mal zu mir gesagt: »Willy, du und ich, wir sind die Säulen von München.« Ich habe geantwortet: »Auf zwei Füßen steht kein Stuhl.« Sicher, früher hatten wir Plätze wie den ›Marienkäfer‹: Da konnten sich die Jungs und Mädels vor dem Publikum präsentieren, da konnten sie 'was lernen. Und nun? Alles kaputt. Deshalb hab' ich meiner Stadt den Rücken gekehrt. Ich lebe jetzt in einem Wohnmobil, zieh' übers Land. Da gefällt's mir, da kann man noch Luft schnappen, ohne sich eine Staublunge zu holen. Und wenn ich eine Woche Station in München mache, dann gibt's einen Ruf in meinem Herzen: »Junge, geh weida!«

Kann schon sein, daß Leute wie ich ein wenig unbequem sind. Aber selbst im obrigkeitsstaatlichen Deutschland und gerade im klerikalen Bayern gab's schon vor mir ein paar saftige Anarchisten; übrigens laufen immer noch ein paar herum, aber natürlich nicht in München. Ich will sie nicht nennen, die sollen sich selber melden. Nehmen wir nur einen, den ich sehr mag, den Franzosen François Villon: ein Beelzebub, ein Saufaus, ein Wirtshausprügler und ein Poet von höchsten Graden. Der ist elendig verreckt. Aber das muß nicht sein, das ist eine Frage der persönlichen Stärke. Wie soll jemand in einer Totenstadt wie München lebendige Musik machen? Musik ist eine Wesensäußerung des Menschen. Sie ist dazu da, mit sich selbst und anderen Gefühle, Gedanken, Erfahrungen auszutauschen. Wenn ich an einem Bach bin, dann macht der Musik; ich höre, wie das Wasser an einem Stein vorbeiplätschert. Ein Wald, der rauscht, der Wind, der pfeift — das ist die Musik der Natur. München ist eine Totenstadt. Da kann man nicht mehr wandern, keine Schritte mehr machen, keinen Rhythmus finden. Da sitzen keine Menschen mehr zusammen, die miteinander sprechen, der eine hoch, der andere tief. Da findet man keinen Zusammenklang mehr, keine Melodie.

Wenn du 'was sagen willst, singen willst, musizieren willst, gibt's nur eins: Raus aus der Kohlegrube!

Willy Michl

Habst me?
Eine Warnung an Nordlichter

Es besteht ja weder jetzt noch in der Zukunft ein Zweifel darüber, daß die bairische Sprache mit ihren Mundarten und Stadtdialekten ums Verrecken nicht zu vernichten ist, auch wenn die Angriffe darauf immer massiver werden, ja geradezu von hinterhältiger Dreistigkeit sind. Oder wie ist es denn zu verstehen, wenn selbst beim Bayerischen Rundfunk die Tschüss-Rednerinnen und -Redner beim Tschüss-Reden nicht fristlos hinausgeschmissen oder wenigstens sauber herumgewatscht werden. Handelt es sich hier nicht schon um einen kulturellen Verfall von einem geradezu kosmischen Ausmaß — oder nicht?

Jawohl, so ist es. Es ist ja zum Weinen, und unsagbar tief sitzt der Schmerz, wenn dieser Bayer. Rundfunk, der wichtigste Weiterverbreiter bairischer Sprache und Dichtung, nahezu völlig versagt. Und es muß doch wieder einmal und immer wieder gesagt und geschrieben werden, daß es bereits eine Dichtung in bairischer Sprache gegeben hat, als die »hochdeutsche« Schriftsprache noch überhaupt nicht auf der Welt war, und das ist wahr, auch wenn das von dem einen oder anderen Nordlicht nicht geglaubt werden kann.

Und überhaupt ist es Millionen Nordlichtern, die jährlich zur Ferienzeit in unser Bayernland einfallen, bisher nicht gelungen, uns das Hochdeutsche so schmackhaft zu machen, daß wir es vielleicht gar gerne reden würden. Ja, ums Verrecken reden wir weiterhin in unserer bairischen Sprache und verachten das Hochdeutsche als das, was es ist: eine zusammengebastelte Kunstsprache der geschmacklosesten Art, die wir Bayern nebenbei und völlig mühelos erlernen können, wenn wir wollen.

Aber die bairische Sprache zu erlernen ist zum Beispiel selbst für einen gescheiten Preißn völlig unmöglich, und das beruhigt ungemein. Außerordentlich beruhigend ist es auch zu sehen, wie in dieser bairischen Sprache fröhlich darauflos geschrieben und gedichtet wird, daß selbst der Walther von der Vogelweide, der Ludwig Thoma, die Lena Christ und auch der Oskar Maria Graf ihre Freude daran hätten.

Also, zum Merken oder zum Mitschreiben: Die bairische Sprache ist in der Gegenwart so lebendig, daß sie auch noch in der Zukunft Zukunft haben wird. Und damit kein Zweifel besteht: Es mag irgendwo auf der Welt eine Sprache geben, die noch wunderbarer ist als dieses Wunder der bairischen Sprache. Für einen Baiern ist das allerdings völlig unvorstellbar.

Habts me?

Helmut Eckl

Städte und Stationen

Dachau

506 m, 32.800 E., 350 B., Bhf., Bürgerhäuser aus dem 17./18. Jh., Schloß Haimhausen mit Renaissance-Prunksaal.

Schloß Schleißheim; Pfarrkirche St. Jakob; KZ-Gedenkstätte an der Straße nach Haimhausen (tgl. 9-17 Uhr).

Information: Verkehrsverein, 8060 Dachau, Tel. 08131/84566.

Erding

464 m, noch 25.000 E.; Bhf., Bauerntheater, Freibad, Golf, Hallenbad, Kegeln, Sommerstockbahn, Squash, Tennis, Windsurfen; Eislaufen, Eisstockschießen, Kunsteisstadion.

Information: 08122/4080

Freising

448 m, 40.000 E., 959 B., Bhf., Diözesanmuseum, Domberg 21 (Tel. 2432), Heimatmuseum, Marienplatz 7 (Tel. 54122), Dom St. Maria und St. Korbinian, 739 von Bonifatius gegr., 1159 nach Brand neu erbaut, 1723 barocke Neugestaltung, romanische Krypta mit weltberühmter »Bestiensäule« (Tel. 1810). Fahrradverleih, Freibad, Hallenbad, Kegeln, Squash, Eisstockschießen.

Information: Stadtverwaltung, Rathaus, 8050 Freising, Tel. 08161/54122.

München

520 m, 1,4 Mio. E.; Deutsches Museum, Museumsinsel 1, tgl. 9-17 Uhr (Tel. 21791); Glyptothek, Königsplatz 3, Di/Mi, Fr-So 10-16.30 Uhr, Do 12-20.30 Uhr (Tel. 286100), Alte Pinakothek, Barer Str. 27 (Tel. 23805215); Cuvilliés Theater, Residenzstr. 1, Mo-Sa 14-17 Uhr, So 10-17 Uhr; Theatinerkirche, Theatinerstr. 22, Mo-Fr 10-12, 15-16.30 Uhr, Sa 10-15 Uhr; Asam-Kirche, Sendlinger Str. 62; Residenz, Max-Joseph-Platz 3, Di, Mi, So und feiertags 10-16.30 Uhr (Tel. 224641); Valentin-Musäum, Isartor, Mo, Di, Sa 11.01-17.29 Uhr, So 10.01-17.29 Uhr.

Fahrradvermietung: Veterinärstr., Eing. z. Engl. Garten, U-Bahn-Station Universität, Tel. 529943.

Information: Tourist-Information, Tel. 089/239 12 56.

Schon in Freising steht ein sehenswerter Dom

Touren und Tips

Fürstenfeldbruck

Wenn das keine Ironie der Geschichte ist: Kloster Fürstenfeld, das eine der großartigsten Kirchenbauten Oberbayerns aufweist, verdankt seine Existenz einer tragischen Verwechslung. Maria von Brabant, die Gemahlin von Herzog Ludwig dem Strengen, schrieb eines verhängnisvollen Tages zwei Briefe: einen an ihren Angetrauten, den anderen an einen gemeinsamen Bekannten. Der Bote brachte die Adressaten durcheinander, der gestrenge Herzog bekam den verkehrten Brief in den falschen Hals und ließ seine Frau kurzerhand köpfen. Als er seinen Irrtum bemerkte, gründete er zur Sühne und auf dringenden Rat des Papstes hin (1263) das Kloster. Heute ist in großen Teilen des Gebäudekomplexes eine Polizeischule untergebracht, wo die jungen Beamten unter anderem lernen müssen, nicht vorschnell den Daumen zu senken.

Und gleich in der Nähe, in **Biburg**, befindet sich eine herrliche Bauernbühne (mit Boaz'n und Biergarten), das »Brucker Brett'l«, wo Possen jener Art stilecht aufgeführt werden. In der guten Stube der Stadt, dem Markt, fügen sich die Häuserfassaden zu einem sehenswerten Ensemble zusammen; nur der protzige Bau eines Geldinstitutes fällt ein wenig aus dem Rahmen. Sehr empfehlenswert ist der Besuch des traditionsreichen Cafés (›Brameshuber‹) schräg gegenüber, in dessen romantischem Garten sich nicht nur die Jugend der Stadt wohlfühlt. Und wer in einer griabigen Bauernstub'n herzhaft essen mag, fahre über den Ortsteil Puch, wo die tausendjährige Eiche der heiligen Einsiedlerin Edigna steht, zum »Gasthaus Huber« nach Jesenwang. Abstecher nach **Schöngeising** und **Grafrath,** landschaftlich sehr reizvoll gelegen, ergänzen den hohen Kunstgenuß, den die Klosterkirche Mariae Himmelfahrt in Fürstenfeld bereit hält. Es ist ein wuchtiger Barockbau, der auf harmonische Weise mehrere Stilarten miteinander verbindet. Besonders wertvoll sind die Deckenfresken, die vom Leben des Heiligen Bernhard erzählen; geschaffen wurden sie von den Gebrüdern Asam. Sehenswert auch die kleine Kirche St. Leonhard gleich an der Brücke (= Bruck); von hier startet jedes Jahr der farbenprächtige Leonhardiritt.

Dachau

Natürlich trägt Dachau immer noch schwer an seinem Namen, der unweigerlich mit dem Konzentrationslager verbunden wird. Eine würdige Gedenkstätte erinnert an die Greueltaten, die die Nazis dort bereits seit 1933 verübt haben. Ein Besuch ist mehr als ein Bußgang; wer dazu bereit ist, kann eine ganze Menge lernen — über ekelhafte Herrenmenschen, das unsagbare Leid von hilflos Ausgelieferten und über Männer und Frauen, die in aller Stille ihr Bestes taten. Doch die Geschichte der Stadt kann nicht reduziert werden auf eine 12 lange Jahre wütende braune Pest. Die sehr gepflegten, im 17./18. Jahrhundert entstandenen Bürgerhäuser im alten Zentrum Dachaus weisen auf andere Wurzeln hin, und an die erinnert man sich auch lebhaft, wenn im August das große Volksfest gefeiert wird; übrigens ist der Bierpreis, gerade im Vergleich zum Münchner Oktoberfest, sagenhaft günstig.

Gleich in der Nähe, im Norden an der Autobahnauffahrt (A 9), steht Schloß Haimhausen, ein fulminanter Bau, dem François Cuvilliés im 18. Jahrhundert Gestalt gab. Im Südflügel befindet sich eine wunderschöne Kapelle, geschmückt mit Bildern von Johann Georg Bergmüller.

Petersberg bei Dachau

Apropos Kunst: Die berühmte Dachauer Schule, eine lose Vereinigung von Malern, deren bekanntester Exponent der Tiroler Franz von Defregger ist, hielt die zauberhafte Landschaft des Ampermooses für immer fest. Ein absolutes Muß für den Gast: Schloß Schleißheim, östlich von Dachau, nördlich von München, zwischen der A 92 und der A 99. Insgesamt 150 Jahre lang bauten die Wittelsbacher an diesem ausgedehnten Herrschaftssitz, dessen Kernstück, das barocke Neue Schloß, den Eindruck imperialer Macht und europäischen Geistes vermitteln soll. Großartige Künstler des 18. Jahrhunderts stellten sich in den Dienst des ambitionierten Königs Ludwig I.: Ignaz Günther, Johann Baptist Zimmermann oder auch Cosmas Damian Asam, um nur drei der bedeutendsten zu nennen. Am schönsten ist jedoch ein Spaziergang (tunlichst nicht am Wochenende, wenn die Massen strömen) durch die weite Anlage. Die Ruhe, die Sie da genießen, steht in hartem Gegensatz zu dem Streß, den jeder Besucher bei der An- und Abfahrt in Kauf nehmen muß.

Freising

Alteingesessene Familien der Domstadt rümpfen über das neureiche München die Nase — Stichwort: Geschichte; Genießer schnalzen im Weihenstephaner ›Bräustüberl‹ mit der Zunge — Herr Ober: bitte ein Bier und eine Brotzeit; hellhörige Einwohner halten sich die Ohren zu — der neue Großflughafen: ein Danaergeschenk. Freising war und ist ein kulturelles, frugales und ökonomisches Zentrum von Altbayern. Zwar nicht ganz so in die Historie abgetaucht wie Regensburg, von dem ein Herrmann Höcherl mit ironischem Furor sagte, daß die Oberpfälzer schon degeneriert waren, bevor es die Münchner überhaupt gab — doch der Freisinger Domberg stellt den Münchner Marienplatz allemal in den Schatten.

Schon im Jahre 720 missionierte der Heilige Corbinian von der Freisinger Burg aus das Hinterland, knapp 20 Jahre später gründete Bonifatius hier ein Bistum, dessen Sitz knapp 1.100 Jahre später nach München verlegt wurde. Gegen Ende des 12. Jahrhunderts wurde der Dom St. Maria und St. Corbinian gebaut, dann Stück für Stück erweitert, umgestaltet, ausgeschmückt. Die Gebrüder Asam ließen auch dort ihrem Genie freien Lauf, ebenso wie Johann Baptist Zimmermann und vor ihnen Peter Candid. Der Blick vom Domplatz geht isaraufwärts gen München bis hin zu den Alpen — wenn's föhnig ist. Oder gleich hinüber nach Weihenstephan, wo die älteste, gleichnamige Brauerei der Welt auf gesunden wirtschaftlichen Füßen steht.

Die Universität, an der die besten Braumeister, Agronomen und Gartenbauer Süddeutschlands gelernt haben, liegt ein wenig unterhalb des ›Bräustüberl'. Dort fand eine handfeste Köchin vor knapp 100 Jahren, als sie über einem zu Boden gefallenen Camembert ausrutschte, das gute Stück aber nicht wegwerfen wollte, sondern mit Butter anmachte und so auf den Geschmack kam, das Rezept für den unverwüstlichen ›Obatzdn‹. Heute zählt die Kreisstadt, deren historischer Kern ein einziger kunstgeschichtlicher Schatz ist, knapp 40.000 Einwohner. Der Moloch im Südosten, der Airport, könnte jedoch eines nicht allzu fernen Tages Freising endgültig seines Charmes berauben; der Fluch der fetten Vögel.

Erding

Auch Erding (25.000 Einwohner, Zuzug rasant steigend) ächzt und stöhnt unter dem Großflughafen, den bayerische Orbit-Experten, den Anschluß an die große weite Welt nicht verpassen wollend, ausgerechnet in eine Gegend verfrachtet haben, wo häufig Nebel herrscht, der Boden fruchtbar ist und die Menschen treu und brav CSU wähl(t)en; wohl bekomm's. Die bodenständigen Leut' im Vorort Altenerding, der kürzlich sein 1.200-jähriges feierte, können sich nur noch wundern über die modernen, chaplinesken Zeiten. Die Stadt selbst, eine wundervoll provinzielle, in sich ruhende, freundlich-einladende Kommune, schart sich um die stilvollen Bürgerhäuser des 18. Jahrhunderts, die nach einem verheerenden Brand zum Ende des Dreißigjährigen Krieges entstanden sind. Prunkstück des Ortes ist der ›Schöne Turm‹, wie das Landshuter Tor, schon 1400 errichtet, genannt wird; die Haube kam erst 260 Jahre später drauf.

Beherrscht wird das Stadtbild freilich vom mächtigen Satteldach der Pfarrkirche St. Johannes, die aus dem 15. Jahrhundert stammt. Auf dem Glockenturm, ein paar Schritte seitwärts, spähte früher der Turmwächter nach ungebetenen Gästen. Ein paar Kilometer östlich stehen zwei spätgotische Stadttore, die eine kleine Stadt namens Dorfen einfassen. Dort wohnte der Schriftsteller Josef Martin Bauer, der seinem bekanntesten Buch den Titel gab »So weit die Füße tragen«. Es handelt von einem Mann, der aus sowjetischer Gefangenschaft gen Westen, in seine Heimat flieht. Einige Menschen im Erdinger Moos lesen den Bestseller von damals heute noch einmal — mit anderen Augen ...

München

Die Stadt ist — pardon — in Verschiß geraten. Warum, das sagen Ihnen in diesem Buch Ponkie, das wetterfeste Kulturbarometer, und Willy Michl, der rokkende Haudrauf. Ich rate denjenigen, die nach den Pflichtbesuchen (?) — Deutsches Museum, Völkerkunde-Museum, Bayerisches Nationalmuseum, Glyptothek, Alte und Neue Pinakothek, Haus der Kunst; Nationaltheater, Cuvilliés-Theater, Gasteig; Theatinerkirche, Frauenkirche, Asam-Kirche (St. Johann-Nepomuk); Residenz, Nymphenburg, Blutenburg (usw.) — noch den Kopf frei haben, folgendes: Spaziergang im Englischen Garten, Fortsetzung in den Isarauen Richtung Ismaning; Schlendern ›Im Tal‹ (Einkehr im Valentin-Musäum!), ein Schwenk auf die Maximilianstraße, die Ludwigstraße (mit einem Dreh durch den Hofgarten); ein Bummel durch das türkische (!) Viertel von Pasing; ein Abstecher raus zum Tierpark Hellabrunn und von da aus zur Isar (Thalkirchen: Flößer-Endstation und Beginn einer wunderbaren Wanderung gen Süden, Rückkehr per S-Bahn); die Biergärten bei St. Anna, im Englischen Garten, am Flaucher). Wovor ich in gebotener Kürze warne: Schwabing bei Nacht (pure Geld- und Zeitverschwendung); die Schwemme im Hofbräuhaus (rülps! schmatz! klick!); Einlauf und Einkauf beim Feinkost Käfer (klingelingeling!). Die aufregendsten Treffpunkte für Lesefreunde: die Buchhandlung Hugendubel am Marienplatz und die kleine Literaturhandlung der Rachel Salamander in der Fürstenstraße (Nähe Uni), d a s Zentrum jüdischer Kultur in der Ex-Hauptstadt der Bewegung.

Da ist sie, die Badewanne der Münchener

DAS FÜNF-SEEN-LAND

Hat er nun, oder hat er nicht? Trotz all der Gottschalks und Schanzes, Rühmanns und Heesters, Achternbuschs und Loriots, die hier hinter hohen Hecken residieren — das Schicksal des »Kini« bewegt die Gemüter rund um den Starnberger See immer noch am meisten. Nach Berg, wo der Märchenkönig ins Wasser ging (oder ertränkt wurde), zieht's die Leute magisch hin, ebenso zur Roseninsel, wo Ludwig II. mit der Sissi turtelte (oder auch nur träumte). Das hindert den Drachenflieger Rudi Gaugg natürlich nicht daran, Fürstin Gloria von Thurn und Taxis samt Prinzeßchen in die Kunst des Wasserski-Fahrens einzuweihen, den anderen Reichen und Schönen in Possenhofen das Surfen und Segeln beizubringen und nebenbei ein prächtiges Hotel in Starnberg zu führen. Die Schickeria treibt sich nun mal gerne in der Gegend herum, neuerdings auch in Ambach beim »Fischmeister«, wo sich die Prosecco-Gläser irgendwie komisch auf den derben Holztischen ausmachen. Mit diesen Zugvögeln hat Martin Greinwald nichts am Hut. Seit 500 Jahren wirft seine Familie die Netze aus — eine Tradition, die der kernige Tutzinger in stoischer Ruhe fortführt. Noch länger reicht die Bierbrauer-Erfahrung der Benediktinermönche auf dem Heiligen Berg Andechs zurück, die unzählige Generationen von Schülern, Pilgern und Touristen mit »Manna« versorgt haben; vielleicht ist deshalb der Himmel über dem Ammersee so blau. An den steilen Ufern des Pilsensees thront das knapp 1000 Jahre alte Schloß der Grafen von Seefeld, in Steinebach am Wörthsee lockt die legendäre Badeanstalt »Fleischmmann«, und am Weßlinger See bewahrt eine »Eiserne Lunge« das arg strapazierte Gewässer davor, biologisch umzukippen. Wer den Golfschläger im Fünf-Seen-Land schwingen will, hat auf sieben Plätzen reichlich Gelegenheit dazu. Bitte Kleingeld nicht vergessen!

Die Reichen und die Schönen
Und die Bayern

Für uns Münchner ist das Land der fünf Seen im Südwesten der wuchernden Stadt eine Art Hausgarten: gleich vor der Tür, wohlbekannt und sehr erholsam. Nur eines stört uns: daß wir dieses Stück Natur mit anderen teilen müssen — den anderen Münchnern nämlich, aber auch mit Einheimischen und Urlaubern. Deshalb verrät keiner gern die stillen Winkel, die es auch rund um den Starnberger See und Ammersee, den Wörthsee, Pilsensee und Weßlinger See noch gibt. Doch weil es andererseits auch viel Spaß macht, von der Schönheit dieses hügelreichen Landes, den gepflegten Dörfern und barocken Kirchlein zu erzählen, möchte ich den Mantel des Schweigens ein wenig lüpfen und nicht nur von den großen Attraktionen schwärmen.

Von ihrer schönsten Seite zeigt sich uns die Gegend, wenn wir mit der S-Bahn aus München anreisen. Der Zug verlangsamt seine Fahrt schon vor dem Bahnhof Starnberg, eine letzte Kurve — und da liegt auf einmal die weite Wasserfläche des Sees vor uns. Bei Föhn sieht es so aus, als würden die schroffen Gipfel der Alpenkette gleich am Südufer in die Luft steigen. Bei trübem Wetter bleibt immerhin der Blick auf das Wasser, das sich nur wenige Meter von den Gleisen entfernt ausbreitet; mal kräuseln sich seine Wellen sanft, mal peitscht ein Sturm die Gischt hoch.

Direkt am Bahnhof liegt der Dampfersteg, wo wir ein Schiff der weiß-blauen Flotte besteigen, das uns zu den berühmten Orten führt. Zunächst geht's nach Possenhofen, wo Sissi, die spätere österreichische Kaiserin, ihre Jugend verbracht hat. Ob das Schloß damals auch schon so luxuriös ausgestattet war wie heute? Mittlerweile wurde es aufwendig restauriert und, damit sich die Chose auch lohnt, in Eigentums-Wohnungen parzelliert; das dämpft die romantischen Gefühle doch ganz erheblich. An der Roseninsel fährt der Dampfer vorbei, und so erhaschen wir nur eine Momentaufnahme von dem Schloß, in dem sich König Ludwig II. mit der Sissi heimlich getroffen hat. Heute lebt dort nur der Verwalter, »Insel-Willi« genannt — ein Schlesier vom Jahrgang 1902. In Feldafing, dem nächsten Halt, verbrachte Sissi ihre Sommer (1867 bis 1891) in einem stattlichen Hotel, das jetzt ihren Namen trägt: »Kaiserin Elisabeth«. Nun überquert das Schiff den See und bringt uns nach Berg, wo der Märchenkönig unter mysteriösen Umständen ums Leben kam. Ob er an jenem 13. Juni 1886 von seinem Leibarzt ertränkt oder erschossen wurde oder vielleicht doch Selbstmord beging — des Rätsels Lösung wird wohl noch Generationen von königlich-bayerischen Historikern beschäftigen. Ein steinernes Kreuz im See zeigt an, wo man seine Leiche fand, am Ufer erinnert eine pompöse Votivkapelle an die Tragödie.

Der Adel und das wohlhabende Bürgertum ließen sich von dem Drama jedenfalls nicht abschrecken, im Gegenteil: Sie ließen sich nieder, in großer Zahl. »Fürstensee« nannte man den Starnberger See im vergangenen Jahrhundert wegen solch illustrer Anwohner — als Kontrapunkt zum »Bauernsee«, dem Ammersee. Und wie es sich für Fürsten schickt, bauten sie ihre Schlösser an den schönsten Fleckchen: in Starn-

Ludwig II.-Votivkapelle bei Berg am Starnberger See

berg, Kempfenhausen und Berg, in Ammerland und Höhenried, in Tutzing und Garatshausen, auf der Roseninsel und in Possenhofen. Blaublütige sind heute nur noch in Berg — dort residiert Herzog Albrecht, der Chef des Hauses Wittelsbach — und in Garatshausen präsent; da thront im Sommer Fürstin Gloria von Thurn und Taxis. In den anderen Prachtbauten hochherrschaftlicher Provenienz dürfen sich heute ganz normale Leute wohlfühlen — sie werden als Altenheime, Kliniken oder Tagungszentren sinnvoll genutzt. Aber warum muß der trutzige Koloß hoch über Starnberg ausgerechnet das Finanzamt beherbergen? Mit ist nicht bekannt, daß sich diese Lage positiv auf die Behandlung von Steuererklärungen auswirken würde.

Die Stadt Starnberg, die sich an die Schloßhöhe schmiegt, ist mit rund 20.000 Einwohnern die größte der Gegend und gleichzeitig Kreisstadt. Ein bißchen eingezwängt liegt sie da zwischen dem Hügelzug im Nordwesten und den Eisenbahngleisen, die wie eine Barriere vor dem See im Wege stehen. Daher kamen schon 1898 Starnberger Bürger auf die Idee, den Bahnhof zu verlegen, um einen freien Blick auf Wasser und Berge zu ermöglichen. Eine Idee mit Zukunft, denn geschehen ist bis heute nichts dergleichen. Das Zauberwort von der »Seeanbindung« des Ortes ist aktuell wie eh und je. Nur: Heute will man die Bahn nicht mehr gänzlich verlegen, sondern lediglich die Zahl der Gleise reduzieren und sie auf hohe Pfeiler stellen. Die Stadtväter träumen von einer Art filigraner Bahnüberführung mit Durchblick zum See — dann würde die Uferpromenade endlich zum Ort gehören. Aber auch so dient die Promenade als Laufsteg und Vergnügungszentrum der Stadt. Im »Undosa«-

Lokal steigen Tanzabende, Bälle und Modeschauen, ein paar Häuser weiter, in den Villen der Segelclubs, geht's selbstredend exclusiver zu. Auf der heißen Ufer-Meile ist so gut wie alles zu sehen, nur eines nicht: Badeanzüge. Das weithin bekannte Undosa-Bad — einstmals ein Dorado der jungen, wilden Schönen — wurde 1978 geschlossen und 1980 abgebrochen. Heute haben sich die Sonnenanbeter andere Reviere erschlossen, zum Beispiel die Strände in Kempfenhausen oder das »Paradies« in Possenhofen.

Um einiges größer, aber wesentlich beschaulicher ist eine andere Promenade im Fünf-Seen-Land: die Herrschinger. Sie führt zehn Kilometer am Ammersee entlang. Seine Ufer waren für Auswärtige bis 1903 nur schwer erreichbar — dann wurde die Bahnlinie von München-Pasing nach Herrsching gezogen, und das ehemals bescheidene Fischerdorf entwickelte sich im D-Zug-Tempo zu einem überaus beliebten Ausflugsort. Dennoch gibt es am »Bauernsee« immer noch mehr ruhige Flecken als drüben in Starnberg. Von den kleinen Stränden aus, die sich am Ostufer zwischen den Schilfzonen auftun, lassen sich allerhand selten gewordene Vogelarten beobach-

Töpfermarkt in Dießen am Ammersee

ten — ein bißchen Geduld ist freilich Voraussetzung. An der Südspitze des Sees sind
die Tiere ganz unter sich: Diese Zone ist als Vogelschutzgebiet ausgewiesen. Der
Frieden bekommt auch dem empfindlichen Schilf gut; einmal niedergetreten, rege-
neriert es sich nicht mehr. Am Starnberger See ist es daher weitgehend verschwunden.

Auch in Herrsching können wir einen Dampfer besteigen, diesmal nicht zur
Rundfahrt. Er soll uns an das Westufer des Sees bringen, dorthin, wo alle Dörfer
Richtung Andechs blicken. Wie ein Orientierungspunkt für Wanderer und Pilger
erhebt sich der Heilige Berg über der Ostseite des Sees. Nur Dießen, das Mekka der
Töpfer und Zinngießer, der Glaser und Schmuckdesigner, hat mit seinem Marien-
münster diesem imposanten, herrischen Turmbau etwas entgegenzusetzen. Die
Künstler und Kunsthandwerker prägen aber nur Dießens Oberstadt. Im unteren Ort
sind die Fischer daheim — und die »Moosdapper«, die aus dem Schimpfwort für die
Bewohner des Ufermoores einen Ehrennamen gemacht haben. Ihr Stammlokal ist
der »Unterbräu«, wo ein Jux-Bund aus alteingesessenen Dießenern seine berühmt-
berüchtigten Streiche ausheckt.

In die Gegend zwischen den beiden großen Gewässern verirren sich nicht viele
Ausflügler, einmal von Andechs und dem Naturschutzgebiet rund um den Maisin-
ger See abgesehen. So bewahrt das Bauernland mit seinen Weiden, Feldern und Wäldern eine wohltuende Ruhe. Reich ist der Boden nicht gerade. Die Gletscher der letzten Eiszeit hinterließen vor etwa 10.000 Jahren auf dem Kiesboden nur eine dünne
Humusschicht. Vor allem im Süden des Fünf-Seen-Landes machen sich die Kartof-
fel- und Kornfelder langsam rar; es dominiert die Viehhaltung auf der Weide. Die
Gletscher waren es auch, die der Landschaft ihren welligen Charme verliehen: Die
Moränenhügel entstanden aus den Geröllmassen, die die riesigen Eiszungen vor sich
herschoben. Dieses bäuerliche Seenland und seine Historie dokumentiert übrigens
eines der schönsten Museen in der Umgebung, das Heimatmuseum Starnberg; es ist
in einem Bauernholzhaus aus dem Jahre 1538 untergebracht.

Gar nicht so sanft gebettet liegt der Pilsensee, der dritte in der Fünferreihe. Recht
steil fallen die Ufer im Osten und Westen ab. An der Kante dieser Hänge setzt sich die
Architektur in Szene. Da sind das imposante, aber renovierungsbedürftige Schloß
der Grafen von Seefeld, das schon 1050 urkundlich erwähnt wurde, und die reich verzierte Barockkirche von Widdersberg. Das Schloß ist noch heute im Privatbesitz der
Adelsfamilie Toerring-Jettenbach, die seit dem 16. Jahrhundert eine wichtige Rolle
im Fünf-Seen-Land und in der bayerischen Aristokratie spielt. Zu dem dort florierenden Antiquitätenhandel gesellt sich nun eine Zweigstelle des Münchner Völker-
kunde-Museums.

Nur wenige Kilometer weiter lockt wieder ein Wasser — der Wörthsee. Wild zu
ging es hier in den zwanziger Jahren. In der Badeanstalt des Gastwirtes Aloys
Fleischmann zu Steinebach trafen sich die fortschrittlichen Familien der Gesellschaft, allerdings nicht nur zum nassen Vergnügen, sondern auch zu legendär gewordenen Festen. Als besonders spektakulär galt die Wasserrutsche, die 1929 eigens aus

den USA herbeigeschafft worden war. Heute stehen nur noch ihre Betonfundamente, und der einstmals einladend-geräumige Strand ist durch Grundstücksteilung arg geschrumpft. An der großen Beliebtheit des »Fleischmann« konnte das gleichwohl nichts ändern, allerdings geht es nunmehr wohl etwas bürgerlicher zu als vor 60 Jahren.

Im Vergleich zur Häuserlandschaft an den anderen Seen wirkt die Bebauung am Wörthsee eher zurückgenommen, prächtige Villen haben Seltenheitswert. Das liegt daran, daß sich nach dem Zweiten Weltkrieg viele arme Siedler an den Uferstreifen niederließen und dort kleine Häuser errichteten, oft genug ohne den Segen der Behörden. Heute sind sie größtenteils legalisiert, meist erneuert und vergrößert. Doch hin und wieder fallen auch noch kleine Baracken mit Vordächern aus Wellblech ins Auge — eigentlich ganz beruhigend in einer Region, die vor Reichen nur so strotzt und protzt. Dagegen kann es kaum überraschen, daß auch der Wörthsee seinen Golfplatz hat. Dieser Gesellschaftssport erfreut sich immer größerer Beliebtheit in der Gegend, auch wenn er bei Otto-Normal-Spaziergänger ein wenig anzuecken scheint. In der Feldafinger Anlage, der traditionsreichsten von allen, warnt jedenfalls ein Schild: »Achtung, Golfbälle von links.« Mittlerweile gibt es sieben solcher Treffs im Fünf-Seen-Land: die gerade genannten am Wörthsee und in Feldafing sowie jene in Deixlfurt nahe Tutzing, in Kerschlach bei Pähl, in Hadorf und Gut Rieden nahe Starnberg sowie in Fohnloh bei Gauting. Auch Andechs könnte bald seinen Platz bekommen, die Landwirte jedenfalls sind aus finanziellen Gründen sehr dafür. Der Gemeinderat dagegen mag — noch (?) — nicht so recht.

Eine kleine Fontäne spritzt Tag und Nacht in der Mitte des kleinsten Sees, des Weßlinger. Doch dieses Wasserspiel wurde nicht etwa zum Ergötzen der Besucher kreiert, sondern aus schierer Not. Auf dem Grund des Sees ist eine Belüftungsanlage installiert, die für genügend Sauerstoff im Wasser sorgt — ohne diese »eiserne Lunge« würde der See sterben. Erst wenige Jahre ist es her, da schwangen wir uns im Würmtal auf unsere Räder, um nach Weßling zum Baden zu fahren, quer durch den Kreuzlinger Forst und am Flughafen Oberpfaffenhofen vorbei. Doch heute würde ich niemandem mehr den Sprung ins Wasser empfehlen. Im Sommer '91 erwog der Weßlinger Gemeinderat sogar ein offizielles Badeverbot — so schmutzig ist der See geworden. Selbst die Enten, Gänse und Bläßhühner dürfen nicht mehr gefüttert werden. Also machen wir eben nach einem Spaziergang am schilfreichen Ufer einen Abstecher in die gleich am Wege liegende Kunstgalerie von Ildiko Risse. Dort sind zahlreiche Exponate von Malern, Zeichnern und Bildhauern zu bewundern, die es alle einmal ins Fünf-Seen-Land gezogen hat. Auguste Renoir machte in Weßling Station, Wilhelm Leibl fand seine Inspiration am Ammersee, ebenso wie der Komponist Carl Orff.

Es sind also nicht nur die Reichen und die Schönen, die Bauern und die Fischer, die Einheimischen und die Touristen, die sich hier wohlfühlen. Der Reiz der Landschaft betört jedermann(frau).

Roswitha Loibl

Ein Promi kommt selten allein
Wohin mit Boris?

Monaco mag ja ganz schön sein. Aber als einziger Wohnsitz scheint das kleine Fürstentum für so manchen Prominenten zu wenig herzumachen. Warum sonst tauchte eines Tages im Jahre 1991 das Gerücht auf, der badische Tennis-Heros Boris Becker schaue sich in Bayern nach einem standesgemäßen Domizil um? Nicht irgendwo in Bayern, natürlich. Das Fünf-Seen-Land sollte es sein. In Berg, so hieß es, sei er auf der Suche — als zukünftiger Nachbar von Peter Gauweiler, dem einstigen Zögling von Franz Josef Strauß. Die Gemeinde dementierte entschieden. Wenn nicht in Berg, wo dann? In Tutzing, ließen gewöhnlich gut informierte Kreise wissen. Ob sich der sensible Rocksänger Peter Maffay über einen solchen Zaungast freuen würde? Die Probe aufs Exempel steht noch aus. Das Phantom Boris irrt weiter umher.

Der Nährboden für derlei Gerüchte ist kaum in einem anderen Landstrich Bayerns so fruchtbar wie hier. Ein Promi kommt selten allein, und wo mal einer settelt, da setteln die anderen nach. Die Showmaster Thomas Gottschalk und Michael Schanze fühlen sich im Fünf-Seen-Land ebenso wohl wie die Schauspieler Heinz Rühmann und Johannes Heesters oder der Allround-Künstler Vicco von Bülow

Reizvolle Wohnsitze gibt es genug

alias Loriot. Zu Hause verbergen sie sich am liebsten hinter hohen Hecken, aber auch
die Prominenz muß ja mal ausgehen. Zum Beispiel nach Tutzing, wo einer der raren
Michelin-Sterne Deutschlands leuchtet: im Midgard-Haus, einem Restaurant direkt
am Seeufer. Und wie es sich für einen richtigen In-Treff gehört, ziert man sich gerne
mit den Namen illustrer Besucher — ob sie nun in der Gegend wohnen oder nicht.
Natürlich hat Boris Becker hier schon Bouillabaisse von Fischen aus dem Starnberger See gegessen, genau so wie Oskar Lafontaine und der Prinz von Anhalt. Wer pro-
minent ist oder so tut, findet sich auf der Gästeliste wieder. In Tutzing haben die bes-
seren Kreise eines ihrer Schaufenster.

Die Fäden laufen aber im Hintergrund zusammen, zum Beispiel bei Rudi Gaugg,
der grauen Eminenz am Starnberger See. Der Gastronom kennt alles und jeden,
nicht nur hier; schließlich war er auch schon mal Münchner Faschingsprinz. Doch er
hängt sein Insiderwissen nicht an die große Glocke. In erster Linie ist er heute Wirt
vom »Bayerischen Hof«, und das mit Herz und Seele. Das Haus gleich neben dem
Starnberger Bahnhof hat eine wechselvolle Geschichte. Der imposante Bau mit seiner ausladenden Freitreppe sollte eigentlich 1984 abgerissen werden und einem
modernen Kultursaal weichen. Gegen diesen hirnrissigen Plan formierte sich eine
Bürgerinitiative, die 18.000 Unterschriften zusammenbrachte. Als sich schließlich
auch ein Käufer für das marode Gebäude fand, war das Haus, das um 1865 vom
königlichen Oberbaurat Himbsel errrichtet worden war, gerettet.

Der Käufer war Rudi Gaugg. Er hatte nicht mitansehen wollen, wie ein solches
Juwel mutwillig zertrümmert wird. Acht Jahre Arbeit und rund zwei Millionen
Mark steckte er in die Renovierung. Mit wieviel Elan er sein Geschäft betreibt, merkt
jeder, der dem drahtigen, grauhaarigen Herrn eine Weile zugesehen hat, sei es im
Café, das er im Hotel eröffnet hat, oder im Restaurant im Untergeschoß des Gebäu-
des. Charmant und mit aufmerksamem Blick begrüßt er jeden Gast, der über die
Schwelle tritt, läßt »Bazi«, dem Dackel einer Stammkundin, sein Schälchen Frolic
bringen, erkundigt sich nach dem werten Wohlbefinden und setzt sich gern zu seinen
Gästen an den Tisch, um ein wenig zu plaudern. So erfährt er, ganz nebenbei, das
Neuste aus Kommunalpolitik und Wirtschaft. Und wenn einer mal ein Problem hat,
dann telephoniert man halt miteinander; man kennt sich ja.

Daß keiner aus der High Society an dem gebürtigen Münchner des Jahrgangs 1931
vorbeikommt, liegt jedoch nicht so sehr an seiner Funktion als Wirt. Sein wetterge-
gerbtes Gesicht verrät es: Rudi Gaugg ist ein Sportsmann, ein erprobter Segler und
Drachenflug-Lehrer, ein Kerl, der mit 45 Jahren noch seinen Surflehrer-Schein
gemacht hat. Doch damit nicht genug: In seiner Wasserski-Schule in Possenhofen,
der einzigen in Bayern, trifft sich alles, was Rang und Namen hat. Ziemlich begeistert
erzählt er, wie gut Fürstin Gloria von Thurn und Taxis Monoski fährt, daß ihre ebenfalls sehr talentierten Töchter recht temperamentvoll herumkurven. Die Alexandra,
gemeint ist Petra Schürmanns Tochter, sei sogar seine Assistentin gewesen, so
geschickt habe sie sich angestellt. Mehr Namen möchte er nicht nennen, na ja, es
stimme schon, daß auch Prinz Manuel von Bayern bei ihm seine Wassertaufe bekom-

men habe, jaja, andere auch, aber Schwamm drüber. Rudi Gaugg pflegt die Diskretion.

Dafür schwärmt er um so offener vom See, von den ersten Runden auf Skiern im jungfräulichen Wasser, morgens um sieben, bevor die Badegäste eintreffen. Dann herrscht sogar in Possenhofen noch Ruhe, die Wildenten watscheln bis zu Rudi Gauggs Kiosk am Strand und wollen ihren Anteil vom Frühstück haben. Um den Scharen von Münchnern zu entkommen, die danach — vor allem an den Wochenenden — die Ufer belagern, empfiehlt Gaugg seinen Hotelgästen, dem Strom entgegenzufahren: Samstag und Sonntag seien gute Tage für eine Besichtigungstour in der bayerischen Hauptstadt. Dort sind auch all jene gut aufgehoben, die in die berühmtberüchtigte Schicki-Micki-Szene eintauchen wollen.

In München feiert man, im Fünf-Seen-Land wohnt man. Manchmal läßt sich der Rudi auch dort blicken, aber eigentlich hat er sich aus diesen Kreisen verabschiedet — der Verzicht auf Wachteleier und geröstete Heuschrecken fällt dem Schweinsbraten-Liebhaber nicht sonderlich schwer. Der »Seefanatiker«, wie er sich nennt, hat es nach all den turbulenten Jahren lieber ein bißchen ländlich, ohne gleich in die Niederungen der Provinz absacken zu wollen. Da ist er am Starnberger See ganz gut aufgehoben.

Roswitha Loibl

Blaue Stunden
Andechs sehen

»Andechs sehen und sterben« ist einer jener Schülersprüche, die sich im Laufe von durchschnittlich 13 Schuljahren zu bewahrheiten scheinen. Denn fast jeder Münchner Schüler der gehobenen Jahrgangsstufe war — zumindest einmal — anläßlich eines Schulausfluges in Andechs. Und einige haben sich im Klosterbräu, trotz verschärfter Aufsicht durch das Lehrpersonal, eine Art Magenverstimmung zugezogen, an der sie meinten, verscheiden zu müssen.

In der Regel haben diese Schüler ihren unbedachten Alkoholkonsum schadlos überstanden. Gott sei Dank — und damit sind wir bei demjenigen angelangt, der seine schützende Hand nicht nur über Münchner Schüler, brotzeitelnde Oberbayern und trinkfreudige Touristen hält, sondern auch über das Benediktinerkloster, das die Brauerei seit 537 Jahren betreibt.

Der »Heilige Berg« von Andechs steht hoch im Kurs. Nicht nur bei denjenigen, die mittels Kraftfahrzeugen so dicht wie möglich an den Fuß desselben gelangen wollen, um den obligatorischen Aufstieg zu den kulinarischen Höhen so weit es geht zu verkürzen. Ihnen ist es zu verdanken, daß ein riesiges Wiesengelände, mit einer dicken Teerschicht überzogen, heute als Parkplatz dienen darf. Aber was will man auch machen, schließlich kommen Jahr für Jahr an die zwei Millionen Menschen hierher. Die wenigsten treten den Fußmarsch vom S-Bahnhof Herrsching durchs liebliche Kiental bis zum Ziel ihrer Wünsche an. Ein Spaziergang, der sich als lohnend erweist, sofern man nicht einer — oder mehreren — jener eingangs erwähnten Schulklassen begegnet. Für diese Tour sollte man sich also einen Tag außerhalb der Schulzeit aussuchen, möglichst an einem schönen Wochenende. Freilich sind dann die weitläufigen Hallen des klösterlichen Ausschanks sehr dicht bevölkert.

Wenn man Glück hat, trifft man auf eine Gruppe bayerischer Wallfahrer, die sich nach Andechs ›verlobt‹ haben und ihren Bittgang auf traditionelle Art beschließen. Sie haben jedoch außer ihrer Festtagstracht nur noch wenig gemein mit den aufgebrachten Pilgern, welche 1802 die Polizeibehörde Münchens beschäftigten.

Damals hatten die aufklärerischen Reformideen des Grafen Montgelas für Aufregung gesorgt. Denn um die Arbeitsleistung des gemeinen Volkes zu steigern, hatte man staatlicherseits die offiziellen Feiertage reduziert und auch das Wallfahren der katholischen Bevölkerung streng geregelt. Gemäß der Feiertagsverordnung durfte jede Gemeinde — sehr zum Mißfallen des Klerus — nur noch eine Wallfahrt mit Übernachtung pro Jahr unternehmen. Und so pilgerte die Münchner Bürger-Kongregation an Pfingsten 1802 nach Andechs. Dort hatte »ein Priester aus Augsburg«, wie in einem Polizeibericht vermerkt ist, »in der Wallfahrtskirche auf dem heiligen Berg auf eine Art gepredigt, welche unverständige Menschen gegen die landesherrlichen Befehle erhitzen konnte«. Die Folge war ein regelrechter Aufstand der nach München zurückgekehrten Pilger. Der Magistrat regelte das Problem, indem er für die Zukunft jede organisierte Wallfahrt nach Andechs untersagte. (Dieses Verbot dürfte spätestens mit dem Untergang des bayerischen Königsreich 1918 aufgehoben worden sein.)

Das gläubige und spendierfreudige Volk vom Heiligen Berg fernzuhalten, war anfangs keinesfalls im Sinne der weltlichen Herrscher. Im Gegenteil — waren es doch die Andechser Grafen, die ihren Hauptwohnsitz mit Reliquien aus dem Heiligen Land (eine Beute der Kreuzzüge) und den berühmten Bamberger »Heiligen Drei Hostien« schmückten. Im 12. Jahrhundert riefen sie somit die bis heute ungebrochene Wallfahrts-Tradition ins Leben. Das Grafengeschlecht gestaltete europäische Politik, es gründete Klöster wie Dießen, Attel und Trebnitz, die Städte Innsbruck, Hof und Bayreuth, und Mitglieder der Familie regierten als Bischöfe in Bamberg, Regensburg, Passau, Freising, Speyer, Worms, in Brixen, in Oberitalien und in Ungarn.

So trifft man in der Wallfahrtskirche einige der Urahnen des Geschlechts, zum Beispiel den Seeligen Rasso, der nach seiner Rückkehr von einem Kreuzzug das Benediktinerkloster Grafrath (Landkreis Fürstenfeldbruck) gründete, wo er 954 starb. Immerhin hat man ihn zusammen mit dem Heiligen Benedikt auf den Altarblättern der vorderen Seitenaltäre verewigt, wohingegen seine Nachkommen, Bischof Otto von Bamberg und dessen Bruder Graf Berthold von Andechs, lediglich

Mehr als das Kloster Andechs lockt das Bier

auf den Gemälden der Emporenbrüstung zu sehen sind; Otto ist gerade dabei, seinem Bruder die Hostien des Bamberger Reliquienschatzes zu übergeben.

Doch auch diese Heiligtümer konnten den Untergang der Grafenfamilie nicht
verhindern. Als 1248 der letzte Andechser ohne männlichen Erben verschied, galt
der Reliquienschatz als verschollen. Jahre später gingen Gerüchte um Wunderhei-
lungen in der Andechser Burgkapelle durchs Volk, was die Pilgerbewegung auslöste.
Die nun herrschenden Wittelsbacher schalteten schnell und erweiterten die zu klein
gewordene Kapelle. Dabei tauchten Teile des verloren geglaubten Schatzes wieder
auf, die flugs nach München gebracht wurden. Dort genossen die entführten Reliquien große Verehrung, und die bayerischen Herzöge konnten sich nur sehr schwer
dazu durchringen, sie wieder nach Andechs zurückzuschaffen. Denn die Heiligtümer brachten während der Zeit des römischen Jubiläumsablasses täglich über 60.000
opferfreudige Büßer nach München. Und die ließen nicht nur die Kirchenkassen
klingeln, sie sorgten auch für einen wirtschaftlichen Aufschwung in der Residenzstadt. 1455 wurde in Andechs eine neue Kirche zu Ehren der Jungfrau Maria, des hl.

Nikolaus und der hl. Elisabeth gebaut. Die Heiligtümer kamen wieder an ihren angestammten Platz, der »Heilige Berg« erhielt seinen Namen. 35 Jahre später siedelten sich die ersten Benediktiner dort an. Sie lebten nach der Regel »ora et labora« (bete und arbeite!) und begründeten ein blühendes Kloster- und Wirtschaftsleben, wobei recht bald neben dem Gebet und der Arbeit auch die Jagd, das Scheibenschießen und das Komödienspiel Einzug hielten in die heiligen Hallen. Überhaupt scheinen sich die Mönche recht gut amüsiert zu haben, besonders auf ihrem klostereigenen Schiff, das am Ammersee vor Anker lag. Freilich wurde ihnen das Vergnügen während der Hungersnot 1770/71 vom Abt gestrichen. Der hatte befürchtet, die lustigen Ausflüge könnten Neid und Zorn bei den darbenden Bauern hervorrufen.

Heute ist es mit dem Spaß für die Mönche wohl nicht so weit her. Die siebenköpfige Gemeinschaft hat alle Hände voll zu tun, den Kloster-Alltag zu meistern, zumal auch die wirtschaftliche Führung der Brauerei in ihren Händen liegt. Und an den Tagen, wenn die Sonne sticht, die Ferienzeit begonnen hat, der Besucherstrom nicht mehr abreißt und die Touristen den Heiligen Berg in einen Abfallhaufen verwandeln, dann wird man vergebens nach einem der Patres Ausschau halten. Sie verschanzen sich lieber hinter ihren Klostermauern und bitten um Erlösung.

Dennoch: Selbst im größten Trubel geht vom Heiligen Berg eine seltsame Faszination aus. Vielleicht liegt's daran, daß der Himmel über Andechs noch blauer ist als anderswo in Bayern.

Gisela Goblirsch

Bevor die großen Schiffe kommen, gehört der Starnberger See den Fischern

Der junge Mann und der See
Vom Fischen

Wenn Martin Greinwald vom Fischen spricht, bekommen seine Augen einen eigenartigen Glanz. »Auf dem See, das ist ein ganz anderes Arbeiten, da werde ich nicht müde«, sagt er mit einem leicht verschämten Lächeln. Erklären kann er das nicht. Das Glitzern der Wasserfläche, die lautlose Stille, das Einholen der Netze — warum sollte er dabei auf die Uhr schauen, die Zeit messen? Nur im Winter, wenn der kalte Wind da draußen pfeift, »dann zehrt's«. Der junge Fischer aus Tutzing weiß, wovon er spricht, denn er kann vergleichen: Neben der Fischerei betreibt er zusammen mit seiner Frau einen Öko-Bauernhof. Die Arbeit im Stall bei den Milchkühen oder das Einfahren von Heu strengt ihn wesentlich mehr an als das Heraufziehen oder neuerliche Setzen der Netze — was auch viel Kraft erfordert. Aber das ficht den Greinwald Martin nicht an: Er wollte nie etwas anderes werden als Fischer.

Schon als kleiner Junge fuhr er mit seinem Vater, von dem er vor einigen Jahren den Hof und das Fischrecht übernommen hat, auf den See hinaus. »Das war immer schön.« Trotzdem lernte er zunächst das Bootsbauer-Handwerk, denn ein Fischer braucht einen zweiten Beruf; vom See allein konnte man noch nie leben, dafür waren die Fangergebnisse immer zu unsicher. So mußten sich die Fischer in früheren Jahrhunderten nebenher als Tagelöhner verdingen, oder sie führten eine kleine Landwirtschaft. Am Ammersee hatten sie bis zum Ende des vergangenen Jahrhunderts — da kamen die Dampfschiffe auf — das Recht zur Personenbeförderung. Das war ein wichtiger Nebenerwerb, da zahlreiche Andechs-Pilger aus dem Schwäbischen den Weg über den See wählten.

Eine Landwirtschaft betreiben heute nur wenige der 37 Fischer am Starnberger See nebenher. Wenn sie Grund am Ufer besitzen, dann verdienen sie durch ein Strandbad oder einen Segelhafen mit Bootsverleih hinzu. Einige sind in Handwerks- oder Industriebetrieben fest angestellt. Doch das schafft Probleme, wie Martin Greinwald aus eigener Erfahrung weiß: »Wenn du einmal später kommst, weil gerade ein guter Wind weht oder ein Netz kaputtgegangen ist, dann akzeptiert der Chef das noch. Aber das macht er nur ein paarmal mit.« Er zog die Konsequenz und wurde selbständiger Bootsbauer. Ob er seine Schiffe mittags oder erst nachts reparierte, das war nun allein seine Sache. Als ihm dann aber die Eltern den Hof übergaben, entschied er sich für die Landwirtschaft. Die Milch, das Fleisch und die Wurst — alles nach Öko-Art erzeugt — sichern jetzt seine Existenz.

Die Fischerei hat in Greinwalds Familie eine sehr lange Tradition; schon vor 500 Jahren fuhren seine Vorfahren auf den See hinaus, den Würmsee, wie er unter Fischern auch heute noch heißt. Daß er aus dieser Ahnenreihe ausbrechen könnte, kam dem Martin nie in den Sinn, und das hat seinen Eltern wohl einige Probleme erspart. Das Fischrecht liegt nämlich auf einem bestimmten Hof; außerhalb der Familie kann es nicht übertragen werden. Darum hat sich der Tutzinger auch schon Gedanken gemacht, auf wen sein Recht eines Tages übergehen könnte, obwohl seine beiden Töchter gerade erst den Windelhosen entwachsen sind. Eine Fischerin als Tochter, das fände er gut, doch wenn keines der Mädchen will, dann wüßte er schon einen Kandidaten: einen der beiden Neffen, der mit seinen fünf Jahren schon ganz närrisch darauf ist, mit seinem Onkel auf den See zu fahren. Bei schönem Wetter darf er das auch.

Mit Romantik hat der Beruf freilich nichts zu tun. Wer Fischer wird, läßt sich auf ein hartes Lebes ein. Um fünf Uhr früh beginnt die Arbeit im Stall des recht modernen Greinwald-Hofes, der am Ortsende von Tutzing liegt — ziemlich weit entfernt vom See, doch das ist im Zeitalter der Motorisierung kein Problem. Die wichtigsten Utensilien lagern ohnehin in der malerischen, hölzernen Fischerhütte unten am Wasser: die Netze, die heute aus Perlonfäden geknüpft sind, und der Kahn. Kurz nach sechs Uhr startet Martin Greinwald den Außenbordmotor. Er tuckert am Ufer entlang, um die Reusen zu überprüfen, mit denen er Aale und Hechte fängt. Dann fährt er auf den See hinaus, hebt die Schwebnetze, in deren Maschen sich Renken und die besonders schmackhaften Saiblinge verfangen sollen, und senkt sie wieder ins Wasser.

Oft genug sind die Netze praktisch leer, einzig Weißfische könnte er mit nach Hause bringen. Doch für diese »Spuckfische« voller Gräten hat er nichts übrig. Um sie essen zu können, müßte man sie nach der Art von Bratheringen oder Matjes in Essig einlegen. Diesen Aufwand treiben nur wenige Fischer am See, Martin gehört nicht zu ihnen. Bei den edleren Fischen waren die Fänge seit 1986 nicht mehr besonders gut, was nach Ansicht des Tutzingers vor allem an den kalten Frühjahrstagen gelegen hat. Als geprüfter Fischwirtschaftsmeister weiß er genau, wie es der Fisch am liebsten hat. Mindestens sieben Grad sollte das Wasser haben, dann beginnt er zu schwimmen, um Nahrung zu suchen — und landet dabei vielleicht im Netz. »Darunter schmeckt's ihm nicht«, sagt Greinwald, und es hört sich ein wenig danach an, als würde er von seinen Haustieren sprechen, so vertraut und besorgt drückt er sich aus.

Ist der Fang gut, dann hat er den Vormittag alle Hände voll zu tun: Fische ausnehmen, zum Räuchern aufhängen und das Feuer aus Buchenholz schüren. Nur hartes Laubholz gibt eine schöne Glut und läßt die Fische appetitlich goldgelb werden. Für Kollegen, die mit Elektro- oder Gasöfen räuchern, hat er kein Verständnis, geschmacklich mache das einen Unterschied wie Tag und Nacht. Nach der Hofarbeit fährt er an solchen Tagen abends noch einmal hinaus aufs Wasser und holt den zweiten Fang ein; es kann zehn Uhr werden, bis er wieder zurückkommt. Da ist er vermutlich nicht böse, daß er seine Netze nur von Montag bis Freitag ausbringen darf; am Wochenende wird nicht gefischt. So wollen es die Abmachungen der Fischereigenossenschaft Würmsee, der alle 37 Fischer angehören. Diese Vereinigung sorgt auch dafür, daß im See immer genug Nachwuchs schwimmt. In eigenen Bruthäusern werden die kleinen Larven herangezüchtet, in manchen Jahren bis zu 150 Millionen Stück. Ob sie in der Natur allerdings überleben, steht auf einem anderen Blatt.

Fischer haben ihre eigenen Gesetze, und ihre Einhaltung überwacht die Genossenschaft. Sie bestimmt, welche Fischsorte mit welchen Netzen gefangen werden darf. Verstößt ein Mitglied dagegen, so drohen ihm harte Strafen. Das sind keine Märchen aus alten Zeiten — auch Martin Greinwald weiß von einem Schlawiner zu erzählen, der vor dem Schiedsgericht landete. Er war mit zu feinmaschigen Netzen auf Renkenfang gegangen und hatte so mehr herausgezogen als erlaubt. Das Urteil: zwölf Monate Fangverbot, was in einem guten Jahr einen großen finanziellen Verlust bedeutet. Nicht für alle Streitigkeiten unter Fischern ist freilich das Gericht der Genossen zuständig: Räumt ein Fischer einem anderen die Netze aus, dann ist das Diebstahl und somit Sache des Amtsgerichts.

Worum sich die Berufsfischer jedoch sicher nicht streiten, das sind die Trophäen, auf die es die Hobbyangler abgesehen haben. Ein Zander mit 25 Pfund und ein Hecht mit 20 Pfund gingen dem Martin auch schon ins Netz — aber solche Exemplare will er überhaupt nicht erwischen. Drei kleine sind ihm wesentlich lieber als ein Riese, »denn so ein alter Hund schmeckt nicht«.

Roswitha Loibl

Da werden Sorgen überflüssig
Eine Biergarten-Tour

Es gibt Biergärten für Radler und Automobilisten, für Motoradfahrer und solche für Leute, die sich am liebsten von der Bahn chauffieren lassen. Soviel zur Groborientierung. »Ich kann Motorradler nicht leiden«, werden Sie vielleicht sagen, oder: »Wenn ich die ganzen Autos schon sehe ...« Bei unserer kleinen Biergarten-Tour im Norden des Starnberger Sees ist für jeden Geschmack etwas dabei, egal, auf welche Weise Sie sich dem Gerstensaft nähern wollen.

Radler müssen ein wenig Mumm in den Wadeln haben, wenn sie unser erstes Ziel ansteuern: das Manthal. Während unten, am Kempfenhausener Badestrand, die Sonnenöl- und Steckerleis-Orgie tobt, wartet hier oben eine richtig ländliche Idylle: Der Lüßbach schlängelt sich durch die Senke, Kinder fischen mit Schnüren im Wasser und Reiter traben vorbei. Wie sorgfältig aufgeschichtete Mikado-Stäbe liegen Baumstämme vor den Scheunen des Sägewerks. Im 18. Jahrhundert wurde hier Getreide gemahlen, doch das erledigen längst die großen Industriemühlen. Das lärmende Treiben, von dem wir nicht einmal zwei Kilometer entfernt sind, haben wir in diesem lieblichen Wiesental scheinbar weit hinter uns gelassen. Nicht viele der Sonnenhungrigen sind uns gefolgt. Es ist ja auch ein wenig mühsam, zu Fuß oder per Fahrrad den Rücken zu überwinden, der das Manthal von der vielbefahrenen Hauptstraße unten am See trennt. Doch ohne Fleiß kein Preis. So haben wir uns den Platz an den leicht hügelan stehenden Holztischen redlich verdient, neben denen sich das niedrige Wirtshaus mit seinen kleinen Fenstern an den Talanstieg schmiegt.

Warum wer welchen Biergarten liebt — wer weiß das schon

Warum der Leutstettener Biergarten bei Motorradfahrern so beliebt ist, darüber gibt es unterschiedliche Theorien. Die naheliegendste besagt, daß die Straße dorthin viel für sie zu bieten hat: enge Kurven, bergauf-bergab, gut ausgebaut. Der Weg an der Würm entlang (daher der alte Name »Würmsee« für den Starnberger See) und dann hinaus in das königliche Dorf Leutstetten — dem Geburtsort und Wohnsitz einiger bayerischer Prinzen — könnte auch Radfahrern Spaß machen. Aber ich rate dringend davon ab, es ist lebensgefährlich: Die Route dient als Hauptverbindung zwischen den beiden größten Gemeinden des Landkreises, Gauting und Starnberg. Auf dem Asphalt ist der Teufel los — also: nix für Radler.

Der Biergarten hingegen hat eine Menge mehr zu bieten als gut gefüllte Gläser und Krüge, zum Beispiel einen Blick auf das Schloß und seine historisch bedeutsame Umgebung. Selbst das Bier, das hier ausgeschenkt wird, stammt aus Wittelsbacher Hand — gebraut im Sudhaus von Prinz Luitpold in Fürstenfeldbruck. Da auch noch der bayerische Löwe den Maibaum krönt, muß es einfach edler schmecken als anderswo, oder? Jedenfalls: In Leutstetten hat der bayerische Kronprinz Rupprecht bis zu seinem Tode (1955) gewohnt. Auch heute leben noch Wittelsbacher in dem wohlproportionierten Türmchen-Bau, dessen Fassade auf eine weite Moorlandschaft mit dem Starnberger See dahinter ausgerichtet ist. Erbaut wurde das Schloß 1565 von einem Leutstettener, den Sie vielleicht noch mit sich herumtragen: vom herzoglichen Rat Hans Urmüller, dessen Konterfei den alten Fünfzigmarkschein ziert.

Wem vor dem Bier nach etwas Kultur dürstet, der sollte nicht gleich zum Wirtshaus hinaufsteigen, sondern einen Blick in das Kirchlein unterhalb werfen, das dem heiligen Alto geweiht ist; es ist für seine Pfingstwunder-Plastik und den Hochaltar weithin berühmt. Die Hauptstraße entlang reihen sich große und doch schlichte Bauernhäuser, aber nach Milchkannen halten wir vergeblich Ausschau. Viele Höfe haben sich auf die Pferdehaltung spezialisiert — Leutstetten war eben noch nie ein ganz normales Bauerndorf.

Vor allem im Herbst, wenn das Laub in allen Rot- und Gelbtönen leuchtet, gehen wir am liebsten zu Fuß zum nächsten Ziel. Ein lichter Mischwald bedeckt die Hänge zwischen Leutstetten und dem Mühlthal, die wir mühelos hinab- und dann wieder hinaufspazieren. Zwischen den beiden Orten hat sich die Würm, die vom Starnberger See aus nach Norden fließt, ein tiefes Tal gegraben. Dort unten verweilen wir nicht lange. Den Hügel wieder hinauf, und vor uns liegen der altmodische Bahnhof Mühlthal mit seinen grazilen, weißen Metallsäulen sowie drei weitere Häuser. Eines davon ist das Gasthaus »Obermühlthal«, das an der Kante des Abhangs zur Würm steht. Der Wirt ist ein Musicus: An manchen schönen Tagen lädt er ein zu Swing und Dixieland im Garten — falls nicht die Nachbarn dagegen Einspruch erheben. Der größte Vorteil dieser Bier-Quelle ist in jedem Fall ihre Nähe zur Bahn: Sorgen der Promille wegen sind hier über-flüssig.

Roswitha Loibl

Grünkernbällchen mit literarischer Garnitur
In Ambach

Ein roter Kleinwagen biegt in die Seeuferstraße ein. Irgendwie kommt mir das Gesicht bekannt vor. Aus dem Fernsehen? Aus dem Theater? Aus beidem. Am Steuer sitzt der Schaupieler Josef Bierbichler, eine unwiderstehlich Mischung aus Berserker und Bonsai. Natürlich steigt er vor dem Wirtshaus »Zum Fischmeister« aus, denn hier ist er daheim. Seit Generationen gehört der Hof in Ambach seiner Familie. Das mickrige Gefährt des Mimen will jedoch nicht so recht hineinpassen in die Revue teurer Schlitten entlang der Promenade. Wer seinen Cappuccino im »Bierbichler« schlürft oder seine Grünkernbällchen mit knackigen Salaten goutiert, pflegt im Gelände- oder Sportwagen zu kutschieren.

Seit ein paar Jahren ist Ambach »in«. Zuerst kamen die Literaten in das Haus, in dem auch die Schauspielerin Annamirl Bierbichler und die »moderne Hexe« Luisa Francia wohnen. Viele ausgefallene Ideen reiften wohl in diesen alten Mauern, die das Abendrot an schönen Tagen so richtig kitschig illuminiert. Auch Herbert Achternbusch, der bayerische Parade-Anarcho, war hier lange Zeit mit von der Partie. Er hatte sich ins »Exil« an den Starnberger See zurückgezogen, in ein Zimmer mit Aussicht im zweiten Stockwerk des Bierbichler-Hauses. Dort gab er sich dem Rausch des Malens hin, schrieb skurrile Bücher und bereitete fulminante Filme vor. »Wohin?« hieß der Streifen, in dem Killerbienen die Gäste eines Biergartens reihenweise umbringen; einige Szenen wurden unter den Kastanien des Bierbichler-Anwesens gedreht. Aber plötzlich paßte ihm das alles nicht mehr, 1991 zog er nach München, gleich hintern Marienplatz.

Über Literatur und Theater wird auch jetzt noch in der »Fischmeister«-Gaststube diskutiert, obwohl kein Achternbusch mehr hinter seinem Bierglas hockt. Nach Ambach kommt die kulturbeflissene Jung-Schickeria, deren Members sich mit Bussis begrüßen und dann eine Tour d'horizon über die neuesten Inszenierungen von Berlin und Hamburg unternehmen. Und wenn die Kultur abgehakt ist, kommen handfestere Themen auf den Tisch — zum Beispiel die geschickten Hände der einzigen männlichen deutschen Hebamme, ein Freund des Kreises, logo. Mal von der Designer-Lampe auf dem Damenklo und dem Großangriff der selbsternannten Feingeister abgesehen, ist der »Fischmeister« ein schönes bayerisches Lokal geblieben. Die Prosecco-Gläser machen sich auf den einfachen, stabilen Holztischen genauso gut wie die Bierkrüge, für die sie einstmals gezimmert worden sind. Die Eckbank-Sitzer bringen heute halt nicht mehr das »Rutsch' eini« über die Lippen, sondern artikulieren sauber: »Könntest du ein bißchen rücken?« Aber ganz das Gleiche wie früher ist's trotzdem nicht mehr, denn es passiert immer öfter, daß man sich Schenkel an Schenkel mit einem wildfremden Menschen wiederfindet. Manchmal wird's schon ein bisserl eng in der guten Stube.

Ist die Invasion der Überirdischen erst gut überstanden, wird's mit einem Schlag wieder wunderbar ruhig in Ambach. Dann wagen sich auch die richtigen Künstler, die hier wohnen, wieder aus ihren Elfenbein-Türmen. In einem nahen Bauernhaus, gediegen renoviert, haben die Schriftsteller Tankred Dorst und Tilman Spengler ihr Domizil aufgeschlagen. Auch der Verlags-Boß und Autor Michael Krüger läßt sich hin und wieder in seinem Ambacher Zimmer blicken. Doch vor allem tuckern in ruhigen Zeiten vor den alten Villen und großen Höfen längs der Seeuferstraße Traktoren vorbei, und die Schulkinder spielen Fangermandl auf dem Weg nach Hause. Der Bierbichler-Hof sieht dann wieder so aus wie auf dem Gemälde aus dem vergangenen Jahrhundert, das in der Gaststube hängt. Damals waren nur die Fischmeister zu Ambach und zu Possenhofen berechtigt, Fische an den königlichen Hof in München zu liefern. Auch das Hochstift zu Freising ließ sich frische Delikatessen aus Ambach kommen, 800 Renken und 16 nicht näher definierte »große Fische« pro Jahr.

Da muß die Bierbichler Veronika, die Tochter des Hauses, eine gute Partie gewesen sein. Und sie war treu: Fünf geschlagene Jahre wartete sie auf ihren Bräutigam, einen Tutzinger Fischersohn, bis dieser endlich, zerlumpt wie ein Landstreicher, aus dem Krieg zurückkam. Nur die Veronika erkannte ihren arg gebeutelten Liebsten, den Gröber Michael, wieder, und 1810 wurde prunkvoll Hochzeit gefeiert. Alle fünf Jahre erinnert die Gemeinde Tutzing am Westufer des Starnberger Sees mit einem zünftigen Fest an dieses Ereignis; dann packen die Bauern, Fischer und Bürger ihre historischen Trachten zur traditionellen »Fischerhochzeit« aus.

Schloß Seefeld am Pilsensee

Wie es um die heutigen Fischerstöchter in Ambach bestellt ist, müßte der interessierte Gast selbst untersuchen: Fischerfamilien jedenfalls gibt es noch. Gleich neben
Bierbichlers Gasthof verkauft Fischer Streibl (weder verwandt noch verschwägert
mit dem Holeliersohn aus Oberammergau) seine geräucherten Renken, an manchen Tagen auch Brachsen und Seekarpfen. Als Kinder verbrachten wir den Sommer
oft in Ambach, und wenn wir zum Streibl geschickt wurden, um Renken zu holen,
dann machten wir zuerst noch bei der »Hitti« Station. Die Waschpulver-Päckchen,
die auf dem Fensterbrett von Frau Hietmanns kleinem Gemischtwarenladen vor sich
hingammelten, interessierten uns weniger. Auf das Eis hatten wir es abgesehen, und
das reichte uns die stämmige Frau mit dem straff nach hinten gekämmten Haar stets
mit strengem Blick. Vielleicht hatten wir uns den mit unserer lockeren Strandbeklei-
dung eingehandelt, denn es herrschten strenge Sitten im engen Raum. Das »Mitbringen von Kindern ohne Badeanzug im Lebensmittelladen ist polizeilich untersagt«,
stand da auf einem Schild. Wer heute zu Frau Hietmann einkaufen geht, wird per
Zettel nur noch ermahnt: »Bitte Semmel selber nehmen«.

Auf dem Weg zurück kontrollierten wir Kinder dann, ob sich jemand erfrecht
hatte, »unseren« Strand zu betreten, denn jedes Haus an der Seeuferstraße hat seinen
privaten Zugang zum See; die Straße verläuft zwischen dem Strand und der Häuser-
zeile. Der Ausflügler, der hier schnell ins Wasser hupfen will, ärgert sich natürlich
über die Absperrungen. Es gibt sie nicht nur in Ambach: Genau 58 Prozent des Ufers
rund um den Starnberger See sind nicht öffentlich zugänglich. Deswegen gebar das
bayerische Umweltministerium 1984 den Plan, in einigen Ortschaften öffentliche
Wege vor solchen Grundstücken — also direkt am See — einzurichten. Doch nicht
nur die Grundstücksbesitzer liefen Sturm dagegen, sondern auch die Naturschützer,
denn gerade in den großen Privatparks von Berg bis Leoni kann sich die Natur ungestört entwickeln. So verwundert es kaum, daß dieses Vorhaben recht bald wieder in
der Schublade des grünen Tisches verschwand. Den Sommerfrischlern, die gerne
baden wollen, bleibt nichts anderes übrig, als sich zum Erholungspark bei St. Heinrich aufzumachen.

Eine einprägsame Person im Ambach meiner Erinnerung wohnte unter dem Dach
des Hauses, wo wir die großen Ferien verbrachten. Die tiefen Falten in ihrem Gesicht
standen in scharfem Kontrast zu ihren knallrot gefärbten Haaren. Da die geheimnis-
volle, alte Dame sehr zurückgezogen lebte, liefen wir weniger der extravaganten
Erscheinung über den Weg als vielmehr ihrer Gesellschaftsdame und Haushälterin.
Die kam gerne auf einen Plausch herunter, oder auch, um Kochrezepte auszutauschen. Hinter der gebrechlich wirkenden, scheuen Gestalt verbarg sich Pamela
Wedekind-Regnier, Tochter des Dichters und Gattin des Schauspielers. Sein Gesicht
war mir schon damals bekannt, vor allem aus den Programmheften des Münchner
Boulevard-Theaters »Die kleine Komödie«. Ihn selbst sahen wir kaum in Ambach,
war er doch viel an Bühnen im gesamten deutschsprachigen Raum unterwegs. Heute
ist der Name Pamela Wedekind-Regnier auf einem schmiedeeisernen Kreuz zu lesen,
das ein Rosenbusch umrankt; sie starb 1986. Ihre letzte Ruhe hat sie an einem Ort

gefunden, der schöner nicht sein könnte: auf dem Friedhof von Holzhausen, hoch über Ambach und dem See. Wer hierher kommt — kaum 20 Minuten dauert es von Ambach aus — hat die Alpenkette mit der massigen Zugspitze vor sich liegen. Jenseits des Sees erhebt sich der Hohenpeißenberg mit seinen großen Antennen, die dem Bayerischen Rundfunk als Sendeanlagen dienen. Friedlich wirkt alles hier oben, von dem Barockkirchlein aus, in dem ein altes Votivbild mit Soldaten und ein neues mit Panzern der Muttergottes für ihren Schutz in Kriegszeiten danken wollen. Aus dem Jahr 1420 stammen die Fundamente des exponierten Baues, der über einer keltischen Kultstätte errichtet wurde. Noch älter als die Kirche soll die Linde mit dem zerrissenen Stamm sein, die nahe der Friedhofsmauer steht: die »tausendjährige« wird sie genannt.

Vor allem im Sommer herrscht auf dem Parkplatz unterhalb des Kirchleins Hochbetrieb; blumengeschmückte Autos fahren vor, manchmal auch eine Kutsche. Holzhausen ist ein beliebter Hochzeitsort bei Brautleuten aus ganz Deutschland. Sogar Künstler, die diesen Namen auch verdienen, können sich dem altmodischen Charme nicht entziehen: Auch Theater-Magier George Tabori kam herauf nach Holzhausen, um hier den Bund der Ehe zu schließen.

Roswitha Loibl

Städte und Stationen

Andechs

670 m, Benediktinerkloster und Wallfahrtskirche, 12. Jh., seit 1388 Wallfahrt zum »Heiligen Berg«, seit 1455 Benediktinerkloster (Tel. 08152/3760); Biergarten.

Dießen am Ammersee

535-678 m, 7.000 E., 735 B., 50 C., Bhf., histor. Bürger- und Fischerhäuser; Stiftskirche Mariä Himmelfahrt, Barock-Klosterkirche mit Rokokoschiff (Tel. 08807/315); Kreisheimatstuben Riederau, bäuerl. Einrichtung und Gebrauchsgegenstände (Tel. 0807/1501).

Fahrradverleih, Freibad, Hallenbad, Kegeln, Segeln, Sommerstockbahn, Tennis, geführte Wanderungen, Windsurfen (Geräteverleih, Schule); im Mai Süddeutscher Töpfermarkt; Zinngießerei Schweizer, Herrenstr. 7, Mo-Do 9-12, 14-18 Uhr.
Information: Fremdenverkehrsamt, 8918 Dießen, Tel. 08807/1048.

Herrsching am Ammersee

569 m, 9.500 E., 50 C., Bhf., Kirche St. Martin (1065); Schloß Mühlfeld mit Sägemühle, aus dem 17. Jh.;
Bauerntheater, Fahrradverleih, Kegeln, Schießen, Sommerstockbahn, Squash, Tennis, Windsurfen (Geräteverleih, Schule);
Information: 08152/5227.

Starnberg

587 m, 18.500 E., 692 B., Bhf., Heimatmuseum, Possenhofener Str. 5, Wohnen und Wirtschaften im ländlichen Haushalt (Tel. 08151/77 21 32), Di-So 10-12, 14-17 Uhr; Staatl. Schiffahrt Starnberger See gegenüber S-Bahnhof, 3stdg. Rundfahrt.
Bauerntheater, Fahrradverleih, Freibad, Golf, Hallenbad, Kegeln, Reiten, Segeln, Sommerstockbahn, Squash, Tennis, Windsurfen.
Information: Fremdenverkehrsverband, Kirchplatz 3, 8130 Starnberg, Tel. 08151/13274.

Touren und Tips

Starnberger See

Im Norden die Landeshauptstadt, im Süden die Alpen — nicht umsonst ist das Fünf-Seen-Land eines der beliebtesten Ferien- und Naherholungsgebiete in Bayern.»Münchens Badewanne« nennen die Einheimischen halb spöttisch, halb liebevoll den Starnberger See. Denn seit Baden und Wassersport »in« wurden, zieht es die Münchner magnetisch an den größten der fünf Seen. Daß ihr »Kini« Ludwig II. hier 1886 unter mysteriösen Umständen ums Leben kam, hat den See nur noch attraktiver gemacht. Hat der unglückliche König sich hier doch auch auf der Roseninsel mit seiner Base Sissi, der österreichischen Kaiserin, getroffen, wenn er auf seinem Schloß in Berg weilte und sie in Feldafing, ihrem Sommer-Urlaubsort. Der Sommersitz ihrer Familie war in Possenhofen, das heute zu Pöcking gehört. Das Schloß hat inzwischen neue Besitzer: Der alte Bau wurde renoviert und in Eigentumswohnungen zerstückelt.

Doch schauen wir uns erst einmal in **Starnberg** um. Seine »Entdeckung« verdankt das einstige Fischerdorf den Wittelsbachern, die hier seit dem 16. Jahrhundert rauschende Sommerfeste feierten und schließlich monatelang hier weilten — am See und auf dem See: Kurfürst Ferdinand Maria (1652-78) ließ nach venezianischem Vorbild das Palastschiff »Buccentaur« bauen, ein Prunkschiff mit 110 Ruderern und 16 Zierkanonen. Für die Verpflegung zu Wasser sorgte eine Begleitflotte mit Bediensteten.

Heute kann jedermann eine Rundfahrt um den See genießen: Drei Stunden dauert die große Rundfahrt mit der weiß-blauen Flotte. Wer die alten Schiffe mal sehen möchte, sollte ins Starnberger Heimatmuseum gehen. Dort gibt es auch alte Trachten, Haushalts- und Handwerksgeräte zu sehen. Schönstes Stück: die barocke Skulptur »Heilige« von Ignaz Günther aus dem Jahre 1755. Ein weiteres sehenswertes Werk des berühmten Künstlers: der barocke Hochaltar in der Josephskirche.

Nur einen Katzensprung von Starnberg entfernt ist **Percha**. Das ehemalige Pfahldorf ist wohl die älteste Siedlung am Starnberger See. Fünf Kilometer weiter südlich, am Ostufer des Sees, treffen sich alljährlich am 13. Juni die Anhänger des »Kini« in Berg (632 m/7.000 Ew.) vor der Votivkapelle im Schloßpark. Am See ist die Todesstelle mit einem Kreuz gekennzeichnet. Hier beginnt auch der **König-Ludwig-Wanderweg**, die 110 Kilometer lange Route über Kloster Andechs durch den Pfaffenwinkel nach Kloster Wessobrunn, von da aus über den Hohenpeißenberg durchs Ammertal zur Wieskirche und dann nach Hohenschwangau und Füssen.

Seeshaupt grenzt an das Naturschutzgebiet Ostersee. Wer hier wandert, kann sogar Graugänse entdecken. Ein anderer Weg führt nach **Bernried**, 1983 zu Bayerns »schönstem Dorf« gewählt. Sehenswert: das ehemalige Augustiner-Chorherrenstift, um 1120 erbaut, in dem heute die Missionsbenediktinerinnen untergebracht sind. Der Nachbarort **Tutzing,** als Sitz der Evangelischen Akademie bekannt, bietet von der Ilka-Höhe einen herrlichen Blick über den See bis zu den Allgäuer und Salzburger Alpen. Von hier aus ist es nicht mehr weit zu Sissis Heimatorten **Feldafing** und **Possenhofen.**

Am Ammersee

Rund 250.000 Menschen pilgern jedes Jahr zum Kloster **Andechs,** weit über eine Million zum dazugehörigen Biergarten. Aber auch **Herrsching**, der größte Ort am Ammersee, ist einen Besuch wert. Wahrzeichen ist die alte Kirche St. Martin, die bereits seit 1065 in Herrsching steht. Sehenswert ist auch das Schloß Mühlfeld mit einer Sägemühle aus dem 17. Jahrhundert (s. S. 71). Eine der berühmtesten Barockkirchen Deutschlands steht in **Dießen:** die Stiftskirche Mariä Himmelfahrt. Der Weg dorthin führt vorbei an den historischen Bürger- und Fischerhäusern. Der Innenraum des barocken Gotteshaus, erbaut in den Jahren 1720–1739, wurde von besten Künstlern der Umgebung im Rokoko-Stil ausgestattet. »Dießener Himmel« nennt man diese in Rot, Gold und Weiß gehaltene Ausstattung, weil der Pfarrer bei der Einweihung des Gotteshauses gesagt haben soll: »Ich sehe einen neuen Himmel offen!«

Auf ein außergewöhnliches Ereignis in seiner Geschichte kann die Gemeinde **Inning,** in früheren Jahrhunderten eine wichtige Zwischenstation an der alten Salzstraße, zurückblicken: Im Jahre 1021 soll Kaiser Heinrich II. mit 60.000 Mann auf dem Weg nach Italien hier übernachtet haben. Die Fresken am »Inninger Kaiserhaus« berichten davon.

Pilsensee

Hoch über dem Pilsensee liegt **Schloß Seefeld,** eine spätmittelalterliche Burg, wo heute festliche Konzerte stattfinden. Der **Wörthsee** und der noch kleinere **Weßlinger See** erfreuen sich wegen ihrer angenehmen Temperaturen vor allem bei Wassersportlern größter Beliebtheit (s. S. 55).

Der König-Ludwig-Weg

»Wie schön ist doch die Natur. Sie enttäuscht einen nie, im Gegensatz zu den Menschen.« Das soll Ludwig II. gesagt haben, als er zum wiederholten Male den Tegelberg bei Schwangau bestieg. Im Gegensatz zu seinen Vorfahren war der König kein Jäger, dafür aber ein begeisterter Wanderer. Und er hatte Geschmack: Wer heute auf seinen Spuren wandelt, kann ihm nur zustimmen. 110 Kilometer ist der König-Ludwig-Weg lang. Für diese Tour zwischen Starnberger See und Füssen im Allgäu sollte man sich fünf Tage Zeit nehmen.
Erster Tag: Starnberg — Possenhofen — Andechs — Herrsching. Von da aus per Schiff nach Dießen. 21 Kilometer.
Zweiter Tag: Dießen — Kloster Wessobrunn — Hohenpeißenberg — Peiting. 25 Kilometer.
Dritter Tag: Peiting — Ammerschlucht — Rottenbuch — Wildsteig. 23 Kilometer.
Vierter Tag: Wildsteig — Wieskirche — Steingaden — Buching. 25 Kilometer.
Fünfter Tag: Buching — Forggensee — Schloß Neuschwanstein — Schloß Hohenschwangau — Füssen. 18 Kilometer.

Kloster Benediktbeuern

DER PFAFFENWINKEL

Aber sicher haben die Pfaffen diesen knapp vierzig Quadratkilometer großen Winkel nachhaltig geprägt. Wie sonst wäre der südwestliche Zipfel Oberbayerns zwischen dem Allgäu im Osten, dem Isarwinkel im Westen, dem Fünf-Seen-Land im Norden und dem Werdenfelser Land im Süden nach den Herren in den dunklen Talaren benannt worden? Doch selbst Spöttern klerikaler Pompösität(e)(r)n gerät das mokante Lächeln auf den Lippen bei näherem Hinschauen zu ungläubigem Staunen. In über tausendjähriger Eintracht mit Bauern, Handwerkern und Flößern rodeten, beackerten und erschlossen die »Pfaffen« das rauhe, unheimliche Land. Sie schufen am Oberlauf von Lech, Ammer und Loisach eine Kulturlandschaft, die dem Besucher vom zentralen Fels aus, dem Hohen Peißenberg, in faszinierender Fülle zu Füßen liegt. Wer hätte noch nichts läuten gehört von der Wieskirche, deren fulminante Pracht und innige Schönheit schlicht überwältigend sind? Wie ist es möglich, daß ein solches Kunstwerk in provinzieller Abgeschiedenheit entstehen konnte? Nun, eine Antwort darauf findet sich vielleicht in Wessobrunn. Seltsam nur, daß dieses Künstlerdorf bundesweit vor allem wegen des althochdeutschen Stabreimgedichtes aus dem Jahr 810, dem »Wessobrunner Gebet«, bekannt ist. So bedeutend diese Hymne auf den allmächtigen Schöpfer aus theologischer und germanistischer Sicht auch sein mag — das größte Geschenk verbirgt sich hinter den Familiennamen Zimmermann, Schmuzer oder Feichtmayr, um nur drei der über einhundert (!) Meister-Dynastien aus Wessobrunn zu nennen, die von Frankreich bis hinüber nach St. Petersburg ihre Spuren hinterließen. Sie blieben — eine unermeßliche Spanne in der europäischen Kunstgeschichte — von 1600 bis zur Ära Napoleon (18./19. Jahrhundert) auf der Höhe der Zeit. Ihre besten Werke zieren den Pfaffenwinkel.

Mein Gott, die Sachsen
Ländliche Idylle

Wie gemalt liegt es da, das Dörfchen Sachsenried, dem ich mich über die kleine, gewundene Landstraße nähere. An einen sanften Hügel, gekrönt vom weißgetünchten Kircherl mit keckem Zwiebelturm, schmiegen sich stattliche Gehöfte. Da halte ich erstmal an und genieße die Idylle.

Früher war die Gegend westlich des Lechtals, am Rande des Pfaffenwinkels, dicht bewaldet. Bis Karl der Große zu Beginn des 9. Jahrhunderts hier streitbare Sachsen zum Siedeln zwang, die von der Holzwirtschaft leben mußten. Schon bald beugten sich die Männer aus dem Osten dem christlichen Glauben, wohl auch unter dem Druck des mächtigen Klosters St. Mang in Füssen, zu dessen Bistum die Ortschaft 1000 Jahre lang, bis zur Säkularisation, gehörte. So bauten die Sachsen schon in gotischer Zeit ihr Andachtshaus, das in seiner Substanz noch heute stolz auf der Anhöhe thront. Auf geht's, rechts vorbei an Bauerngärten, zur Pfarrei hin, wo schnatternde Gänse den Besucher lauthals begrüßen und junge Kätzchen neugierig um die Ecke luren.

Der erste Blick in die Kirche, St. Martin, dem Schutzpatron der Armen und Bedrängten, geweiht: Welch eine Pracht eröffnet sich da! Den Sachsenriedern muß es vor 250 Jahren wirtschaftlich sehr gut gegangen sein, daß sie sich für eine zeitgemäße Ausstattung solch hervorragende Künstler holen konnten. Wenn das Eingangsgitter verschlossen ist, sollte sich der Besucher an den Mesner wenden, der im Haus schräg gegenüber wohnt. Erst im Innern kann man so richtig genießen: Verspieltes Rokoko-Ornament in filigran geschwungenen Stukkaturen, umrankt in den spätbarocken Farben hellblau, zartgelb und rosa die großen Deckengemälde und die einzelnen Kartuschen. Manche sind täuschend echt mit Marmorierungen ausgemalt, eine Spielart, die ganz selten nur zu sehen ist. Im großen Mittelbild ist der heilige Martin als Bischof mit goldgelbem Brokatmantel über den Schultern dargestellt. Unerschrocken soll er einst die Haine der Heiden der Axt des Holzfällers überlassen und so dem Christentum zum Durchbruch verholfen haben. Da haben wir also den unmittelbaren Bezug zur Sachsenrieder Geschichte. Und sicher war die kesse Blondine, die im Vordergrund auf das Geschehen zeigt, eine Dorfschönheit jener bewegten Tage.

Im Chorfresko ist St. Martin der göttlichen Dreieinigkeit schon viel näher. Sein Erkennungszeichen, die Gans — die am Sonntag zu seinem Namensfest im November gebraten auf den Tisch kommt —, wird von einem Putto so beherzt umschlungen, als wolle er eine allzu rasche Himmelfahrt auf Teufel komm' raus verhindern. Diese kleinen Engel, mal tuschelnd, mal innig einander zugewendet, ein schweres Buch schulternd, sind ein Abbild bayerisch-barocker Lebensfreude.

Maria, vom immerblauen Mantel umhüllt, blickt sanft lächelnd hinunter auf das Sachsenried von einst. Viel scheint sich seither gar nicht verändert zu haben; ein paar Höfe mehr, das ist alles. Ein gewisser Franz Anton Zeiller hat in dieser Kirche zum ersten Mal selbständig nach eigenem Entwurf malen dürfen. Natürlich hat ihm dabei sein Auftraggeber, der Füssener Abt, immer wieder über die Schulter geschaut. Aber nicht nur der, sondern vor allem auch seine zukünftigen Arbeitgeber sollten erkennen, was der Franz aus Reutte in Tirol künstlerisch zu bieten hat. In Ottobeuren hat er sich später zusammen mit seinem Bruder die Lorbeern geholt.

Doch sein Meisterstück hat er hier im kleinen Sachsenried geschaffen. Dazu gehört auch der prächtige Hochaltar, das Aushängeschild jeder barocken Kirche. Der Stuckmarmor, eine bayerische Spezialität aus eingefärbtem, poliertem Gips, und die wunderbar leichtfließenden Stukkaturen stammen von einem Handwerker aus der Umgebung, der natürlich in der berühmten Schule von Wessobrunn gelernt hatte.

Leicht vorzustellen, wie beeindruckt die Dorfbewohner von all diesem Glanz in ihrer renovierten Kirche gewesen sein müssen, wie sie ihren Freunden, Nachbarn und Wanderern gezeigt haben, welch ein Gotteshaus ihren Ort schmückt, wie stolz sie waren. So gehe ich hinaus; eine Bäuerin legt gerade frische Blumen auf ein Grab, ein Kätzchen tollt herum, sie fängt es ein und will es mir zum Geschenk machen. Doch in der Stadt München, da, wo ich wohne, könnte es nie so ausgelassen spielen.

Hinter der Kirche entdecke ich alte, schmiedeeiserne Grabkreuze; manche sind bemalt und haben Spruchtafeln in der Mitte. Über die Friedhofsmauer hinter der Apsis kann man weit ins Land schauen. Mit dem heiligen Christopherus, der auf den weißen Kalk der Kirchen-Außenwand gemalt ist, wären es sicherlich nur ein paar kräftige Schritte bis zum Horizont. Doch mich zieht's erst einmal hinunter »Zur Arche«, einem einfachen Wirtshaus, wo ich draußen ein frisches Bier trinke — auch das ein Geschenk des Himmels.

Susanne Strohmeyer

Am Anfang war ein Wunder
Die Wieskirche

Ich kann mein Schwärmen kaum im Zaum halten: Niemals, so dachte ich beim ersten Betreten der Wieskirche, habe ich einen so vollkommenen Lichtraum erlebt, war ich so spontan ergriffen und begeistert — noch ohne zu wissen, was das ausgeklügelte Programm dieses Gesamtkunstwerkes bedeuten könnte. Man wünscht sich, allein zu sein, ohne Reisegruppen und Führungen, erstmal nur die Farben genießen, dieses kühle Weiß am Anfang, bevor der Blick nach oben schweift, sich an den Wänden und schlanken Doppelsäulen emportastet und den grandiosen Himmel von unvergleichlicher Spannweite erschaut. Blau — aber was für ein Blau! Schönheit — wie oft wurde dieser Begriff ausgedeutet, ergründet, definiert, reduziert auf gewisse Formeln von

Tiefflieger bedrohten die kostbaren Fresken der Wies

Gleichmaß, Goldenem Schnitt, Form- und Farbgebung. Es mag merkwürdig klingen, daß man ausgerechnet einem sakralen Bau des 18. Jahrhunderts im ländlichen Bayern all diese Eigenschaften von »Reinheit«, »Einklang« und »Harmonie« zuordnen kann. Zumal, wenn man bedenkt, daß die Wies bis in die zwanziger Jahre nur Einheimischen und Wallfahrern bekannt war.

Angefangen hatte alles mal wieder mit einem Wunder: Die Wieshof-Bäuerin Maria Lory hatte sich aus dem nahen Steingaden die Holzplastik eines gegeißelten Heilands mitgebracht und betete fortan jeden Abend vor dem heiligen Bildnis. Im Juni 1738 geschah es dann: Plötzlich, mitten im Gebet, sollen der mit Blut und Wunden reichlich bemalten Figur echte Tränen in den Augen gestanden haben. Schnell sprach sich dieses übersinnliche Ereignis herum, Gläubige der Umgebung eilten herbei, eine Wallfahrt entstand. Natürlich gehörte ein entsprechendes Gotteshaus her, zu dessen Bau sich alsbald der Prämonstratenser-Abt Hyazinth Gaßner von Steingaden entschloß. Unter seinem Nachfolger Marianus Mayr begannen die berühmten Brüder Johann Baptist und Dominikus Zimmermann, geboren im nahegelegenen Künstlerdorf Wessobrunn, mit der Arbeit; Dominikus als Architekt, Johann Baptist als Maler. Die Themenstellung des Auftrags in Stichworten: Bußkirche, die Barmherzigkeit Jesu ausdrückend; Opfer und Askese im christlichen Sinne sind positive, »helle« Eigenschaften; das Kreuz bringt der Menschheit Licht und Erlösung. Zentralbauten mit Chorumgängen waren zu dieser Zeit besonders für Wallfahrtskirchen sehr beliebt, denn so konnte der Zug der Gläubigen gut an dem verehrten Gnadenbild vorbeiströmen. Dominikus entschloß sich also zu einem eleganten Oval für das »Langhaus« und einem angesetzten Chor. Dort sollte das Wunderbildnis des »Gegeißelten Heiland« seinen Platz finden.

Acht Doppelpfeiler sind vor die schlichte, von großen Fenstern durchbrochene Wand gestellt und tragen das mächtige, stuckumrandete Gewölbe — poetischer ausgedrückt: den göttlichen Himmel, denn hier tritt das himmliche Jerusalem selbst in Erscheinung. Wie ein kostbarer Edelstein ist es gefaßt, mit golddurchwirkten Brokaten, Girlanden, Rocaillen, Kartuschen — alles von überschäumender Formenphantasie. Lange glaubte man, Johann Baptist habe die Stukkaturen geschaffen, doch die neuere Forschung hält den Architekten für den Meister. Im Zentrum des Himmels schwebt Christus, der Erlöser der Welt, auf einem Regenbogen, dem symbolischen Band zwischen Gott und den Menschen. Auf ihn führen alle Perspektivlinien der auf Wolken gruppierten heiligen Figuren, der Himmelspforte und des Gottesthrones zu. Die Zeit des Jüngsten Gerichts ist noch nicht angebrochen — der Richterthron noch leer, die Pforte gegenüber noch verschlossen; mit aller Barmherzigkeit wird der Heiland dem begegnen, der ein Leben in gläubiger Demut führt. Das ist, kurz zusammengefaßt, die Kernaussage der Darstellung.

Nur eine sehr leichte Gewölbekonstruktion konnte von so schlanken Pfeilern getragen werden. In der Wieskirche ist es, wie in vielen anderen spätbarocken Kirchen auch, eine an Holzbalken im Dachstuhl verankerte Lattendecke, auf die Strohmatten genagelt wurden, die man dann mit mehreren Putzschichten bewarf. Von der letzten Schicht wurde nur so viel aufgetragen, wie der Künstler an einem Tag bemalen konnte. (Deswegen nennt man die einzelnen Abschnitte, die man jedoch nur mit dem Fernglas oder vom Gerüst aus erkennen kann, auch Tagwerke.) Denn sie mußten feucht, frisch — also fresco — bleiben, damit sich die Farbpigmente unlöslich mit dem Kalkgrund verbinden konnten. An sich gehört ein echtes Fresko zu den haltbarsten Wandmalereien, doch durch die immensen Besucherströme und die Erschütterung durch Tiefflieger (sie wurden inzwischen Gott sei Dank des Luftraumes verwiesen) war eine umfangreiche Restaurierung nötig geworden. Sie wurde erst kürzlich abgeschlossen, doch fürchten die Experten, daß die kostbare Dekoration schon bald wieder durch die Ausdünstungen der vielen Reisegruppen angegriffen wird. Deswegen ist geplant, den Parkplatz weiter weg zu verlegen; dann, so hofft man, werden nur noch Gläubige oder wahrhaft interessierte Kunstfreunde den langen Weg in Kauf nehmen. Wie eine geheimnisvoll schimmernde Druse schließt sich der Chorraum an das Langhaus an. Hier wurde der gleiche Farbakkord von Weiß, Blau und Gold verwendet, angereichert jedoch um das intensiv warme Rot der Stuckmarmorsäulen zu Seiten des Gnadenbildes. Es symbolisiert das Blut, das Christus zur Rettung der Menschheit vergossen hat, verbindet sich über dem Altarbild und dem Lamm Gottes in der seidigen Baldachindraperie mit leuchtendem Blau; beide Farben leiten im Fresko darüber hinauf zum goldleuchtenden Nimbus des himmlischen Vaters. Noch raffinierter als im Langhaus ist hier die Stukkaturzone geraten: Jeweils drei Durchbrüche zu beiden Seiten des heruntergezogenen Tonnengewölbes öffnen sich für das Licht aus den Fenstern des Chorumgangs und lenken durch ihre Schrägstellung die Strahlen von oben auf den Altarraum. Um einen Eindruck von der ganzen Schönheit und Pracht dieses Kleinods des Rokoko zu gewinnen, sollte man es zu verschiedenen Tages- oder Jahreszeiten besuchen, denn erst dann wird man all die verborgenen Beleuchtungseffekte und Farbreflexionen richtig erleben können. Als Helfer in menschlichen Notsituationen wird Christus in den Deckenbildern des Chorumgangs gezeigt: wie er den Blinden, Lahmen und Kranken, die Aussätzigen geheilt, den Toten erweckt hat. So haben Gläubige aus aller Welt auch ihre persönlichen Bitten um Genesung und sonstige Hilfe auf Briefchen oder Votivbildern unten im Umgang hinterlassen.

Perlen hochbarocker Ornamentalvielfalt sind die Kanzel und der Abtsbalkon ihr gegenüber an den beiden Pfeilern vorm Chor. Auch die vier weiß-goldenen Pfeilerfiguren der Kirchenväter vom Füssener Meister Anton Sturm demonstrieren mit ihrer selbstbewußten Haltung die mächtige Stellung der katholischen Kirche im Bayern des 18. Jahrhunderts. Als dann während der Säkularisation die Wies versteigert und abgerissen werden sollte, da verhinderten Bauern und Bürger aus der Umgebung den barbarischen Vernichtungsakt. Dem Baumeister Dominikus Zimmermann war sein Werk so ans Herz gewachsen, daß er seinen Wohnsitz von Landsberg am Lech hierher verlegte, wo er 81jährig starb.

Wieder draußen angelangt, blicke ich mich nochmal um: Da, inmitten blühender Wiesen, vor dem dunklen Hintergrund der Trauchberger Berge, vom sanften Licht

So kennt sie, auch wer sich nicht für Kirchen interessiert

der untergehenden Sonne umflossen, steht der von außen fast schlicht wirkende Bau.
Die Steingadener Äbte wußten schon, warum sie ihren Sommersitz hierher verleg-
ten.

Das ehemalige Prämonstratenserkloster Steingaden mit der Abteikirche St. Johannes sollte man sich schon deswegen anschauen, weil es so eng mit der Wies verbunden war; außerdem laufen einem längst nicht so viele Touristen über den Weg.
Die Klosterkirche wurde schon im 12. Jahrhundert geweiht, im Dreißigjährigen
Krieg schwer beschädigt, danach wieder aufgebaut und schließlich im Zeitge-
schmack des Rokoko modernisiert. Das war kurz vor dem Baubeginn an der Wies.
Das Steingadener Gotteshaus ist also nicht aus einem Guß entstanden, sondern hat
alle großen Stilepochen erlebt: Romanik (der Außenbau), Gotik (die Vorhalle),
Renaissance (das Chorgestühl), Barock (die Stukkatur im Vorraum, übrigens von
Mathäus Schmuzer, dem Vater des berühmten Johann aus Wessobrunn) und
Rokoko. Wieder war es ein Schmuzer, der den lebhaften Stuckdekor des Mittel-
schiffs geschaffen hat. Die in wunderbar kühlen, klaren Farben gemalten Decken-
fresken stammen von Johann Georg Burgmüller aus Augsburg.

Inhaltlich geht's um die denkwürdigen Taten des Ordensgründers, des Hl. Nor-
bert, angefangen bei seiner Vision, am Ort Steingaden ein Kloster bauen zu lassen
(Fresko vor dem Chor), über den Bau des Klosters mit Hilfe von Herzog Welf VI.
(Fresko über der Orgel) und schließlich die Veherrlichung des Heiligen im Himmel
(mittleres Deckenbild), ganz im Sinne des damals so ausgeprägten Selbstdarstel-

lungs-Bedürfnisses kirchlicher Institutionen also. Gnadenstuhl und Kanzel sind übrigens von Meister Anton Sturm, der in der Wies die Kirchenväter-Figuren fertigte.

Unbedingt besuchen sollte man den mittelalterlichen Kreuzgang mit seinen romanischen Säulen und dem spätgotischen Netzgewölbe sowie die Brunnenkapelle mit gotischen Freskenresten. Auch an der Johanneskapelle am Torwärterhaus sind noch Relikte aus der Frühzeit des Klosters erhalten: das romanische Relief im Tympanonfeld und die Löwen zu seiten des Portals.

Susanne Strohmeyer

Die Madonna und der Preuße
Noch mehr Kirchen

Ob es da einen Zusammenhang gibt — zwischen der überwältigenden Aussicht vom Hohenpeißenberg und der Verehrung für Maria Patrona Bavariae? Mir fällt er spontan ins Auge: Der Blick, gerade bei Föhn, von der knapp 1000 Meter hohen Kuppe auf die westlichen bayerischen Alpen im Süden und die grünblau gesättigte Auen- und Seenlandschaft im Norden und Osten ist so atemberaubend, daß innere Einkehr geboten scheint. Matthäus Günther, ein Sohn des Berges und einer der produktivsten Kirchenmaler des süddeutschen Rokoko, muß ähnlich empfunden haben, als er die kleine Marien-Wallfahrtskirche auf dem Gipfel mit dem farbenfrohen Charme seiner Heimat ausgeschmückt hat. Die Verehrung der Gottesmutter ist in Bayern immer mehr gewesen als kirchliche Folgsamkeit — sie traf die Volksfrömmigkeit von Generationen und war damit das Gegengewicht zum rationalen Protestantismus des Nordens. Selbst Maximilian, der ›Große Kurfürst‹, huldigte der heiligen Frau. An die Fassade seiner Münchner Residenz ließ er ihr Abbild anbringen, was einem preußischen Gesandten nur verständnislose Verwunderung entlockte...

Nun, der Mann hatte eben kein Gefühl für die wirklichen Dinge des Lebens. Wen denn sonst hätten die Menschen in all ihren Notlagen, in Kriegszeiten und bei Feuersbrunst, bei Blitzschlag und Krankheit, anrufen sollen? Im Peißenburger Land jedenfalls wußte man es seit jeher. Hier schlägt das Herz des Pfaffenwinkels, der seinen Namen wegen der großen Anzahl von Klöstern und Kollegiatsstiften trägt. Und auch wegen der »ungeheuren Pfaffenarmee, die sich dahin genistet hat und reichlich mästet; die gleich Ratten in Noahs Kasten vom Raube arbeitsamer Geschöpfe leben...«; das schrieb vor gut 200 Jahren Johann Pezzl, ein intimer Kenner der Szene, in seinem Buch »Reise durch den Baierischen Kreis«.

Will der Besucher etwas über die Ursprünge hiesiger Baukunst erfahren, so mache er sich auf den Weg nach Altenstadt. Eine stolze Basilika steht da, mit romanisch schweren Mauern, streng und klar gegliederter Fassade, rundbogigen Fenstern, unverputztem Mauerwerk, zwei starke Türme vorangestellt, ziegelgedeckt. Für die Römer war Altenstadt einst Kreuzungspunkt ihrer Straßen von Salzburg nach Augsburg und hinüber nach Kempten. Geweiht ist das Bollwerk christlichen Glaubens einem streitbaren Gesellen: Erzengel Michael, dem Kämpfer, der den teuflischen Drachen — Sinnbild der Ungläubigen und Gemeinen — zur Hölle schickt.

Innen herrscht lichte Klarheit: Zwölf starke Pfeiler mit Kerbschnitt-Kapitellen (Köpfen) stützen die beiden Arkadenreihen, die das Mittelschiff von den seitlichen abtrennen. Halbrunde Dienste (Säulen) wachsen aus den Pfeilern empor, gliedern die Wandfläche, tragen die Jochbögen (Gewölbeeinheiten) und sind vorne mit markanten Maskenkapitellen geschmückt; dazwischen Kreuzgratgewölbe — St. Michael ist die einzig erhaltene romanische Gewölbebasilika Oberbayerns.

Magisch angezogen wird der Blick von dem mächtigen Kreuz über dem Hauptaltar: was für ein selbstbewußter, strenger, majestätischer Christus! Nicht von ungefähr wird er der »Große Gott von Altenstadt« genannt. Die beiden Assistenzfiguren, Maria und Josef, sind nur Kopien; die Originale wurden im vergangenen Jahrhundert an den Freistaat verkauft und stehen nun im Bayerischen Nationalmuseum in München. Erst 1938 wurden durch einen Zufall die in leuchtenden Farben gemalten Wandbilder wiederentdeckt. Am schönsten sind die beiden im Chor: Maria bei ihrer

Romanische Basilika Altenstadt

Benediktbeuern ist das älteste Kloster in Oberbayern

Verkündigung (als sie erfährt, daß sie Jesus empfangen hat) — mal nicht im blauen,
sondern im roten Mantel, und ein richtender Michael mit wilden Flügelfedern, der
die Guten gegen die Bösen abwägt.

Als der nahe Lech im späten Mittelalter für die Flößerei genutzt wurde, zogen
viele Bürger von der › Alten Stadt‹ hinauf zum heutigen Schongau. Deshalb bewahrte
die Pfarrkirche ihre ursprüngliche Form und wurde nicht, wie so viele andere Got-
teshäuser, aufwendig barockisiert. Ein markantes Beispiel für eine solche Umgestaltung ist die ehemalige Stiftskirche von Rottenbuch. Der Ort, einst ›Raitenpuech‹
genannt, wurde kurz nach der Jahrtausend-Wende von welfischen (schwäbischen)
Herrschern auf einer Anhöhe im dichtbewaldeten Ammergau angelegt. Schon bald
entdeckten Augustinermönche das lauschige Plätzchen und planten dort eine große
Stiftskirche für ihren eben neugegründeten Orden. Brände vernichteten Teile der
alten Anlage, Um- und Ausbauten folgten, bis schließlich der Wessobrunner Baumeister Joseph Schmuzer in spätbarocker Zeit den Auftrag bekam, das Gotteshaus

vollständig zu modernisieren. Er tat es mit großem Eifer. Zuerst wurde das Langhaus neu eingewölbt, dann folgten Entwürfe für eine überaus reiche Stuckierung, die sein Filius Franz Xaver ausführte. Vater und Sohn haben sich dort so richtig ausgetobt: Rocaillen (Muschelbögen) in allen Variationen überwuchern die Wände des schmalen hohen Schiffs; die Stichkappen (kleine Gewölbe) der Fenster, weiß, goldgefaßt auf pastelligem Grund, ranken sich so dicht an die Deckenbilder heran, daß der Hohenpeißenberger Matthäus Günther kritisierte, »...daß Sye allhier so vil Stokatherey gemacht, wenig spatium für die Malerey yberlassen...«, daß sie also mit den Stuckarbeiten so geklotzt haben, daß nur noch wenig Platz für die Malerei übrigblieb. Und der wurde genutzt, um das wohltätige Wirken des Ordensstifters darzustellen. Nur der Hochaltar deutet darauf hin, daß die Kirche der Gottesmutter geweiht ist. Sie steht in voller Pracht zwischen den rosa Stuckmarmorsäulen, überwacht von Gottvater im Himmel und bejubelt von vielen kleinen Engeln, die sich oben in der Gebälkzone tummeln. Im scharfen Kontrast zu dieser Überfülle eine spätgotische Madonna auf dem ersten, linken Seitenaltar; mit innig-bedächtigem Blick reicht sie dem Christuskind auf ihrem Schoß eine goldene Frucht. Nur die Gesten des Kindes, aufgefangen im bewegten Mantelwurf, durchbrechen die vollkommen harmonische Ruhe dieser Holzplastik. Einst wurde sie Erasmus Grasser, dem Schöpfer der berühmten ›Moriskentänzer‹ (Münchner Stadtmuseum) zugeschrieben. Inzwischen gilt die Madonna von Rottenbuch als ein Werk des Blutenburger Meisters, der die wunderbaren Holzfiguren in der Schloßkapelle im Westen von München geschaffen hat.

Susanne Strohmeyer

Göttliche Funken am Lech
Wallfahrten

Hier, auf halber Strecke zwischen Schongau und Landsberg am Lech, macht die Romantische Straße, die B 17, ihrem Namen alle Ehre. Rechter Hand fällt der Blick auf die wundervollen Flußauen, links liegt ein kleines, stilles Dorf mit einer für die Gegend so typischen rot-weißen Kirche. Ein kleiner Abstecher lohnt sich — des Echos wegen. Schon, wenn man durch's barocke Portal tritt, hallen die eigenen Schritte seltsam deutlich nach. Stellt man sich jedoch mitten unter das Kuppeldach und schnippt mit den Fingern oder schnalzt mit der Zunge, so schallt es knallend von allen Seiten wider. Solchen Spaß sollte man jedoch möglichst nur dann treiben, wenn sich keine Andächtigen im Kirchenraum aufhalten.

Von der Akustik zur Ästhetik. Wir überqueren den Fluß bei Lechmühlen, wo sich der berühmt-berüchtigte Römerkessel befindet, und biegen rechts ab Richtung Vilgertshofen. Dorthin sind über hundert Jahre lang Wallfahrer aus der näheren und weiteren Umgebung gepilgert; über 20.000 sollen es zu den großen Prozessionen gewesen sein. Ein staatliches Verbot machte den Umzügen zu Beginn des 19. Jahrhunderts ein Ende; solche unkontrollierbaren Ansammlungen von Menschen waren den Oberen schon immer ein Dorn im Auge.

Schon von ferne leuchtet rot-weiß auf grünem Hügel der schön geschwungene Kirchenbau mit dem schlanken Zwiebelturm dem heute motorisierten Besucher entgegen. Der Ort besteht lediglich aus ein paar gepflegten großen Höfen, die sich um einen runden, begrünten Platz gruppieren. Dort, wo nun das prächtige Gotteshaus steht, spitzte zuvor ein kleines Kircherl im gotischen Stil heraus, das im Dreißigjährigen Krieg arg heruntergekommen war. Doch dann kam ein neuer Pfarrer in den Ort, und der wurde beim Beten vor dem alten Vesperbild auf wundersame Weise von seinen quälenden Kopfschmerzen erlöst. Nach all dem Grauen und Schrecken des

Auch das ist Wessobrunn

langen Krieges suchte das einfache Volk nach einem Zeichen, das Heilung versprach. Der plötzlich klar gewordene Kopf des Pfarrers war dieses Signal, der Strom der Wallfahrer setzte ein.

Die Kirchenleitung reagierte prompt: Ein neues Haus mußte her, großartig genug, um der wundertätigen Pietà einen würdigen Rahmen zu geben und die Macht des Glaubens unübersehbar zu bekräftigen. Durch die vielen Pilger waren die Opferstöcke bereits so reichlich gefüllt, daß man sich den hervorragenden Baumeister Johann Schmuzer aus dem nahen Wessobrunn leisten konnte. Und der legte einen Entwurf hin, wie es ihn in der Gegend noch nie gegeben hatte, mit kreuzförmigem Grundriß und doppelstöckigem Gnadenaltar. Im Hauptraum überwuchert weißer Akanthuslaub-Stuck auf rosa Grund fast das gesamte Gewölbe, umrankt die Deckenbilder, die Szenen aus dem Leben Mariens zeigen; ihr, der Schmerzhaften Maria, wurde die Wallfahrtskirche geweiht. Die vollplastischen Nischenfiguren darunter, zehn Benediktiner-Heilige, werden von großen Stuckmänteln umfangen und von kannelierten Pilastern, also aus der Wand hervortretenden, schmalen Pfeilern, gerahmt. Vielleicht wirken die würdigen Herren mit ihren ausgreifenden Gesten hier doch etwas zu mächtig; in eine barocke Kathedrale, so finde ich, würden sie wohl besser passen. Offenbar wollte Meister Schmuzer dem Mittelraum nach italienischem Vorbild zentrales Gewicht verleihen.

Das angebetete Vesperbild befindet sich im unteren Teil des hoch aufragenden Altars, in der lichtumfluteten Nische des Chors. Im Gewölbe darüber das schönste Fresko der Kirche: helle zarte Farben, wie sie kein anderer so duftig auf die Wand malen konnte wie Johann Baptist Zimmermann. Es scheint, als wollten Stuckengel das Bild der trauernden Maria, die den Leichnam ihres Sohnes auf dem Schoß hat, hinauf in den Himmel tragen.

Vielleicht hat der Bruder von Johann Baptist, der geniale Dominikus Zimmermann, die Idee, um den Chor einen Umgang zu schaffen, bei seinem später entstandenen Meisterwerk schlicht übernommen — der weiter südlich am Lech gelegenen Wieskirche.

In der Boom-Zeit der Wallfahrerei, vor knapp 300 Jahren, konnte es sich der Wirt von Vilgertshofen leisten, sein Gasthaus von Johann Bader schmücken zu lassen, der das Altarblatt in der Marienkirche gemalt hat. Heute wirkt der Gasthof etwas verschlafen, und man muß schon gezielt fragen, wenn man die Fresken dort anschauen will. Mit den Prozessionen ist es gegenwärtig ja auch nicht mehr so weit her; nur noch eine »stumme« gibt es, jeweils am 15. August, dem Sonntag nach Mariae Himmelfahrt.

Weiter geht's nach Dießen am Ammersee, zu einem freundlichen Wirt und einer der schönsten Rokokokirchen Oberbayerns. Freilich empfiehlt es sich, beim »Maurerhansl« vorab einen Tisch zu reservieren, denn seine Küche genießt — auch für den, der nicht nur den bayerischen Speiseplan schätzt — weithin einen ausgesprochen anziehenden Ruf. Nach der überaus gelungenen Probe auf's Exempel betreten wir das Kloster. Die besten Künstler Bayerns reisten damals, in den dreißiger Jahren des

18. Jahrhunderts, nach Dießen, um das Juwel zu schaffen: Johann Michael Fischer, Architekt aus München, die Wessobrunner Stukkateure Franz und Johannes Feichtmayr, der Freskant und Akademiedirektor Johann Bergmüller aus Augsburg und nicht zuletzt François de Cuvilliés, Hofbaumeister an der kurfürstlichen Residenz zu München. Zusammengebracht hat diese illustre Runde der ehrgeizige Stiftsprobst Herkulan Karg, der weder Kosten noch Mühen scheute, um sie alle zu gewinnen.

Besonderer Überredungskunst, die ja bekanntlich auch aus klingender Münze bestehen kann, bedurfte es sicherlich bei Architekt Fischer, war doch mit dem Bauen schon begonnen worden, bevor er seinen Zuschlag gab.

Doch schon bei der Fassadengestaltung hat er Wunderbares geleistet; selten wieder gelang ihm ein so ausgewogener, feingliedriger, wohlproportionierter Aufbau. Es lohnt sich, ein wenig zu verweilen, um all die zarte Rhythmik dieser eleganten Eingangsfront in sich aufzunehmen. Auf das alte Fundament setzte Fischer eine fast klassische Wandpfeiler-Kirche — wären da nicht ein paar raffinierte Abweichungen: So hat er das fehlende Querschiff einfach durch eine Bodenerhöhung im vierten Joch (ein Raum, der durch je vier Pfeiler abgesteckt ist) angedeutet, den quadratischen Chor nochmals erhöht und das Gotteshaus mit einer halbrunden Nische (Apsis) abgeschlossen, zu deren Hochaltar wiederum ein paar Stufen hinaufführen. Das klingt vielleicht ein bißchen kompliziert, doch das Auge erfaßt die Schönheit und den genialen Kunstgriff auf den ersten Blick. Denn so erscheint das Kirchenschiff eben nicht wie eine seelenlose, antike Halle, sondern wie ein geheimnisvoller, abgestufter, intimer Gang, der hin zum Allerheiligsten führt.

Und noch eine einprägsame Besonderheit. Wie ein ›theatrum sacrum‹, ein heiliges Theater, wirkt der Hochaltar: Die gestenreichen Figuren der Kirchenväter von Joachim Dietrich (auch er wirkte am Münchner Hof) flankieren ein Altarblatt, das sich versenken läßt, um andere, dem Kirchenjahr entsprechende Szenen erscheinen zu lassen. So tauchen zum Beispiel an Weihnachten plastische Krippenfiguren in Lebensgröße auf, in der Karwoche ein Bild der Kreuzigung Christi. Mit Recht stolz ist das Kloster auch auf die Bilder der venezianischen Meister Tiepolo und Pittoni, die die Bilder in zwei Seitenaltaren schufen.

Wie der kleine Ort Dießen zu einem so mächtigen Augustinerchor-Herrenstift, einer solch kunstvollen Kirche gekommen ist? Sicherlich lag das nicht nur am unermüdlichen Ringen des ehrgeizigen Propstes um seinen Ruhm in der Nachwelt, an Geld und Schirmherrschaft der einstigen Grafen von Dießen-Andechs. Schon im Mittelalter waren die Bewohner von Dießen berühmt für ihre Handwerkskünste. Es gab dort hervorragende Kunstschreiner und Zinngießer, Eisenschmiede und Töpfer.

Noch heute findet dort alljährlich ein großer Töpfermarkt statt, der ähnlich viele Menschen anzieht wie die Wallfahrtskirche zur Schmerzhaften Maria in ihren besten Zeiten. Die Preise, die auf dem Markt verlangt und bezahlt werden, könnten übrigens auch ein paar Wehklagen hervorrufen. Aber Geschäft ist Geschäft, heute mehr denn je.

Susanne Strohmeyer

Städte und Stationen

Landsberg a. Lech

580-630 m, 30.000 E., 345 B., 358 C., Bhf., gegr. v. Heinrich d. Löwen, Pfarrkirche St. Mariae Himmelfahrt, ältester gotischer Hallenbau in Süddeutschland (1332), Kreuzgang (Tel.0891/ 728-246); Altes Rathaus, Hauptplatz, schönster Profanbau der Stadt, Mo-Fr 9-12, 14-16 Uhr, im Sommer auch Sa, So, feiertags (Tel. 08191/128-246); Neues Stadtmuseum, von Helfensteingasse, Gemälde verschied. Epochen, spätmittelalterliche Skulpturen, Schnitzwerke (Tel. 08191/128-266); Bayertor, Neue Bergstr., Sommer tgl. 10-12, 15-17 Uhr, von der Aussichtsplattform schöner Blick auf die Dächer von Landsberg.
Fahrradverleih, Freibad, Kegeln, Pferdekutschen, Reiten, Squash, Tennis.
Information: Städt. Verkehrsamt, Rathaus, 8910 Landsberg/Lech, Tel. 08191/128 246

Oberammergau

843 m, 4.800 E., 2.094 B., Bhf., Passionsspielhaus, tgl. 10-12, 14-16 Uhr, Tel. 08822/182 64; Pfarrkirche St. Peter und Paul (1736-42), Schmuzers edelstes Werk, Tel. 08822/597; Heimatmuseum, Dorfstr. 8, tgl. außer Mo 14-18 Uhr, Winter nur Sa, historische Weihnachtskrippen, Holzschnitzkunst, Hinterglasbilder; Pilatushaus, Handwerkerladen, in dem man zuschauen kann. Stücke aus dem Heimatmuseum werden für den Verkauf kopiert, tgl. 9-12, 14-18 Uhr;
Sesselbahn zum Kolbensattel (900-1270 m), tgl. 9-11.45, 13-16.45 Uhr; Kabinenseilbahn Laber (900-1684 m), tgl. 9-17 Uhr, Blick auf Wilder Kaiser, Karwendel, Wetterstein, Ammersee, Starnberger See, Staffelsee; Bergrestaurant.
Kloster Ettal, Benediktinerabtei, 1330 von Kaiser Ludwig dem Bayer gestiftet, Klosterkirche mit Kuppelfresko von Johann Jakob Zeiller mit Gnadenmadonna von Andrea Pisano (Tel. 08822/740).
Bauerntheater, Drachenfliegen, Fahrradverleih, Freibad, Hallenbad, Kegeln, Squash, Tennis, geführte Wanderungen.

Information: Verkehrsbüro, Eugen-Papst-Str. 9a, 8103 Oberammergau, Tel. 08822/4921

Peiting

739 m, 10.500 E., Bhf., Wallfahrtskirche Maria unter der Egg (1660), Pfarrkirche St. Michael, gotischer Chor, Turm aus dem 12. Jh.; Fahrradverleih, Freibad, Kegeln, Pferdekutschen, Tennis.
Information: Tel. 08861/6535

Rottenbuch

763-868 m, 100 C., ehem. Augustiner Chorherrenstift mit Klosterkirche Mariä Geburt, überragende Ausstattung aus dem Rokoko (Tel. 08867/215);
Freibad, Segeln, Pferdekutschen, Tennis, geführte Wanderungen.
Information: Tel. 08867/1464

Schongau

710 m, 10.500 E., 360 B., Bhf., gut erhalt. Wehrbefestigung über dem Lech, alte Bürgerhäuser, got. Ballenhaus; Stadtkirche Mariä Himmelfahrt (Dom. Zimmermann); Stadtmuseum, Christophstr. 55, Münzsammlg., sakrale Kunst (Tel. 08861/21460).
Angeln, Fahrradverleih, Freibad, Hallenbad, Kegeln, Reiten, Sanatorien, Segeln, Sommerstockbahn, Squash, Tennis, geführte Wanderungen, Windsurfen.
Information: Verkehrsverein, 8920 Schongau, Tel. 08861/7216

Steingaden

763 m, ehem. Prämonstratenkloster (1144), gut erhaltener Flügel des rom. Kreuzgangs mit got. Wölbung (Tel. 08862/200);
Tennis, geführte Wanderungen, Windsurfen.
Information: Tel. 08862/200
Wies bei Steingaden (16 km), Wieskirche, Wallfahrtskirche »Zum gegeißelten Heiland«, berühmteste und populärste deutsche Rokokokirche, Tel. 08862/501

Touren und Tips

Über die Romantische Straße

Es muß nicht immer Autobahn sein: Wer von Norden kommt und seinen ersten Urlaubstag schon auf der Fahrt gen Süden erleben möchte, sollte in **Würzburg** die Rennbahn verlassen. Die älteste deutsche Reiseroute, die Romantische Straße, lohnt diesen Zeitaufwand. Ganz unterschiedliche Landschaften, unzählige kleine Ortschaften und viel Neues, Unbekanntes erwarten den Reisenden. Zuerst die alte Bischofsstadt Würzburg mit der Festung Marienberg, den steilen Weinbergen und der ehrwürdigen Residenz.

Gleich hinter Würzburg verlassen wir den Main und fahren zum Taubergrund, zunächst nach **Tauberbischofsheim,** in die kleine, mittelalterlich erhaltene Stadt, die durch ihre Fechter in ganz Deutschland bekannt ist. Wir folgen eine Zeitlang der Tauber: in den berühmten Kurort **Bad Mergentheim,** bis 1809 Residenz des Deutschen Ordens; nach **Weikersheim,** dem ehemaligen Stammsitz der Fürsten von Hohenlohe, die einen der schönsten Barockgärten Deutschlands rund um ihr Schloß anlegen ließen; vorbei an dem Weinort **Röttingen** nach **Creglingen** zu einem der schönsten Holzbildwerke aus der Hand Tilman Riemenschneiders; und schließlich nach **Rothenburg ob der Tauber,** dem »fränkischen Jerusalem«, wie die berühmteste mittelalterliche Stadt in Deutschland genannt wird.

Von der Tauber geht die Fahrt über **Schillingsfürst,** die malerisch gelegene Residenzstadt der Fürsten von Hohenlohe-Schillingsfürst, an die Wörnitz: erst nach **Feuchtwangen,** den historischen »Festsaal Frankens« mit seinen alten Bürgerhäusern, der ehrwürdigen Stiftskirche und dem romanischen Kreuzgang; dann weiter nach **Dinkelsbühl,** hinter dessen Befestigungsanlage das Mittelalter noch allgegenwärtig ist.

Die nächsten Kleinodien auf dem Weg gen Süden: **Nördlingen,** die einstige Römersiedlung, karolingische Königsstadt und schließlich freie Reichsstadt; **Harburg,** die nie eingenommene Burg der staufischen Kaiser; und schließlich **Donauwörth,** die alte freie Reichsstadt am Treffpunkt von Wörnitz und Donau. Von hier aus ist es nicht mehr weit zum Lech und nach **Augsburg,** die von den Römern gegründete »Weltstadt des Mittelalters«, bis heute eine Kulturstadt von Rang mit ihren Baudenkmälern und Kunstschätzen aus allen Zeiten und Epochen.

Von Augsburg aus führt der Weg über die alte Herzogstadt **Friedberg** und das malerisch am Lech gelegene, unverkennbar mittelalterliche Landsberg nach **Hohenfurch,** der ersten Station im Voralpenland. Und dann sind wir schon im Herzen Oberbayerns, in **Schongau,** der 700 Jahre alten Stadt im Pfaffenwinkel. So hat im Jahre 1756 der Raistinger Pfarrer Franz Sales Gailer das Gebiet zwischen Lech, Ammer und Loisach genannt. Zu Recht — denn was wäre der Pfaffenwinkel ohne seine unzähligen Klöster und Kirchen? Schongau ist eines der Schmuckstücke in dieser Gegend. Die Stadt mit ihrer gut erhaltenen Wehrbefestigung thront hoch über dem Lech, drinnen zeugen die alten Bürgerhäuser, das gotische Ballenhaus und die von Dominikus Zimmermann erbaute Stadtkirche Mariä Himmelfahrt mit ihrer barocken Innenausstattung von der großen Vergangenheit.

In **Peiting**, dem »gastlichen Markt zwischen Ammer und Lech« erwarten den Besucher die Wallfahrtskirche »Maria unter der Egg« aus dem Jahre 1660 mit ihrem herrlichen Rokoko-Stuck und die Pfarrkirche St. Michael mit ihrem gotischen Chor und dem alten Turm aus dem 12. Jahrhundert, der noch von den Welfen in Auftrag gegeben wurde. Wer bei schönem Wetter kommt, sollte unbedingt einen Abstecher zum Hohen Peißenberg (988 m) machen, dem schönsten Aussichtspunkt weit und breit.

Weiter geht die Fahrt oberhalb der Ammerschlucht nach **Rottenbuch**. Von dem Chorherrenstift der Augustiner, gegründet 1073, steht nur noch die Stiftskirche, die an die Bedeutung des Klosters bis ins 18. Jahrhundert hinein erinnert.

Höhepunkt unserer Fahrt in den Urlaub: ein Besuch der weltberühmten **Wieskirche** (s. S. 77). Ein wenig im Schatten dieser Kirche steht das benachbarte **Steingaden**. Bis zur Säkularisation war der Ort mit seinem Prämonstratenser-Kloster ein bedeutendes kulturelles Zentrum in Bayern. Heute sind nur noch Teile davon übrig, z.B. das sog. Welfenmünster, benannt nach Herzog Welf VI., dem Gründer des Klosters. Im Innern des Gotteshauses erzählt bis heute ein Freskenzyklus die Geschichte der Welfen. Die prächtige Innenausstattung verbindet harmonisch die Stilrichtungen mehrerer Jahrhunderte.

Kloster Wessobrunn

Viel ist nicht mehr übrig von dem berühmten Benediktinerkloster, das der Bayernherzog Tassilo III. im Jahre 753 gegründet hat. Große Teile der weitläufigen Anlage sind der Säkularisation zum Opfer gefallen. Von der Kirche hat nur der Turm die Wirren der Zeit überstanden: »Grauer Herzog« nennt ihn der Volksmund.

Doch ein Blick in den von außen unscheinbar wirkenden Fürstenbau zeigt, daß Wessobrunn einst ein Kristallisationspunkt von Kunst und Kultur gewesen ist. An der Ausgestaltung der Räume haben alle mitgeholfen, die Ende des 17. Jahrhunderts Rang und Namen hatten: Johann Schmuzer, seine Söhne Franz und Josef, Johann Baptist Zimmermann, Johann Michael Feichtmayer.

Wessobrunn ist auch heute noch berühmt: zum einen wegen des gleichnamigen, in Stabreimen gedichteten Gebets, einem der wenigen schriftlichen Zeugnisse in deutscher Sprache aus dem 8. Jahrhundert. Die Handschrift aus dem Kloster Wessobrunn entstand wahrscheinlich zu Beginn des 9. Jahrhunderts und liegt heute in der Münchner Staatsbibliothek. Zum anderen hat ein Künstler den Namen Wessobrunn zu einem Begriff gemacht: Der unbekannte Meister, der Mitte des 18. Jahrhunderts jene Pfarrkirche schuf, die einer ganzen Kunstrichtung ihren Namen gab.

Oberammergau

Weltweit berühmt wurde das Holzschnitzerdorf, wie man Oberammergau gerne nennt, durch seine Passionsspiele, die alle 10 Jahre — das nächste Mal im Jahre 2000 — im eigens dafür geschaffenen Festspielhaus stattfinden. Die

Spiele gehen zurück auf ein Gelübde, das die Oberammergauer während der schweren Pestepidemie im Jahre 1633 gegeben haben. Seitdem hat es um die Passionsspiele viel Wirbel gegeben. Nicht nur um die reformbedürftigen Textvorlagen, auch die Auswahl der Hauptdarsteller (tragende Rollen müssen doppelt besetzt sein) und die Mitwirkung von verheirateten Frauen sorgten immer wieder für Schlagzeilen. Für Besucher sind die Passionsspiele ein einmaliges Erlebnis: Der ganze Ort scheint in die Zeit vor 2000 Jahren zurückversetzt zu sein, die Leiden Christi werden auf besondere Weise zu neuem Leben erweckt. Kaum jemand kann sich diesem Reiz, dieser Atmosphäre, die während der Spiele den ganzen Ort erfaßt, entziehen (s. S. 107).

Der Prälatenweg

Wie der Name schon andeutet: Es geht zu Fuß von Kloster zu Kloster, von Kirche zu Kirche. Nach sieben Tagen Marsch auf dem 140 Kilometer langen Fernwanderweg zwischen **Kochelsee** und **Marktoberdorf** im Allgäu haben wir nicht nur etwas für die Gesundheit getan, wir sind auch Experten in Sachen (Kirchen)geschichte.

Erster Tag: Kochel am See — Kloster Benediktbeuern — Bichl — Penzberg — Iffeldorf. 27 Kilometer.

Zweiter Tag: Iffeldorf — Seeshaupt — Bernried. 14 Kilometer.

Dritter Tag: Bernried — Magnetsried — Marnbach — Deutenhausen — Weilheim. 22 Kilometer.

Vierter Tag: Weilheim — Polling — Peißenberg — Böbing. 21 Kilometer.

Fünfter Tag: Böbing — Schönberg — Rottenbuch — Wildsteig. 15 Kilometer.

Sechster Tag: Wildsteig — Wieskirche — Ursping — Lechbruck. 14 Kilometer.

Siebter Tag: Lechbruck — Bernbeuren — Auerberg — Marktoberdorf.

Die schönsten Klöster und Kirchen auf dem Weg

Kochel am See: Pfarrkirche St. Michael.

Kloster Benediktbeuern: Ältestes Kloster in Oberbayern, 739 gegründet, von Bonifatius geweiht. Barockbasilika mit Gemälden von Georg Asam, Anastasiakapelle im Rokoko-Stil mit Hochaltar von Michael Feuchtmayer, Seitenaltären von Ignaz Günther.

Bichl: Kirche St. Georg, Rokoko-Bau von Johann Michael Fischer, einem Cuvilliér-Schüler, mit Deckengemälden von Johann Jakob Zeiller.

Penzberg: Kirche St. Johannisrain mit Barockaltar aus dem 18. Jahrhundert; Kirche »Unserer Lieben Frauen Gotteshaus zu Hub« mit spätbarockem Hauptaltar.

Iffeldorf: Pfarrkirche St. Vitus mit bedeutender Rokoko-Dekoration, Wessobrunner Stuck und Fresken von Johann Jakob Zeiller; Heuwinklkapelle, Kuppelbau mit barocken Akanthusranken.

Bernried: Frühbarocke Klosterkirche mit Rokoko-Ausstattung; barocke Hofmarkskirche.

Polling: Ehemaliges Augustiner-Chorherrenstift, von Kaiser Heinrich II. 1010 gegründet, nach Brand 1416 wieder aufgebaut. Weite Teile der Anlage wurden 1803 zerstört. Sehenswert ist die spätgotische Hallenkirche mit ihren frühbarocken Wessobrunner Stukkaturen und den Seitenkapellen, die im Rokoko-Stil erbaut wurden.

Peißenberg: St. Georgskapelle

Rottenbuch: Stiftskirche Mariae Geburt, ursprünglich romanisch, dann spätgotisch umgebaut, Innenausstattung barock. Die Kirche gehörte zum 1067 gegründeten Augustiner-Chorherrenstift, das nicht mehr existiert.

Steingaden: Ehemaliges Kloster und Wieskirche

Bernbeuren: Pfarrkirche St. Nikolas, erbaut 1720–23 von Baumeister Johann Georg Fischer aus Füssen. Bemerkenswert die Innenausstattung: Rokoko in ländlicher Herzhaftigkeit.

Landsberg

Müßig, darüber zu streiten, ob die wehrhafte Stadt am Lech eher das Tor zu Oberbayern oder die Tür zum Schwäbischen darstellt. Verbürgt ist: Landsberg wurde zu Beginn des 12. Jahrhunderts von Heinrich dem Löwen gegründet, wie München, Lübeck und Braunschweig auch. Und 1923/24 saß ein gescheiterter Putschist namens Adolf Hitler in der weithin sichtbaren Festung seine — von Gönnern in Justiz- und Militärkreisen kommod ausgerichtete — Haftstrafe ab. Doch wer (via B 12) über die Brücke fährt, erkennt spätestens jetzt, wessen Geist in den Quader-Mauern herrscht — der stolze Eigensinn eines traditionsbewußten Bürgertums, das sich auf die Kunst des Bauhandwerks seit Jahrhunderten versteht.

Nicht von ungefähr leistete sich Landsberg einen Bürgermeister (1749–1754), der einer der besten Architekten, Stukkateure und Maler Süddeutschlands war: Dominikus Zimmermann. Sein bedeutendstes Werk ist zweifellos die Wieskirche im Herzen vom Pfaffenwinkel, aber auch Landsberg hat von seinem Genius profitiert. An vier, eigentlich sogar fünf Kirchen seiner Stadt legte er Hand an: Er entwarf die Pläne für die Klosterkirche der Ursulinerinnen und die St. Johannes-Kirche, in der Pfarrkirche St. Mariae Himmelfahrt schuf er den Rosenkranz-Altar, für die ehemalige Klosterkirche der Jesuiten, das Heilige Kreuz, steuerte er die Stukkatur der Sakristei bei, und für den fällig gewordenen Neubau des Ursulinen-Klosters lieferte er auch noch die Entwürfe. Sie sehen: Die Vergangenheit ist mächtig, doch der Zukunft sind Tür und Tor geöffnet. In den flippigen Kneipen der Altstadt kann die Jugend ein Lied davon singen.

Es sind nicht sehr viele, die sich so den Blick von der Zugspitze erklimmen

DAS WERDENFELSER LAND

Billig ist er ja nicht gerade, der Urlaub im Werdenfelser Land, dafür aber umso facettenreicher. Fangen wir ganz oben an, auf der Zugspitze. Da fährt zwar eine Zahnradbahn hinauf, aber es gibt Leute, die verachten technische Hilfsmittel abgrundtief und fordern kategorisch das Naturerlebnis pur. Es geht halt sportlich zu zwischen Garmisch-Partenkirchen, Oberammergau, Wallgau und Mittenwald, ob auf dem Mountain-Bike im Tal des Todes oder für Brettl-Fans auf der berühmt-berüchtigten Kandahar, seit 1936 mit olympischen Weihen versehen. Gegen niederschlagsarme Winter haben sich die Touristenmanager seit 1989 mit einer Schneekanone gewappnet, und wer mag, kann auf den Spuren von König Ludwig durch die Loipen ziehen, Abstecher zum Schloß Linderhof inclusive. Apropos Ludwig: Sein Namenstag wird jedes Jahr von den »Wiggerln« aller Klassen und Altersstufen am Schachen gefeiert, in drei Etappen; Start der Festivitäten, die den ganzen Mann erfordern, ist auf 2.369 Meter Höhe. Die Passionsspiele finden dagegen nur alle zehn Jahre statt, aber zwischendurch gibt's rund um das fromme Spektakel genügend Theater; schließlich steht in Oberammergau viel Geld auf dem Spiel, die gute (?) alte Tradition und neuerdings auch die unumschränkte Herrschaft orthodoxer Bartträger. Noch weiter in die Geschichte zurück reicht die Gründung des Ettaler Klosters durch Kaiser Ludwig den Bayern. Die Bierzeltbesucher in Garmisch und anderswo sind heute noch selig, daß anno 1330 das Schlachtroß des Monarchen dreimal in die Knie ging. Um das Pferd wieder auf Trab und seinen Feldzug in Schwung zu bringen, gelobte er den Bau des heiligen Gemäuers, in dem nun ein köstliches Bier gebraut und ein vorzüglicher Likör hergestellt wird. Und das alles in unmittelbarer Nachbarschaft eines Internats. Früh übt sich …

Schwaden über dem goldenen Landl

3000 Jahre Durchgangsverkehr

Werdenfels: Das ist auf keinen Fall nur geographischer Begriff und gewiß auch mehr als historische Definition, das ist vor allem Verheißung, von einem eigenwilligen Menschenschlag in einer einzigartigen Landschaft. Die können noch so sprechen wie ihre Vorfahren, und wenn sie nicht wollen, wird der Fremde sie nicht verstehen. Sie kennen ihre Überlieferung, und nur selten rutscht einer ab vom schmalen Grat zwischen echtem Brauchtum und verlogener Touristenattraktion. Ein Menschenzoo mit jodelnden Exponaten, Reservat für Ureinwohner ist das Land zwischen Garmisch-Partenkirchen, Mittenwald und Wallgau noch nicht. Es sieht nur manchmal danach aus, zu Zeiten der Heimatwochen, wenn geplattelt und gejuchzt wird und Tracht getragen auf Teufel komm raus. Doch kaum sind die Fremden weg, legt sich der Spuk, kehren die Werdenfelser in den Alltag zurück. Jodeln, wenn ihnen danach ist, kleiden sich, in was sie wollen: Jeans, Flanell oder Tracht — jeder nach seinem Geschmack.

Wo es im Süden endet, steht ziemlich zweifelsfrei fest (wenngleich früher auch schon mal die Tiroler Leutasch dazugehörte): an der Bundesgrenze zu Österreich zwischen Mittenwald und Griesen, also auf dem Kamm des Wetterstein-Gebirges. Aber wo Werdenfels beginnt — über diese Frage irrte schon mancher. Denn mit dem Umfang des Landkreises Garmisch-Partenkirchen (ohnedies erst aufgestockt um das Gebiet von Murnau im Zuge der Gebietsreform der 70er Jahre) besteht keinesfalls Deckungsgleichheit. Auch das Gefühl trügt: Wem auf der Autobahn von München das ferne Traumbild der Zugspitze kurz nach Schäftlarn erste Ahnung vermittelte, der wähnt sich am Ziel spätestens kurz vor Eschenlohe, wo auf einem Moränenhügel links der Straße ein knorriger Apfelbaum steht, daneben meist ein Pferd, und unmittelbar voraus verengt sich das Tal der Loisach. Wieder falsch! Die Historiker, Profis wie Amateure (die an Ernsthaftigkeit, Begeisterung und Zahl rapide zunehmen), haben sich auf jene Nordgrenze geeinigt, die der Grafschaft Werdenfels 1329 gegeben wurde, zwischen Farchant und Oberau, auf der Linie des Ronnetsbaches. (In dieser Gegend arbeiten heutzutage die Werdenfelser Yuppies mit dem Golfschläger an der Verbesserung ihres Handicaps.) Das Gebiet nördlich davon wird zum Pfaffenwinkel gezählt; die Region westlich, über dem ersten Anstieg des Ammergebirges, war kirchlicher Besitz seit dem 14. Jahrhundert, gehörte den Benediktinern von Kloster Ettal, zählt also auch nicht mehr zum Werdenfelser Land, genaugenommen (worüber wir uns aber großzügig hinwegsetzen). Hingegen setzt sich Werdenfels jenseits des östlichen Bergrückens (Estergebirge) fort im oberen Isartal, entsprechend Mittenwald als dem dritten Untergericht (neben Garmisch und Partenkirchen) der Grafschaft von 1360.

Das Werdenfelser Land ist ein Nadelöhr: Was von Norden her breiträumig heranrollt, wird hier zusammengedrängt, mit einemmal endet die anläßlich der Münchner Olympischen Sommerspiele 1972 gebaute Autobahn bei Eschenlohe in der zweispurigen Olympiastraße (angelegt für die Winterspiele 1936). Naherholer stauen sich dem Ziel entgegen (und zur Heimat zurück am Ende eines Ski- oder Bergwandertages), Urlauber auf dem Weg gen Süden werden um Stunden zurückgeworfen in ihren Plänen. Wer den Ausweg über Kesselberg und Walchensee, Wallgau und Krün findet, bleibt spätestens in Scharnitz, dem Mittenwalder Grenzübergang, in der Karawane der Freizeit stecken. So weit sei es gekommen, stöhnen Gäste wie Einheimische, daß ein gesegneter Fleck Erde, einst »Goldenes Landl« genannt, zur Transitschneise verkommen sei.

Aber dieser Auswuchs des späten 20. Jahrhunderts, den sie bedauern, hat Vergangenheit: An den Ufern von Isar und Loisach waren vermutlich noch keine dauerhaften Siedlungen errichtet, als hier schon Durchgangsverkehr herrschte. Keltische Händler entdeckten vor ca. 3000 Jahren auf ihren Zügen nach Norden, nachdem sie im Brenner die erste Bresche im Hindernis Alpen gefunden hatten, als Fortführung über den Zirler Berg, erst der Isar folgend, dann dem Kankerbach und schließlich der Loisach entlang — exakt jene Route, auf der heute die Italienurlauber heimkehren.

Den Kelten folgten die Römer. Denen genügte der Stammpfad nicht mehr, stattdesssen mußte es (auf derselben Route) eine Straße sein, die Via Claudia mit Parthanum (heute: Partenkirchen) als Stützpunkt. Damit haben die Werdenfelser es histo-

Von oben sieht's heil aus

risch und schriftlich, daß ihre Heimat Durchgangsregion ist; nur kann sie (und ihre Gäste) diese Tatsache nicht über den aktuellen Zustand hinwegtrösten. Mit Wehmut denken Garmischer daran, wie sie vor nicht mal zwei Jahrzehnten vor ihren Häusern den Tisch im Freien gedeckt hatten; heutzutage würden sie mit Lärm und Abgasen eingedeckt. Und die Farchanter haben beim bayerischen Ministerpräsidenten die Erlaubnis eingeholt, an gewissen Tagen die Ampeln auf Rot zu stellen, wenn der Rückstau aus Partenkirchen ihr Dorf blockiert. Allerdings müssen sie auf Grün schalten, sowie die Autoschlange bis Oberau zurückreicht. Anfang der 70er Jahre wurden erste Überlegungen angestellt, wie dem durch die neue Autobahn gewachsenen Verkehrsaufkommen Herr zu werden sei. Ein Tunnel schien die einzige Lösung, die wurde hin und wider erörtert, verworfen, Jahre gingen ins Land und wurden vertan. Längst gibt es neue Konzepte: Farchant und den Kramer zu untergraben, so den Voralpentransit zum Fernpaß abzuleiten. Zu wenig sei das, sagen viele, weil so immer noch der Verkehr Richtung Brenner bliebe, also müsse auch dieser Ortsteil seine Entlastung bekommen vermittels eines Tunnels unter dem Wank. Wieder mal stand eine Lösung auf dem Papier, und das Planfeststellungsverfahren war eingeleitet, da legten prompt Anwohner Einspruch ein gegen eine zu voluminös geratene Ableitung; mittlerweile argumentieren verschiedene Interessengruppen mit jeweils eigenen Trassierungs-Vorschlägen. Und eine Lösung scheint weiter entfernt denn je. Womöglich hoffen die Werdenfelser darauf, daß sich das Problem irgendwann von selbst erledige — wie so viele in der wechselvollen Geschichte des Landstrichs.

Die ersten an den Oberläufen von Isar und Loisach waren Illyrer. Von den massiven Bewegungen der Völkerwanderungen blieb das Werdenfelser Land verschont, die Bajuwaren haben sich eher sanft der Urbevölkerung untergemischt. Dagegen ist die vorläufig letzte Einwanderungswelle direkt aggressiv gewesen, behaupten Scherzbolde in Anspielung auf die Zweitwohnungsbesitzer aus West/Nord. Die haben in der Tat nicht nur Freunde in ihrer zweiten Heimat vorgefunden, schließlich tragen sie ein gerüttelt Maß Schuld (?) daran, daß die Immobilienpreise hoch gingen, bis Einheimische sich so was kaum noch leisten konnten. Von einem Verdrängungsprozeß kann dennoch nicht die Rede sein, wie die jüngste Statistik für Garmisch-Partenkirchen beweist: 27.108 Gemeldeten mit Haupt- standen 3.451 mit Nebenwohnungen gegenüber. Freilich hatte Armin Bittner aus Krün, Skirennfahrer der Weltklasse, so Unrecht nicht, als er den Kreisort mal »Altersheim« nannte: 1989 starben 184 Einwohner mehr als geboren wurden; aufgewogen wurde diese Entwicklung durch den Wanderungsgewinn von 471 Zuzüglern, die allerdings auch wieder nicht zu den Jüngsten zählten.

Aber im Werdenfelser Land hat man sich längst mit den Fremden arrangiert. Schließlich sind sie die Quelle, aus der der Wohlstand sprießt in einer Region, die zuvor ausschließlich landwirtschaftlich geprägt war. Das Ereignis, das den Wendepunkt markiert, waren die Olympischen Winterspiele; damals wurden auch Garmisch und Partenkirchen zu einem Doppelort vereint. 1871 wurden 167 Gäste beherbergt, 1900 waren es schon 34.260, 1960 bereits 230.000, und seit Mitte der 80er Jahre werden konstant knapp 1,5 Millionen Übernachtungen gebucht. Im Durchschnitt halten sich die Feriengäste sechs Tage lang im Werdenfelser Land auf. Ein Drittel von ihnen logiert im Hotel, zu gleichen Teilen 16 Prozent in Fremdenheimen und Ferienwohnungen, der Rest zieht das preiswertere Privatquartier vor.

Auf letztere Weise ist Urlaub im Werdenfels noch einigermassen erschwinglich, die Lebenshaltungskosten für die Einheimischen bewegen sich an der oberen zumutbaren Grenze. Aber dafür genießen diese das ganze Jahr die Schönheiten der Natur, die dem Fremden nur kurze Zeit vergönnt sind. Einige Vergünstigungen hält der Einheimische dennoch für sich, meist allerdings ganz im Geheimen. Dazu zählt in diversen Gaststätten die dreifache Staffelung des Bierpreises: für Fremde, für Einheimische und für Stammgäste.

Wolfgang Gärner

Ein Namenstag in drei Etappen
Der 25. August

Folgen wir der Fremdenverkehrs-Werbung, was nur Fremde tun, dann fühlt sich hier der Gast jeglichen Standes wie ein König. Die wirklichen bayerischen Könige haben sich hingegen wirklich königlich gefühlt im Werdenfelser Land. Maximilian II. frönte seiner Jagdleidenschaft vorwiegend am (heute noch an Gemsen ungewöhnlich reichen) Kramer, ließ eigens einen Reitweg zum vorgelagerten Schießstand bauen. Ludwig II., seinen unglücklichen Nachfahren, hat die alpine Szenerie in Sonderheit inspiriert — Träumer und Phantast, der er war. Sein Standquartier, Schloß Linderhof, ließ er sich im Graswangtal bauen, einem Seitental der Ammer (was strenggenommen nicht mehr zum Werdenfelser Land zählt). Zum Hochgebirgs-Quartier machte er den Pavillon am Schachen, 1.886 Meter über dem Meer, in luftiger Höhe über dem Raintal. In dem zweistöckigen, 1871 errichteten Holzbau pflegte er, völlig ungerührt von den kriegerisch-stürmischen Zeiten, seinen Geburts-, vor allem aber seinen Namenstag zu feiern. Letzteres Fest begehen seine Namensvettern an gleicher Stelle, an jedem 25. August, aber nicht nur da.

Ein typischer Ludwigstag beginnt im Morgengrauen vor der Meilerhütte, noch mal eine Etage höher, 2.369 Meter. Einige Ludwigs kommen immer schon am Vortag und zelebrieren zum Auftakt ihres Ehrentages eine kurze Klettertour (üblicherweise an der Ostwand der Dreitorspitze); das sind die, die gut drauf sind. Wenn sie zurückkommen zur Hütte, sind etliche Ludwigs mehr zur Stelle, und es beginnt ein Frühschoppen, der schweren Herzens abgebrochen werden muß. Denn an diesem Tag gilt es, noch weitere Etappen zu bewältigen. Die nächste, keine dreiviertel Stunde tiefer,

wartet am königlichen Ort, dem Schachen. Da werden die Bierfässer im Freien ange-
zapft, und wer an den Wirtstischen kein Platzerl gefunden hat, lagert in der Wiese.
Während die einen dem leiblichen Genuß frönen, lassen sich die anderen durch das
Königshaus führen (namentlich durch den maurischen Kiosk im ersten Stock) und
die dritten durch den Botanischen Garten unterhalb des Schlosses. Die meisten von
ihnen nehmen aber schließlich den Weg zur Wetterstein-Alm: letzte Station, ebener
Weideboden unter düsteren Wänden, freie Wiese umschlossen vom Tann, nur noch
1.464 Meter hoch.

Für die Almleute herrscht Hochbetrieb, drinnen wie draußen, überall schäumt
das Bier, werden Speckbrote, Käseplatten, Kaiserschmarrn in Unmengen vertilgt.
Denn es heißt noch einmal Kräfte sammeln für die ultimativ letzte Etappe am Ludwigstag, den Weg hinaus nach Elmau. Nur noch ein Stündchen, und kaum einer, der
es bedauerte, daß seit 1990 am Namenstag des Märchenkönigs nicht mehr mit Kraftfahrzeugen zur Wettersteinalm hinaufgefahren werden darf.

Der König, der ist bis zum Schachen kutschiert worden. Damals war noch nichts
los hier oben und der König ziemlich allein. Am Schachen und anderswo.

Wolfgang Gärner

Ein Kniefall und seine Folgen
Kloster Ettal

Wenn anno 1330 das Pferd Ludwigs des Bayern nicht dreimal auf die Knie gegangen
wäre und anschließend jeden weiteren Schritt verweigert hätte, müßten wir heute
vermutlich auf ihn verzichten, den Ettaler Kloster-Likör. Vorausgesetzt, es wird die
Legende für wahr genommen, nach der Ludwig, als es bei seinem Zug wider Johannes XXII., Gegenpapst in Avignon, mal ganz schlecht aussah, von einem eisgrauen
Mönch Hilfe zugesagt bekam, sofern der Kaiser »auf dem Ampferang« ein Kloster
stiften würde. Der Partenkirchener Jäger Fendt führte den über den Fernpaß gekom-
menen Feldherrn an die bewußte Stelle, und dort ging dieser umgehend daran, »got
ze lob und unser frawen ze ern« (Gott zum Lobe und unserer Herrin zur Ehre) ein
Kloster zu gründen für 20 Benediktiner und 13 Ritter nebst deren Frauen. Viele meinen, dies sei Ludwigs zweitwichtigste Tat gewesen — nach dem Sieg in der legendären Schlacht bei Gammelsdorf, bei der er, damals noch Herzog, die in Niederbayern
eingefallenen Österreicher in die Flucht geschlagen hatte. Jedenfalls legte Ludwig
den Grundstein just an jene Stelle, wo früher einmal der Loisach- und der Ammer-
gletscher zusammenflossen und noch früher die Ammer nach Oberau abzweigte.
Nach dem Diluvium hatte sich die Ammer einen neuen Weg suchen müssen, weil
eine Moräne (heute: Ettaler Sattel) den alten Abfluß versperrt hatte.

Wenn das Pferd Ludwigs des Bayern nicht anno 1330... auf die Knie gegangen wäre

Ludwig der Bayer erlag 17 Jahre später bei der Bärenjagd nahe Fürstenfeldbruck einem Schlagfluß, doch mit dem Kloster im ewe-Tal (Ewig-Tal: Tal des Gelöbnisses) ging es voran, nicht zuletzt deshalb, weil es mit höchster Gerichtsbarkeit ausgestattet war. Auch Trenck und seine Panduren, die wie die Ferkel hausten (sie verlangten pro Mann und Mahlzeit ein Pfund Fleisch und zwei Maß Bier), konnten während ihres Ammergauer Aufenthaltes im 18. Jahrhundert nichts ändern an der Ettaler Devise: »Unterm Krummstab ist gut leben«. Die geistliche Herrschaft zu brechen, das war dem Freiherrn Maximilian Montgelas vorbehalten, jenem wirklich geheimen Staats- und Konferenzminister Bayerns, und zwar mit seiner rücksichtslosen, weit über das Ziel hinausschießenden Säkularisation von 1803: Die Bavaria Sancta war zerschlagen, Ettal für mehr als hundert Jahre kein Kloster mehr.

Aber immerhin ist den Baulichkeiten kein Schaden zugefügt worden, dem prächtigen Barockdenkmal, von Placidus II. Seiz (Abt von 1709-1739) in Auftrag gegeben bei Hofbaumeister Enrico Zuccali, der das mittelalterliche Zwölfeck im Grundriß beließ. Zuccali starb 1725, 1744 fiel der Neubau einem Brand zum Opfer, doch bereits im Jahr darauf machte sich der Wessobrunner Meister Joseph Schmuzer ans Werk. Glanzpunkte sind die 42 Meter hohe Kuppel, die Deckengemälde der Tiroler Zeiller und Konoller, dazu die dem Italiener Tini di Camaino zugeschriebene Marienstatue.

Um das zu sehen, kommen die Fremden im Sommer zu Tausenden den Ettaler Berg herauf und sorgen dafür, daß der alte Spruch vom Krummstab auch heute noch Gültigkeit hat. Ettal lebt vom Kloster mit seinem Internat, der Likörproduktion und der Brauerei. Wer weiß, welches Gebräu im Partenkirchener Bierzelt ausgeschenkt würde, wenn das Pferd Ludwigs des Bayern damals vorübergetrabt wäre. So können sie sich das Ettaler Bier schmecken lassen.

Wolfgang Gärner

Die Pfade der Tollkühnen
Mit'm Radl

Das Werdenfelser Land ist unstrittig das nationale Zentrum des Mountain-Bikes. Vergleichbares in diesem Freizeitsport geschieht nur noch um den Gardasee, sonst nirgendwo auf dem alten Kontinent. Praktisch jeder einigermaßen gesunde und sportliche Werdenfelser besitzt mindestens ein solches Gerät aus Chrom-Molybdän. Das hat hier Tradition, lange bevor die ersten Spezialkonstruktionen aus den USA geliefert wurden. Einst wurden die Dreigang-Räder durch das Raintal geschoben Richtung Zugspitze bis zur Bockhütte, zurück ging es im Sattel. Heute wird hochgefahren, und inzwischen gilt das Raintal als eine Übung der leichteren Art. Der moderne Biker sucht die Herausforderung in steilerem Terrain, erfreulicherweise aber fast ausschließlich auf Forststraßen — die Seuche, Wanderer auf schmalen Straßen zu schrecken, ist ausgerottet. Bevorzugte Ziele sind die Almen von Enning, unter Anfängern Tal des Todes genannt, Wetterstein, Esterberg und Krün; ein Landschaftserlebnis von höchsten Graden bietet die Fahrt von Mittenwald über das Karwendel nach Hinterriß und über die Fereinalm zurück. Gnadenlos gegen sich selbst trampeln die Sportler die steile Trasse vom Riessersee hinauf zum Hausberg oder gehen nimmermüde das selbstgesteckte Ziel an: endlich mal nach Graseck — noch steiler — hochkommen, ohne anzuhalten.

Natürlich ist längst ein Kult draus geworden, und eine Glaubensfrage ist es, ob der Rahmen aus Stahl, Aluminium oder Carbon sein soll, ob 28 Zähne auf dem vorderen Kettenblatt wirklich das Maß aller Dinge sind. Natürlich haben sich auch rustikale Gemüter dem Diktat der Mode nicht entziehen können und pedalieren, schreiend bunt und hauteng gewandet, bergan. Was nicht nur schick, sondern auch praktisch ist, die Radlerhosen zumal mit ihrem gesäßschonenden Rehledereinsatz. Das hat sogar der einzig nicht von den Torheiten der Sportmode Infizierte (wer wohl?) erkannt und trägt nun zwar auch eines des knallengen Beinfutterale, aber drüber zur Tarnung Knickerbocker aus Manchester. Was auch schon wieder ziemlich extravagant sei, wie meine Frau behauptet.

Wem's auf dem Boden zu gefährlich ist, der geht in die Luft

Rundherum gibt es weißgott höhere Berge, schroffer, ebenmäßiger, eindrucksvoller als den Kramer. Der duckt sich, nicht einmal 2.000 Meter hoch, vor der prominenten Nachbarschaft auf der rechten Talseite, die erste Bastion des Ammergebirges, brüchig, zerklüftet von Gräben und Bachläufen, Gehölz bis fast zum Gipfel. Der Aussicht wegen erhält er dennoch reichlich Besuch, kanalisiert auf zwei Wegen: der Kramersteig direkt von Garmisch aus, der andere hintenrum, über die Stepberg-Alm. Jedermanns Pfade, oft dicht bevölkert, jedoch gemieden von einer Handvoll Glückspilzen. Das sind die Geheimnisträger, alle ortsansässig und im Besitz des Herrschaftswissens: wo es außerdem noch hinaufgeht, einsamer sowieso, dazu reicher an Abwechslung und Ausblick, spannender, teils schwieriger. Streng gehütete Geheimnisse, die auch an dieser Stelle nicht gelüftet werden dürfen. Die Namen helfen ja nichts bei der Entschlüsselung: Durrerlaine, wo ängstliche Mädchen schon mal ans Seil genommen werden, Eibelelack — hier legt der Kenner gern ein Steak auf den Grill -, Vulgo-Steig, Schneckensteig.

Die Schafwankeln als stundenlanger ebener Gang 800 Meter über dem Talgrund sind schon wieder einer breiteren Öffentlichkeit vertraut, weil die Abzweigung an der Stepberg-Alm nicht zu verfehlen ist: Da kann man zehn Menschen treffen an einem Tag. Ebenso auf dem Königsstand, einem vorgeschobenen Ausguck gegen das Unterland; zu dem kommen viele aus dem königlichen Reitweg vom Gasthaus St. Martin herüber. Die Wissenden hingegen haben ihn über den im Ansatz kaum erkennbaren Maurersteig erklommen, über steilste Rasenhänge und Geschröf (in dem als alpiner Akzent sogar ein kurzes Drahtseil gespannt ist), und haben dabei schauerliche Tiefblicke zum Pflegersee genossen.

Viererspitze über Mittenwald

Nun haben sie die Wahl des Zurück: keinesfalls über den Reitweg, sondern vielleicht weiter über die Katzenköpfe, oder runter (noch steiler als herauf) über den Maurersteig, am Ende womöglich rüber zum Wirtshaus durch ein Kriechband, unter dem die Felswand jäh abbricht?

Aber alles nur getuschelt, und daß uns ja niemand folge, denn die Geheimnisse des Kramer müssen gehütet werden. Zwar hängt auf der Toilette von St. Martin eine Landkarte, auf der all die verschwiegenen Pfade mit roter Tusche eingezeichnet sind — macht aber nichts, ein Fremder findet sie dennoch nicht. Es sei denn, es nimmt ihn einer der Kenner an die Hand; da hätte der Gast aber Glück gehabt — oder auch nicht!

Wolfgang Gärner

Ski heilt
Aber nicht alles

Oft hört man sie erzählen, gar nicht 'mal so Hochbetagte, wie sie einst dem Wintersport frönten im Werdenfelser Land; als einer der schönsten Ski-Nachmittage stets auf den 24. Dezember fiel: leer an Menschen die Bergbahn-Gondeln und Lifts, reich an Schnee die Pisten. Das hat sich grundlegend geändert. Noch immer sitzt den Saisonabhängigen der Schock der schlechten Jahre ausgangs der 80er im Nacken, auch wenn das keine regionale Affäre war, sondern ein gesamtalpines Fiasko. Äußeres Zeichen für die wirtschaftliche Talfahrt waren drei aufeinanderfolgende Absagen der Weltcup-Skirennen am Garmischer Kreuzeck. Das hatte große Auswirkungen, denn wo die Rennfahrer mangels Schnee nicht Kopf und Kragen riskieren können, kann auch der Tourist seine Brettl nicht laufen lassen. Dann, anno 1989, hatten auch die Garmischer ihre — bei Naturschützern heftig umstrittene — Kunstschnee-Anlagen. Seitdem wird auf der Kandahar-Strecke wieder regelmässig gerannt bis ins Tal, wenn's nicht anders läuft, eben auf Kunstschnee.

Daß die sich im Werdenfels auf ihren ein halbes Jahrhundert zurückliegenden olympischen Meriten ausgeruht hätten, war ein häufig erhobener Vorwurf. Ob die Macher nun den Zug der Zeit vor lauter Nostalgie verpennt hatten oder nicht — feststeht, daß es früher wirklich ein wenig anders zuging. Da prozedierten jedes Frühjahr wahre Karawanen von Mittenwald ins Dammkar hoch, gute vier Stunden lang, die Ski geschultert, und nach einem umfänglichen Gelage in der 2.300 Meter hochgelegenen Scharte bretterten sie runter durch das beschattete und folglich extra schneesichere Hochtal. Heute steigt keiner mehr auf, aber die Fahrt mit der langsamen, rührend platzarmen Schwebebahn auf die westliche Karwendelspitze ist auch schon wieder eine Reminiszenz an Überkommenes. Doch da oben beginnt, mittlerweile entschärft und teils sogar präpariert, immer noch die alpinste Abfahrt der deutschen Bergwelt, und eine der schönsten weit und breit (übertroffen an Rasanz nur von der Kandahar): erst durch ein düsteres, hocheingeschlossenes Kar, dann vorbei an traditionsreichen Passagen wie Brotzeitfelsen, Bankerl, Bergwachthang, Kanonenrohr. Solche Relikte aus goldenen Zeiten, Refugien für Kenner, gibt es noch mehr: wie die Abzweiger von der Zugspitz-Zahnradbahn an den Haltepunkten Riffelriß und Tunnelfenster, oder die liebenswerte Eckbauer-Abfahrt, das Gebiet des Wank, in dem heute wie einst das Skifahren unterbrochen wird von einer Einkehr bei der resoluten Wirtin der Esterberg-Alm. Dann aber wieder mit dem Lift hoch zum Gipfel. Denn die Weiterfahrt von der Alm hinunter über die Daxkapelle nach Partenkirchen ist nur noch an wenigen geglückten Tagen möglich. Am Wank haben sie umgebaut, eine neue Umlaufbahn, nordseitig eine Schlepplift-Reihe, so wie auch anderswo Neues entstanden ist: ein kleiner, aber feiner Pistenzirkus am Luttensee über Mittenwald, ein Schlepper am Hirzeneck bei Klais.

Vor allem aber die Großkabinen-Bahn zum Osterfelderkopf, von Garmisch hinauf auf 2.050 Meter. Damit wurde ein Gebiet erschlossen, das vor einem Vierteljahrhundert nur Eingeweihte aufsuchten, zu Fuß vom Kreuzeck aus: die Längenfelder, im Frühling dereinst Treffpunkt kurzbehoster Frohnaturen, darüber der Hang von Bernadein, von dem die Spur weiterführte zur Stuibenhütte, Station am Aufstieg zur Alpspitze (2.628 m). Die Experten von heute halten sich damit nicht auf, sondern streben dem Gipfel direkt von der Bergstation über den Klettersteig »Ferrata« entgegen und können so nach eineinhalb Stunden zu einer Abfahrt über mehr als 2.000 Höhenmeter starten — mehr geht nicht im Werdenfelser Land, auch nicht sonstwo weit und breit.

Aber wie andernorts auch kommt vor dem Abfahrtsgenuß oft genug das Warten, Anstehen an den Aufstiegshilfen. Ortsansässige vermeiden das, indem sie sich zu wahrhaft unchristlichen Zeiten an den Talstationen einfinden, um acht Uhr morgens an der Kreuzeckbahn, dann vier, fünf mal die Kandahar gefahren und das Unternehmen eingestellt, wenn die Gäste ihren Ferientag beginnen und die Naherholer aus München anrücken.

Andere suchen die Alternative in den Loipen. Auch hier ist mit dem Schneemangel manches anders geworden, nur selten befahrbar die früher bei Anfängern beliebte Strecke das ganze obere Loisachtal entlang von Grainau bis Oberau. Aber eine Etage höher kommen die Langläufer immer noch zu ihrem Recht: von Kloster Ettal am Königsschloß Linderhof durch das Graswangtal, auf der Route des Volksrennens ›König-Ludwig-Lauf‹, oder auf der anderen Seite die Loipen von Kaltenbrunn nach Klais, von Gerold zum Barmsee. Wer die Einsamkeit vorzieht und sich der Mode des Skating standhaft verschließt, steigt in Wallgau in die Spur und wandert die Isar entlang nach Vorderriß. Im dortigen Forsthaus hielt sich der bayerische Poet und Polemiker Ludwig Thoma gerne auf; heute kann der Langläufer dort seine verbrauchte Energie vermittels bodenständiger Kost zurückgewinnen. In Sonderheit mit Schnee gesegnet ist die Ellmau, ein Hochtal zwischen Wetterstein und dem Zug des Eckbauer; auch dort endet die Loipe an gastlicher Stätte, der Ellmauer Alm, von der zurück zum Parkplatz eine rasante Abfahrt führt — je fröhlicher der Nachmittag auf der Hütte, desto kapitaler die Stürze!

Das waren noch Zeiten, als brave Diagonalläufer verschont wurden von Jungmännern, die im Schlittschuh-Schritt Platzangst verbreiteten, als es Schnee in Hülle gab. Da war auch jener Heustadl gleich nach dem Aufstieg von Kaltenbrunn ins Aschermoos bewirtschaftet; gänzlich unprofessionell allerdings. Ein Querdenker aus der Gegend schenkte hier aus, ohne Konzession und dementsprechend gratis (Spenden allerdings waren willkommen), das Inventar stand auf nacktem Boden, Heizung gab es nicht. Wenn den Gästen die Füße froren, flammte der Hobbywirt mal kurz mit dem Gasbrenner unter den Tisch. Die Einkehr erfreute sich hoher Beliebtheit, leider nicht bei allen: Irgendwann brannte Harl's Hütte ab. So 'was paßte wohl nicht mehr in die modernen Zeiten, die längst auch im Werdenfelser Land ausgebrochen sind.

Wolfgang Gärner

Das Kreuz mit der Passion
Warten auf das Jahr 2000

Der Spruch ist von liebenswerter Einfalt und hält sich hartnäckig: Wo immer im Werdenfels (bloß nicht im Ammergau, der historisch gesehen ja auch nicht dazugehört) einer durch die Fülle von Haupt- und/oder Barthaar die Aufmerksamkeit seines Gegenübers erregt, wird er gefragt, ob er diesmal bei der Passion mittue. Kann er gar nicht, denn teilnahmeberechtigt an dem auf ein Pestgelübde von 1633 zurückgehenden Spiel um Jesu Leiden und Sterben sind ausschließlich Oberammergauer, gebürtig oder mindestens seit 20 Jahren ortsansässig. Ab Aschermittwoch des Spieljahres bleiben die männlichen Akteure ungeschoren, dafür können sie die Dienste der örtlichen Coiffeure nach der letzten Aufführung auch am Sonntag in Anspruch nehmen. Dann sind, von Mai bis Ende September, 98 Vorstellungen über die Bühne gegangen. Machte 1990, beim letzten Mal, 458.640 Besucher; Gelegenheit, über Geld zu reden — auch wenn sich das bei einem frommen Spiel nicht zu ziemen scheint. Aber die Passion ist eben auch ein Geschäft, 130 Millionen Mark Umsatz wurde erzielt, 41 Millionen betrug die Bruttoeinnahme, nach Abzug der Honorare für die 2.100 Mitwirkenden (also beinahe die Hälfte der 5.100 Einwohner) blieben vier Millionen für die Gemeindekasse.

Früher stritten sie nur darüber, ob es beim 1850 erstmals aufgeführten Text des in Oberau geborenen Priesters Alois Daisenberger bleiben und die Inszenierung nicht etwas mehr Pepp kriegen sollte. Solche Bestrebungen halten Oberammergau und seine Passion zwar weiter in Schwung, doch neuerdings erregt Profaneres die Gemü-

ter: Weil dieses Geschäft gelübdegemäß nur alle zehn Jahre gemacht werden kann
(und die Oberammergauer sich immerhin standhaft weigern, mit der Passion auf
Tournee zu gehen oder sie verfilmen zu lassen), will so mancher seinen Ertrag ein
wenig anders aufstocken. Wie jener Hotelier (ein Zugereister, natürlich), der briti-
schen Reiseveranstaltern 18.000 Billets im Wert von zwei Millionen Mark zusagte,
die ihm indes gar nicht zur Verfügung standen; seine Hoffnung, die begehrten Karten als Remittenten zu bekommen, ging ins Leere, der Fall vor Gericht. Das Verge-
hen wurde streng bestraft. Intern beigelegt werden konnte der Streit mit dem Chef

Schnitzen ist hier eine Kunst geblieben

der Gemeindeverwaltung, der einen Römer mimte und dafür 12.000 Mark kassierte.
Die beiden Jesusdarsteller, zum Vergleich, bekommen je 34.000 Mark. Nichts
Näheres ist bekannt über die Passionsbezüge des bayerischen Ministerpräsidenten:
Max Streibl, bekennender Oberammergauer, spielte zuweilen mit, wenn es die
Regierungsgeschäfte zuließen. Sein Vorgänger, Olympier Franz Josef Strauß,
pflegte ihn deshalb süffisant »den dritten Engel von links« zu titulieren.

Die Streibl-Stippvisiten waren ein netter Gag, haben aber längst nicht für soviel
Wirbel gesorgt wie die Besetzung der Maria-Rolle durch die Mutter zweier Kinder:
So etwas galt bis zur 39. Passion als unzulässig, dann erstritten die Frauen ihr Recht.
Biologisch gesehen sei sie sicher keine Jungfrau, beschied die 37jährige ihre orthodo-
xen Widersacher, aber eine Mutter könne sie sicherlich glaubhaft darstellen (Dre-
wermann läßt grüßen).

Kein Zweifel: Es geht schon voran, im westlichen Seitental des Werdenfelser Landes sind sie nicht mehr hinter dem Mond. Und das nicht erst, seit sie bei der Abend-
mahl-Szene statt des früher üblichen Bauernbrotes — historisch auf der Höhe —
Mehlfladen nehmen: Bei der letzten Kommunalwahl traten Gruppierungen namens
»Frischer Wind« und »Augenmaß« an, eine Frauenliste rückte nach vorn, und der
spätere Bürgermeister Klement Fendt (35 Jahre) reiste auf dem Ticket der »Schwin-
delfreien«; inzwischen allerdings ist er ordentlicher Christdemokrat. Und der will
dafür sorgen, daß die 40. Passion im Jahre 2000 so epochal wie zeitgemäß ausfällt.
Vor allzu revolutionären Ideen muß dennoch niemandem bange sein, schließlich gibt
es da ein paar kleine, bewährte Tricks. Siehe 1990: Über 1.200 Stimmen hatte der
junge Regisseur — ein Oberammergauer, geschult an den Münchner Kammerspie-
len — per Unterschrift gesammelt, um endlich ein neues Bühnenbild auf die Beine zu
stellen. Die Herren Oberen ließen ihm die Wahl: Entweder es bleibt beim alten Bild,
oder er tritt als Spielleiter zurück. Der brave Mann hat sich fein gefügt.

Wolfgang Gärner

Es begann mit Kandinsky
Durchbruch zur Moderne

Als Gabriele Münter und Wassily Kandinsky sich nach jahrelangem Umherreisen in
München niedergelassen hatten, unternahmen sie im Sommer 1908 einen Ausflug
zum Staffelsee. In dem kleinen, an seinem Ostufer gelegenen Marktflecken Murnau
kehrten sie ein und übernachteten im Gasthof Griesbräu. Beide waren bezaubert von
der ursprünglichen, fast unberührten Landschaft, den Moosgründen und blühenden
Wiesen mit Heustadeln, dem Blick auf die schroffen Gebirgsketten und die sanften,
grünen Hügel davor. Der kleine Handelsort an der Verbindungsstraße nach Italien

Viele Künstler zogen sich hierher zurück

hatte wie kaum ein anderer seinen volkstümlichen Charakter bewahrt. Seit Jahrhunderten zogen die Bauern der Umgebung zu den Jahrmärkten dorthin, wo schon im Mittelalter die Bayernherzöge eine Burg und eine Siedlung errichtet hatten. Als dann 1880 die Bahnstrecke Weilheim — Murnau in Betrieb genommen wurde, kamen auch erste Reisende, die damals jedoch noch keinen grundlegend verändernden Einfluß ausüben konnten.

Für das Künstlerpaar war es der ideale Ort, um intensive Natur- und Genre-Studien zu betreiben. Schon bald zogen sie ihre russischen Malerfreunde Marianne Werefkin und Alexej Jawlensky nach. Entscheidend für alle wurde dann das Jahr 1909, als Gabriele Münter auf ständiges Drängen von Kandinsky hin ein neugebautes Haus jenseits des Bahndamms erwarb. Abgelegen vom Ort, verfügte es zwar noch nicht über Strom- und Wasserleitungen, doch der weite Ausblick von den oberen Fenstern auf Berge und Schloß ersetzte jeden Komfort. Fährt man heute die leichte Anhöhe zur Kottmüllerallee hinauf, so läßt sich die einstige Künstleroase nur noch erahnen; inzwischen sind rundherum Häuser hingestellt worden, der so bewunderte Bauerngarten ist verschwunden, nur das Haus selbst scheint kaum verändert worden zu sein. Gelb getüncht, mit grünen Fensterläden und Krüppelwalmdach, setzt es sich schon äußerlich von allen anderen ab. Nur die unteren Räume, früher Wohn- und Musikzimmer, sind privat bewohnt, die oberen jedoch mittwochs und an Wochenend-Nachmittagen für jeden zugänglich. Man erreicht sie über eine von Kandinsky mit bunter Schablonenmalerei verzierte Holzstiege. Von der früheren Einrichtung ist ja noch einiges erhalten — das fällt einem auf, wenn man das Raumportrait neben dem Schreibtisch im Atelier mit dem jetzigen Zustand vergleicht. Überhaupt wirkt der helle, freundliche Raum mit seinen selbstbemalten Möbeln sehr persönlich; man könnte fast meinen, die Künstlerin käme jeden Moment zur Türe herein.

In das kleine Schlafgemach nebenan hatte sich Kandinsky gern zurückgezogen, solange er dort mit Gabriele lebte; 1916 löste er die Lebensgemeinschaft auf. Münter brauchte lange, um diesen Schicksalsschlag zu überwinden. Jahrelang reiste sie in ganz Europa umher und kehrte erst 1931 ins Murnauer Haus zurück. Hier ist sie im Mai 1962 auch gestorben. Ein paar Jahre zuvor hatte sie sich zu einem bedeutenden Schritt entschlossen: Sie stiftete ihre umfangreiche Sammlung an Kandinsky-Bildern der Stadt München. Im Keller eingemauert, waren sie vom Nazi-Vandalismus verschont geblieben. So verfügt die Lenbachgalerie in München heute über einen einmaligen Zyklus von Werken dieses großen Meisters der Moderne, der hier in Murnau seinen entscheidenden Durchbruch zur Malerei erlebt hatte.

Susanne Strohmeyer

Städte und Stationen

Garmisch-Partenkirchen

720-2.966 m; 26.500 E., 9.447 B., 280 C., Bhf., Werdenfelser Heimatmuseum, Ludwigstr. 47, Kunst, bäuerliche Kultur und Folklore, Geigenbauerstube, Holzschnitzereien (Tel. 08821/ 2134).

12 Bergbahnen, 42 Skilifte, Pferdeschlittenfahrten, Olympia-Skistadion, Olympia-Eisstadion, Eishockey, Eiskunstlauf, Skischulen, Kurpark, Schwimmbäder, Rodeln, Klimakur, Spielbank, Nachtleben; im Juni Richard-Strauss-Festtage.

Information: Verkehrsamt, Bahnhofstr. 34, 8100 Garmisch-Partenkirchen, Tel. 08821/1800

Mittenwald

920-2.244 m, 8.700 E., 6.500 B., 280 C., Geigenbaumuseum, Ballenhausgasse 3, Mo-Fr 10.00-12.00, 14.00-17.00 Uhr, Sa, So 10.00-12.00 Uhr, Tel. 08823/2511; Pfarrkirche St. Peter und Paul, 1738 Neubau d. Jos. Schmuzer (Tel. 08823/ 1226); gilt als einer der schönsten Orte.

Angeln, Bauerntheater, Fahrradverleih, Freibad, Kegeln, Pferdekutschen, Reiten, Tennis, geführte Wanderungen;

Eislaufen, Eisstockschießen, Kunsteisbahn, Pferdeschlitten, Skikindergarten, geführte Skitouren, Skischule, Wintersportgeräteverleih.

Information: Kurverwaltung, Postfach 249, 8102 Mittenwald, Tel. 08823/33981

Murnau

691 m, 10.500 E., 1.620 B., 150 C., Bhf., Münter-Haus, Kottmüllerallee 6, Mi, Sa, So 16.00-18.00 Uhr, ehem. gemeinsames Haus von Gabriele Münter und Wassily Kandinsky, kleines Museum mit sehenswerter bemalter Treppe (Tel. 08841/9305).

Glentleiten, Freilichtmuseum des Bezirks Oberbayern in Großweil, zahlreiche Handwerkerprogramme (Weberei, Wagnerei, Schäfflerei, Seilerei, Sattlerei, Schmiede, Spielzeugmacherei, Holzschnitzerei, auch Verkauf), tgl. außer Mo Apr.-Okt. 9.00-18.00 Uhr, Nov. Sa, So 10.00-17.00 Uhr (Tel. 08841/1098).

Angeln, Fahrradverleih, Bauerntheater, Freibad, Kegeln, Sanatorium, Squash, Tennis, geführte Wanderungen, Windsurfen;

Information: Verkehrsamt, Postfach 1120, 8110 Murnau, Tel. 08841/2074

Touren und Tips

Zum Staffelsee

Knapp 20 Kilometer westlich von Kochel liegt der Staffelsee, ein Geheimtip bei Natur- und Wanderfreunden. Denn die vielfältige Moorlandschaft rund um den See ist in Bayern einmalig: Flachmoore und Niedermoore, Mittelmoore und Hochmoore, und immer wieder bewaldete Hügel, bunte Wiesen und kleine Tümpel und Bäche. Allein im Murnauer Moos gibt es mehr als 3.000 Pflanzenarten und noch mehr Tierarten. Wer Lust hat, einige von ihnen kennenzulernen, sollte zwischen Frühjahr und Herbst den gut beschilderten Moorlehrpfaden folgen.

Kunstfreunde zieht es vor allem nach **Murnau**. Von hier aus ritt schon Kaiser Ludwig der Bayer zur Jagd, das alte Jagdschloß erinnert bis heute an diese erste Glanzzeit **Murnaus**. Die war vorbei, als der Kaiser den Ort, den er selbst zum Markt erhoben hatte, 1322 den Klosterbrüdern im nahen Ettal schenkte. Die selbstbewußten Bürger wehrten sich mit allen Mitteln gegen ihr Schicksal, doch erst mit der Säkularisation 1803 gewannen sie ihre Freiheit zurück. Hundert Jahre später war Murnau — jedenfalls für ein paar Jahre — ein kulturelles Zentrum: Emmanuel von Seidl, Ödön von Horvath, Carl Spitzweg und Friedrich August von Kaulbach, Max Beckmann, Gabriele Münter und Wassily Kandinsky ließen sich in Murnau nieder. Im Münterhaus kann man heute Kandinskys umfangreiches Frühwerk bewundern (s. S. 109).

Die Partnachklamm

Eine halbe Stunde vom Garmischer Olympia-Skistadion entfernt liegt die Partnachklamm. Ein Naturerlebnis, das man zu keiner Jahreszeit versäumen sollte. Im Sommer saftiges Grün zwischen den bis zu 80 Meter hohen Felswänden und rauschende Wasserfälle; im Winter das glitzernde Weiß des Schnees und die meterlangen, armdicken Eiszapfen. Wer nur eine Strecke zu Fuß gehen möchte, kann mit der Kabinenbahn über die Schlucht hinauf zum Forsthaus Graseck fahren und (auf dem gepflegten Fußweg) wieder ins Tal zurückgehen. Aber ganz ohne ist der Ausflug nicht: Kürzlich rührten sich die Berge wieder einmal, riesige Gesteinsbrocken und Geröll stürzten zu Tal; wie durch ein Wunder wurde niemand ernsthaft verletzt.

Königshaus Schachen

Hoch oben am Schachen, in 1.860 Meter Höhe, ließ sich König Ludwig II. ein kleines Schloß bauen (s. S. 99). Von außen gleicht der schlichte Bau einem Schweizer Chalet, seine Innenausstattung versetzt jeden Besucher in den Orient. Im »Maurischen Saal« mit Springbrunnen muß sich der Märchenkönig wie ein Sultan gefühlt haben. Nicht weniger beeindruckend: der von dem Botaniker Karl Eberhard von Goebel um die Jahrhundertwende angelegte Alpengarten vor dem Schloß. Mehr als 1.600 Pflanzen aus den Gebirgen der ganzen Welt gedeihen hier.

Garmisch-Partenkirchen

Wer sich in den weltberühmten Kurort begibt, braucht gute Nerven (die Straßen sind meist hoffnungslos verstopft), einen prall gefüllten Geldbeutel (die Preise sind exquisit) und einen Sinn fürs Sportliche. Schließlich hat sich Garmisch sein Image mit Großveranstaltungen wie den Olympischen Spielen (1936), den Skiweltmeisterschaften (1978), dem jährlichen Abfahrtsrennen auf der berüchtigten Kandahar-Strecke, dem Neujahrsspringen auf der Flugschanze und den Eiskunstlauf-Shows im Stadion redlich verdient.

Und dann locken ja auch noch die **Zugspitze** und der **Eibsee.** Doch wer sich ein Bild von Garmisch selbst machen will, sollte sich die beiden Martinskirchen anschauen. Die Alte Pfarrkirche wurde bereits 1280 errichtet; interessant die gotischen Wandmalereien mit einem riesigen Christopherus, der die gesamte Kirchen-Nordwand einnimmt, sowie die Glasgemälde, die der Tegernseer Schule entstammen. Die Neue Pfarrkirche St. Martin, ein Rokoko-Juwel, wurde 1730/34 von Meister Joseph Schmuzer gebaut. Das geübte Auge erkennt sofort, von wessen Hand die herrlichen Stuckarbeiten sind.

Das weniger mondäne Partenkirchen, erst 1935 mit Garmisch zusammengespannt, hat sich noch einen Hauch von Romantik erhalten. Die wird, vor dem Hintergrund der majestätischen Bergwelt, besonders spürbar in der schönen kleinen Votiv- und Wallfahrtskirche St. Anton, auf der Höhe eines Kreuzweges gelegen. Vier Bürger hatten das Kirchlein 1704 erbauen lassen, als Dank dafür, daß ihre Gemeinde von den Wirren des Spanischen Erbfolgekrieges verschont geblieben war. Im Innenraum eine kunstgeschichtliche Rarität — eine gemalte Scheinarchitektur mit einem packenden Bilderbogen, der das Leben des Heiligen Antonius darstellt.

Mittenwald

»Ein lebendiges Bilderbuch«, notierte Goethe 1786. Ganz offensichtlich war der Dichterfürst aus Weimar sehr angetan von der Lüftlmalerei, der ebenso phantasiereichen wie anmutig-beschwingten Gestaltung der Häuserfassaden, die auch heute noch das Gesicht von Mittenwald prägen.

Doch so richtig berühmt gemacht hat den Ort ein gewisser Matthias Klotz. Als junger Bursche hatte auch er sich (1680) aufgemacht gen Süden. Die Lebensgrundlage der Menschen war nämlich durch den Zusammenbruch des Venezianischen Marktes zerstört — Mittenwald galt gute 200 Jahre lang als Hauptumschlagplatz für die Warenströme zwischen Venedig und Augsburg. Klotz ging in Cremona bei dem legendären Geigenbauer Amati in die Lehre. Sehr schnell entwickelte er große Fertigkeiten. Nach fünf Jahren kehrte Klotz in seine Heimat zurück und gab die erlernte Kunst nun seinerseits weiter. Mittenwald erlebte eine zweite Blüte und behauptete 200 Jahre lang seine Stellung als d a s Geigenbauer-Zentrum in Deutschland. König Ludwig I. rief 1858 in Mittenwald die erste Staatliche Geigenbau-Schule ins Leben, deren Tradition noch heute an der Fachschule erfolgreich fortgesetzt wird. Das sehenswerte Museum liefert einen klingenden Beweis für die folgenreiche Reise und Wiederkehr des großen Matthias Klotz.

Der Tag kommt und der Jäger geht

DER ISARWINKEL

Gregor Dorfmeister, einer der besten Kenner altbayerischer Lebensart, Sohn eines Bier-Verlegers aus Bad Tölz, der den Bestseller »Die Brücke« schrieb, nach dem Bernhard Wicki seinen unvergeßlichen Antikriegsfilm drehte, nimmt uns mit auf turbulente Fahrt: von Weidach nach München-Thalkirchen, unter Obhut des ›Förgen‹, der alle Pratzen voll zu tun hat, um das Floß samt ausgelassener Stamm-Gäste sauber über die Isar zu schaukeln. Ein Abstecher zum Walchensee, der nachtschwarzen Wasserschönheit, die Lovis Corinth auf die Leinwand bannte, folgt auf dem Fuße. Heute pflügen athletische Windsurfer ihre silbrigen Spuren in den See, auf dessen Grund ein nicht ganz geheurer Riesenwaller über die Moral im Oberland und im sündigen München wacht; wehe, er taucht auf! Den wichtigsten Patron des Oberlandes, den Vieh-Schützer St. Leonhard, hat das tief religiöse Bauernvolk aus Frankreich importiert; dort galt er vordem als Engel der Gefangenen. Im Isartal wird ihm zu Ehren jedes Jahr eine farbenfrohes Schauspiel inszeniert. Mehr als 80 Vierergespanne — prächtig herausgeputzte Wagen, Tiere und Menschen — ziehen zum Tölzer Kalvarienberg. Der Segen, den sie erbitten, wird reichlich gewährt.

Die Stamm-Gäste der Isar
Von Förgen und Styrern

Wer auf der Reise durch das bayerische Oberland die Schönheiten der Isartaler Fluß-auen-Landschaft nicht nur aus der ebenso beschränkten wie flüchtigen Optik des Autofahrers kennenlernen will, der muß deshalb nicht gleich auf Schusters Rappen umsteigen. Er braucht sich nur dem gewiß ältesten und urwüchsigsten Isarwinkler Verkehrsmittel anzuvertrauen — dem Floß.

»Fahr'n ma auf Minka (nach München) mit'm Floß, dös geht vui schnella wia mit dö Roß.« So sang man in Lenggries, Tölz und Wolfratshausen noch um die Jahrhundertwende, obgleich zu dieser Zeit die Eisenbahn ihren Siegeszug als Massen-Transportmittel von der Landeshauptstadt aus längst auch isaraufwärts angetreten hatte. Nicht das Dampfroß war es denn auch, das den Isarwinkler Flößern letztendlich den Garaus gemacht hat — es waren die Erbauer des Walchensee-Kraftwerkes, die nach dem Ersten Weltkrieg die Isar in den Walchensee umleiteten und damit den Flößern bis nach Wolfratshausen buchstäblich den Wasserhahn abdrehten. Als 1949 auch noch der Rißbach aus dem Isartal durch ein Stollensystem unter den Bergen hindurch in den Walchensee gelenkt wurde, um dort den Wasservorrat zur Stromerzeugung aufzubessern, saßen die Oberlandler Floßmeister endgültig auf dem Trockenen. Erst ab Wolfratshausen, wo Isar und Loisach zusammenfließen, war fortan die Floßfahrt noch möglich. Und hier feiert sie bis heute fröhliche Urständ: Auf der immer höher wogenden Freizeit- und Touristik-Welle treiben die Isar-Flöße einer sicheren Zukunft entgegen, denn ihre Fracht ist der Mensch, der sich endlich Zeit zu nehmen traut zum Müßiggang.

Alljährlich von Mai bis September sind sie auf großer Fahrt, die Isar-Kapitäne. »Gaudi-Dampfer« nennen die Einheimischen die auch heute noch nach alter Überlieferung gebauten Flöße. Doch mit der Gaudi ist es für die dreiköpfige Mannschaft auf dem überaus schwerfälligen, unhandlichen Gefährt nicht weit her. Es wird aus 18 Baumstämmen gefertigt, die 18 Meter lang und, nebeneinander liegend, etwa sechseinhalb Meter breit sind. Der Kapitän, im kehligen Isarwinkler Dialekt der »Förg« genannt, sein »Dritt-Förg« neben ihm und der »Styrer« (Steuermann) am Heck des Floßes tragen die Verantwortung für meist an die 60 Fahrgäste, die häufig einen recht hohen Promillegehalt im Blut haben.

Da haben die Floßleute alle »Pratzen« (Hände) voll zu tun, um das Floß in der Fahrrinne zu halten, ohne anzuwandeln oder gar aufzufahren. Diese Aufgabe beansprucht das Augenmerk von Förgen und Styrer so sehr, daß sie weder den bei der Abfahrt angestochenen Bierbanzen noch den Bikini-Schönheiten an Bord mehr als nur kurze Kontrollblicke widmen können — was für die g'standenen Mannsbilder an den Rudern mitunter schon eine harte Prüfung bedeutet.

Nicht selten haben die Gaudi-Dampfer einen eigenen kleinen Tanzboden und eine Musi dabei. Ein bisserl g'schamig mit Tannen- und Fichtenreisern verkleidet, erhebt sich am äußersten Floßrand, ziemlich weit hinten, ein kleines Holzgebäude, das Häusl, auf das der Förg stumm deutet, wenn ihn einer der Fahrgäste nach der Toilette oder gar dem WC fragt. Neuerdings gerät das Häusl immer heftiger unter Beschuß von Umweltschützern; indessen ist das, was die Floß-Fahrgäste im Laufe eines Sommers dem Isarfluß anvertrauen, gegenüber der behördlich sanktionierten Jahresbelastung aus Tiroler und Isar-Loisachtaler Klärwerken nur der sprichwörtliche Tropfen auf den heißen Stein.

Zwischen 300 und 350 Fahrten pro Saison unternehmen die aus traditionsreichen Flößerfamilien stammenden Floßmeister Michael Angermeier, Franz, Sebastian und Josef Seitner zwischen Wolfratshausen-Weidach und München-Thalkirchen. Bedenkt man, daß anno 1865 an den Münchner Länden noch 10.000 Flöße aus dem Oberland zugefahren waren, so wird deutlich, daß die heutigen Ausflugsfahrten nur noch ein blasser Abglanz einstiger Flößer-Herrlichkeit sind — in Festmetern gemessen kaum noch der Rede wert.

Die uralte Kunst des Floßbaues, des Steuerns und Zufahrens haben die Förgen und Styrer freilich nicht verlernt. »Der Floß« — so sagt man im Isarwinkel, weil's Männersache ist — wurde und wird in einer durch Jahrhunderte überlieferten Form gebaut. Mit Drahtschlingen, Eisenkrampen und sogenannten Schnallen werden die 18-Meter-Stämme längsseits miteinander verbunden; ein paar kräftige Querriegel sorgen für Stabilität, Steuerbäume an Bug und Heck dienen zur Verankerung der Ruder. Dann fehlen nur noch Sitzbalken für die Passagiere, eventuell ein Podium für die Ladung sowie das vorgenannte Häusl.

D e r Floß, weil's Männersache ist

Heutzutage ist das Floßfahren vor allem eine Touristenattraktion. Doch früher, zumal wenn die Isar Schmelzwasser aus dem Karwendel zu Tal brachte, geriet die Fahrt auf dem rund 20 Tonnen schweren Gerät nicht selten zum lebensgefährlichen Abenteuer. Und mitunter fuhren Isarwinkler, die ihr Floß bis München, Landshut oder Passau schiffen wollten, unversehens gleich in die Ewigkeit. So manches Marterl (Kreuz) am Ufer kündet heute noch davon.

Alte Urkunden bezeugen das Blühen des Isarwinkler Flößerhandwerks schon ums 13. Jahrhundert. Da ist von Flußzöllen die Rede, von hart umkämpften Monopolen, erlauchten Fahrgästen, sogar von schwerem Geschütz. Ein solches Trumm wurde um 1414 auf der Loisach flußabwärts geflößt, nachdem die Kanoniere vorher die Raubveste Schaumburg bei Ohlstadt in Schutt und Asche gelegt hatten.

Waffen, venezianische Seide und Etschtaler Weine gelangten zu Zeiten des Venetianermarktes in Mittenwald um das 15. Jahrhundert per Floß nach München. Etliche Jahrzehnte später sind es Tausende von Festmetern Holz, Kalk, Holzkohle, Bruchsteine und unzählige Eimer Bier aus den mehr als 20 Tölzer Brauereien, die auf dem geduldigen Rücken der Isar bis München und Passau, von dort weiter nach Wien und Budapest befördert wurden.

Die Floßleute brachten aus der Ferne den Ruch des Abenteuers mit, wenn sie, den Rucksack geschultert, das Längsseil zu einem Kranz gebunden, die Flößerhacke in der Hand, nach langer, gefährlicher Reise flußaufwärts zogen, um endlich daheim die prall gefüllte Geldkatze im Flößergürtel zu öffnen, die Seidentücher aus dem Ranzen zu nehmen und die neuesten Nachrichten aus aller Welt zu verbreiten. Stolz legten sich dann die Flößerfrauen und -bräute die neuen »Weaner Tüachln« um die Schultern und zeigten sich an der Seite der glücklich Heimgekehrten beim sonntäglichen Kirchgang. Dennoch galt im Tölzer Markt der Spruch: »A Flößerweib is' arm dro'! Im Sommer hat s' koan Mo', und im Winter (wenn das Floßhandwerk ruhte) hat s' koa Geld!«

Natürlich ranken sich viele Geschichten um die Isarflößerei. So sollen um 1431 die Maxlrainer von der Festung Hohenburg bei Lenggries aus etliche Kauffahrer-Flöße ausgeraubt haben. Und um 1505 soll ein Mittenwalder Floßknecht, der Wertsachen bei sich trug, in Lenggries ermordet worden sein. Aber auch angenehmere Erinnerungen gibt es: Zahlreiche Votivbilder in den Kirchen längs der Isar deuten auf die wundersame Rettung so mancher Flößer vor dem nassen Tod.

Seit den Ableitungen von Isar, Rißbach, Walchen und Dürrach aus dem alten Flußtal besteht aber selbst für waghalsige Förgen kaum mehr die Gefahr zu ertrinken. Schon eher könnte es passieren, daß ein Floß zwischen Weidach und Thalkirchen im dünn gewordenen Isar-Rinnsal aufführt und auf dem Kies »verhockt«. Dann gilt es für Floßleute und nüchterne Passagiere Hand anzulegen und zu schuften, bis wieder mindestens ein Fuß hoch das Wasser unter den schweren Stämmen fließt. Dabei heißt's aufgepaßt, ja nicht ablenken lassen — von den nackerten Sirenen in der Pupplinger Au. Solche Aufsitzer sind freilich die absolute Ausnahme. In der Regel gelangen die 350 Gaudi-Flöße ohne jede Panne ans Ziel in Thalkirchen, höchstens, daß sich der eine oder andere Passagier bei einer der Rutschfahrten über die drei Floß-Gassen in Mühltal, Baierbrunn und Pullach nasse Füße holt. Für's Floß gilt dasselbe wie für's Kino: die besten Plätze sind hinten!

Wer übrigens glaubt, mit den Fahrgästen seien auch die Floßbäume an der Thalkirchener Lände am Ziel der Reise, der hat sich geschnitten. Nach jeder Fahrt wird der Dampfer von den Floßleuten bildsauber auseinander genommen und per Langholz-Transporter über Nacht nach Weidach zurückgefahren. Dort warten am nächsten Morgen schon neue Kunden. Und ob sie nun zum ersten oder zum wiederholten Male auf Floßfahrt gehen — Stamm-Gäste sind sie allemal.

Gregor Dorfmeister

Der Heilige und die Pferde
Und der 6. November

Daß die Tölzer ihren Nationalfeiertag ausgerechnet einem Franzosen gewidmet haben, ist ganz gewiß keinem Zufall, möglicherweise aber einem Irrtum zuzuschreiben: Jener heilige Leonhard aus Aquitanien, dem zu Ehren das Isarwinkler Bauernvolk alljährlich am 6. November mit Roß und Wagen auf den Kalvarienberg fährt, hat nämlich seinen Ruf als Schutzpatron der Gefangenen begründet. Seitdem er etwa um die Mitte des ersten Jahrtausends nahe Limoges in seinem Kloster eine Art Bewährungshilfe für reuige Straftäter eingerichtet hatte, wurde er als Heiliger und Wundertäter verehrt. Später pilgerten entlassene Straf- und Kriegsgefangene zu den nächstgelegenen Leonhards-Heiligtümern und hinterließen dort Ketten als Votivgaben — zum Dank für ihre Befreiung. Das Landvolk deutete dieses eiserne Attribut auf seine Weise, nämlich als Vieh- und Stallketten. So gewann es seinen neuen Schutzpatron.

Als solcher muß sich der Leonhard bewährt haben, sonst würden die Isarwinkler und Loisachtaler, die bei der Auswahl ihrer Heiligen eher zurückhaltend sind, nicht seit Jahrhunderten gußeisern hinter ihm stehen. Und so führen einmal im Jahr alle Wallfahrtswege nach Bad Tölz, wo ein Fest gefeiert wird, wie es urwüchsiger, kraftvoller und farbenfroher nicht leicht zu finden ist. Lebens- und Glaubensfreude stimmen hier noch zusammen.

Ob den Isarwinklern an ihrem Festtag die Sonne lacht, der Schnürlregen prasselt oder ein verfrühter Bergwinter eiskalte Schnee- und Graupelschauer in die Fuchspelze der Bäuerinnen und Jungfrauen bläst — der Wallfahrer und Beterinnen werden auch bei »schiachn Weda« (Sauwetter) nicht weniger; höchstens die Zuschauer lassen aus.

Die Verehrung des Leonhard im Isarwinkel ist urkundlich seit mehr als 300 Jahren belegt. Allerdings scheint der religiöse Brauch bisweilen unter dem hitzigen Temperament der Rösser und der explosiven Kraft der Reiter gelitten zu haben. Den Überlieferungen zufolge artete die fromme Wallfahrt hie und da zu einem Rodeo aus. Da ist von »zügellosen Pferderennen« zum Tölzer Kalvarienberg die Rede, denen schließlich, anno 1856, der damalige Ortspfarrer Pfaffenberger einen Riegel vorschob: Er stellte eine Zug-Ordnung auf, die bis heute Gültigkeit hat.

Nun mag man zu den Wundertaten des Leonhard aus Limoges stehen, wie man will — eines hat der 14. Nothelfer und Bauern-Herrgott ganz bestimmt zuwege gebracht: das Pferde-Wunder 1975 im Tölzer Land. Noch in den fünfziger und sechziger Jahren war es für die Wallfahrts-Lader recht mühsam, wenigstens an die 30 Vierergespanne auf die Hufe zu bringen; zeitweilig drohte die Wallfahrt mangels Pferde gar einzugehen. Doch seit '75 — Dank sei Leonhard! — jagt ein Teilnehmerrekord den anderen.

Achtzig und mehr Vierergespanne — die Einzelreiter gar nicht mitgezählt — drängen inzwischen zur Tölzer Leonhardifahrt. Deshalb können nur noch Pferdehalter aus dem Landkreis Bad Tölz/Wolfratshausen aufgenommen werden; für Auswärtige reichen die Aufstellplätze nicht mehr. Wer hätte noch vor 25 Jahren mit einer solchen Pferde-Renaissance im Bauernland zwischen dem Tegernsee und dem Pfaf-

Nur mit dem Vierergespann ist die Leonhardifahrt zu schaffen

fenwinkel gerechnet! Und niemand hätte auch nur im Traum daran gedacht, daß sich auch andernorts ein wahrer »Leonhardi-Boom« entwickeln könnte. Denn kaum ein Bauer kann sich heutzutage vier Rösser leisten, nur um am St.-Leonhards-Tag vierspännig vorzufahren; immerhin frißt ein Roß fast soviel wie zwei Kalbinnen. Deshalb spannen meist zwei, oft auch mehr Bauern für die Wallfahrt zusammen. Und das bedeutet harte Arbeit für den Gespannführer, der die Pferde erst einmal aneinander gewöhnen muß. Kein Wunder, daß die Kunst, einen Viererzug nur mit Stoßzügel und »Waller« zu lenken, immer seltener wird.

Schon zwei Wochen vor der Wallfahrt beginnen die Frauen und Mädchen am Hof, den Leonhardi-Wagen mit all dem Grün zu schmücken, das die Mannerleut — Männer und Burschen — aus dem Bergwald herbeigeschafft haben. Tanne, Fichte, Eibe, Almrausch und »Waxlaba« (Stechpalmen), Isländisch Moos und Baumbart bilden den Untergrund der kunstvoll gearbeiteten Ornamente, während all die Blüten, die die Bäuerin noch in den Spätherbst hinüberzuretten vermochte, für die vielen Farbtupfer sorgen. »Oktoberröserln« heißt man hierzulande die kleinen Chrysanthemen, die in vielen Gärten eigens für den Leonhardstag gezogen werden.

In aller Herrgottsfrühe scheuchen dann am 6. November Striegel und Bürsten die in den Ställen vor sich hin dösenden Pferde auf. Mähnen und Schweife werden kunstvoll geflochten und mit Blumen geziert, Hufe mit Schuhcreme gewienert, die auf Hochglanz gebrachten Geschirre, Sättel und Zaumzeuge angelegt. Dann geht's mit klingenden Geschirrglocken auf nach Bad Tölz.

Pünktlich um neun Uhr verkündet das mächtige Glockengeläut von fünf Tölzer Kirchtürmen den Beginn der Wallfahrt. Die Zugfolge ist zuvor ausgelost worden, die Aufstellung danach ausgerichtet. Auf altüberliefertem Weg ziehen Reiter und Vierergespanne über die Isarbrücke in die Tölzer Altstadt, wo, zumal bei schönem Wetter, Abertausende die Pracht der Rösser und Wagen, die Trachten und Monturen der Wallfahrer bestaunen. Das Stampfen der Hufe, das Poltern und Knirschen der samt und sonders noch eisenbereiften Wallfahrtswagen, das Krachen und Schnalzen der Fuhrmanns-Peitschen, das Murmeln der Gebete bilden einen barocken Vielklang, in dem kräftige Fanfarenstöße berittener Musikanten und machtvoll geblasene Choräle der mitfahrenden Musikkapellen für besonders eindringliche Töne sorgen.

Eine Augenweide die frohgemuten Menschen: Bäuerinnen im kostbaren Schalk, Frauen und Mädchen im Miederg'wand mit Seidentuch oder in Alttölzer Festtagstracht, die grünen Monturen der Wackersberger und die braunen der Tölzer Gebirgsschützen, bäuerliche Loden, rote Ministrantenröcke mit weißem Chorhemd, Zylinder-behütete Stadträte, die grüßend das Wahlvolk im Auge haben.

Pferdekenner und Roßnarrische postieren sich am Maierbräu-Gasteig. Dort beobachten sie mit Argusaugen, wie Rösser, Fuhrleut' und Brettlhupfer — Trittbrettfahrer am Wagenende, die bei jedem Halt abspringen, um Bremskeile unter die Räder zu legen — die jähe Steigung meistern. Hier zeigt sich, was in den schwergewichtigen belgischen Kaltblütlern, den gutwilligen Oberländern, den Norikern und den putzmunteren Haflingern steckt: Mit aller Kraft müssen sie die Hufe gegen das

Der »Krautensepp« beim Zitherspiel

Pflaster stemmen, um ihre Fracht auf den Kalvarienberg, den Tölzer »Monte santo«, zu bringen — im Vierergespann, denn anders ist das Leonhards-Kirchlein kaum zu erreichen.

Dieses kleine Heiligtum, anno 1718 von Isarwinkler Zimmerleuten errichtet, ist das Ziel der Wallfahrt. Bei der traditionellen Fahrt um die mit einer Eisenkette umspannte Kapelle segnet der Tölzer Pfarrer Menschen und Pferde, bevor der Gottesdienst Land- und Stadtvolk, Gläubige und Schaulustige auf den Höhen des Kalvarienberges zu gemeinsamer Andacht vereint.

Dann geht's bergab zurück in die Altstadt und im gestreckten Galopp die Marktstraße hinauf zur Mühlfeldkirche, wo der Tölzer Dekan den Wallfahrern ein zweites Mal den Segen spendet. Der muß kräftig ausfallen, denn jetzt beginnt der weltliche Teil des Festtages. Während die Rösser ihre Mäuler in die schwer verdienten Hafer- und Gerste-Rationen versenken, halten es die Burschen — soweit sie nicht als Goaßlschnalzer mit dem traditionellen Leonhardi-Peitschendreschen aufgehalten sind — vor allem mit dem Gerstensaft. Da ist manch einer, wenn's dem Abend zugeht, dankbar um eine kräftige Mädchenhand. Für weitergehende Führungsaufgaben läßt die Tradition Frauen keinen Raum. Heißt doch die eherne Regel: »Das Mitreiten ist weiblichen Personen nicht erlaubt!«

Gregor Dorfmeister

Stars am seidenen Faden
Theater in Tölz

Zugegeben — mit einer pompösen Staatsoper oder einem protzigen Schauspielhaus ist es nicht zu vergleichen. Viel eher scheint dem Tölzer Theater der Spruch »Klein, aber fein« auf den Leib geschneidert zu sein. Zumal alles geboten wird, was auch die großen Bühnen der Welt auf die Bretter bringen, nur eben auf Zwergerl-Maß zurückgestutzt. Die kleinen Mimen agieren zwar wie ihre berühmtesten Kollegen aus Fleisch und Blut, aber letzteres kann nicht einmal in so erschröcklichen Balladen wie der vom »Räuber Bim« fließen. Denn wer ihnen genau auf die Finger schaut, wird kaum übersehen, daß die Stars am Faden hängen. Und trotzdem möchten die Tölzer ›ihr‹ Theater mit keinem anderen tauschen, wird doch im Puppen-Schauspielhaus am Schloßplatz, wo einstmals tatsächlich ein mächtiges Schloß gestanden war, auf kleinstem Raum große Kunst gezeigt.

Wer wie ich vor rund 60 Jahren am Tölzer Isarufer im Viertel der ›kleinen Leute‹, dem sogenannten Gries, aufgewachsen ist, für den wird das Marionettentheater immer eine zauberhafte Kostbarkeit bleiben. Denn selbst die paar Pfennige, die ein Besuch damals kostete, wollten vom Vater erst verdient und von der Mutter erspart sein. Der ›Großbabba‹ — damals hieß er noch nicht ›Opa‹ oder gar ›Opi‹ — war der heiß geliebte Mittler ins Land der Puppen. Wenn er des Sommers zur Trink- und Badekur im Heilbad Tölz weilte, so zog es ihn in schöner Regelmäßigkeit nach dem allmorgendlichen Jodwasser-Trunk am Nachmittag zu bekömmlicheren Quellen. Und die fand er im Bürgergarten ›Salettl‹, wo sowohl eine zünftige Wirtschaft wie auch das Marionettentheater untergebracht waren.

Als echter Nachfahre der Commedia dell'arte, der berühmt-berüchtigten italienischen Stegreif-Posse, beherrschte damals der Kasper ›Larifari‹ die Szene; noch heut' klingt mir sein gut bayerisches »Kinda, seid 's alle doo?« in den Ohren, und ich weiß noch genau, wie Großbabba auf die Frage aller Fragen sehr nachdrücklich nickte. Bei einer Portion Leberkäs und einer Limo im schattigen Bürgergarten ließ ich dann das Theaterereignis mit vollem Mund Revue passieren. Der alte Herr hörte mir ernsthaft zu und setzte dabei bedächtig eine Maß dunkles Tölzer Bier auf den Jodwasser-Schock des frühen Morgens.

Längst ist der Kasperl zum Statisten degradiert worden; nur noch in Ausnahmefällen schlenkert er seine dünnen Ärmchen und Haxerln. Angesagt ist nun anspruchsvolles Theater, vom Märchenspiel über Bühnenstücke von Ludwig Thoma, Oscar Wilde und anderen bis hin zum Urfaust oder zur Mozart-Oper. Trotzdem, und das wundert mich nun gar nicht: Die wahren Renner heißen Rotkäppchen, Kalif Storch und Rumpelstilzchen.

Das würde wohl auch Georg Pacher, dem Vater des Tölzer Marionettentheaters, gefallen. Der Apotheker und Konzertsänger wagte sich erstmals am 22. Februar 1901 mit seinen meisterlich gestalteten Puppen an die Öffentlichkeit. Die sind erhalten geblieben, ebenso der Idealismus, mit dem die Theatermacher sein Werk bis heute fortsetzen. Und sie hatten weiß Gott einiges zu verkraften, nicht nur den Einsturz des kleinen Hauses im Bürgergarten und den Neuaufbau im Musentempel am Schloßplatz. Oskar Paul, Puppenmacher, Bühnenbildner und Regisseur in Personalunion, verhalf dem Tölzer Spiel in mühevoller Kleinarbeit zu Ruhm und Ansehen im gesamten deutschsprachigen Raum. Im Zeitalter der Glotze eine gar nicht hoch genug einzuschätzende Leistung, auch wenn die Darsteller statt eines Herzens ein paar Faden-Knoten haben und ein Hirnkastl aus Holz.

Gregor Dorfmeister

Die Kunst, der Waller und die Sünd'
Am Walchensee

Der Walchensee, hineingepreßt von schöpferischer Urgewalt zwischen die steil abfallenden Felswände von Fahrenberg und Jochberg, die dunkel bewaldeten Flanken von Hochkopf und Altlachberg, hat viele Gesichter. Sie inspirierten Lovis Corinth während seiner Urfelder Jahre (1919 — 1925) zu seiner letzten und wohl ertragreichsten Schaffensperiode. Ein halbes Hundert »wie von Blitzen hellsten malerischen Entzückens durchwalteter Gemälde« — so der Meister selbst — entstand am Ufer des Sees. Eines der schönsten, das »Selbstbildnis mit Strohhut«, zeigt den Künstler vor dem im Hintergrund schimmernden Gewässer.

Der Walchensee hatte es freilich nicht nur ihm angetan. Goethe schrieb am Abend des 7. September 1786 im Mittenwalder Gasthof in sein Reisetagebuch: »Nun ging mir eine neue Welt auf.« Gemeint war jener Augenblick, als seine Kutsche, von Kochel kommend, die Paßhöhe des Kesselberges überwunden hatte und der Walchensee in geheimnisvoller Tiefe zu seinen Füßen lag. Der bayerische Schriftsteller Heinrich Noe, auf den Spuren des Weimarer Dichterfürsten wandelnd, vermerkte: »Hier tut die Sonne ihre Wunder. Wie ein langer, blinkender Goldreif, ein Diadem mit gleißenden Diamanten, spannt sich der Karwendel jenseits der Wasser über die grünen Berge. Eine unendliche Fülle liegt dann über der grünen Flut!« Seinem aus Mittenwald anreisenden Kollegen Karl Stieler hingegen erscheint der Walchensee als »die traurig schöne Perle der Berge«. Das erklärt er so: »Weithin öffnet sich die Fluth und dennoch erscheint sie eingeschlossen, gefangen; spielendes Sonnenlicht verklärt die Fläche und dennoch ist sie düster. Und wenn auch der schwarze Spiegel in regungsloser Ruhe liegt, so ist doch eine Leidenschaft in seinen Zügen, die das Gemüth des Wanderers erschreckt...«

Was den weiß-blauen Reiseschriftsteller vor mehr als hundert Jahren angesichts der mitunter auch tagsüber nachtschwarzen Wasserschönheit mit dunklem Unbehagen erfüllte, juckt die athletischen Windsurfer, die nun von April bis Oktober ihre silbrigen Spuren in den See pflügen, herzlich wenig. Eine Wasserbrettl-Nixe, im winzigen Tanga-Hoserl auf der Jagd nach Sonnenbräune mit dem Wind spielend, bricht ob des Stieler-Zitats in ein helles Kichern aus. »Geh weida«, meint sie, »unheimlich is' der See scho, aba unheimlich schön!« Hoffentlich hat's der Riesenwaller auf dem Seegrund nicht mitgehört...

Dieses Waller-Ungetüm, mindestens so groß wie ein Münchner S-Bahn-Zug, aber etliche tausend Jahre älter, mit feurigen Augen, so groß wie Riesenräder, ruht der Legende nach im Walchensee — unentwegt damit beschäftigt, seinen gewaltigen Schweif mit seinen eigenen Zähnen festzuhalten. Gnade Gott dem Bayernland, wenn dem Waller der Schwanz plötzlich auskäme! Der Kesselberg würde bersten, die Wassermassen des Walchensees würden hinabstürzen ins Unterland, aus und gar wär's. Und das, so lautet die Prophezeiung, wird unweigerlich passieren, wenn Sündhaftigkeit und Unmoral zu groß werden. Bis ins 19. Jahrhundert hinein wurde in München täglich eine Messe gelesen, um dieses Unheil zu bannen. Und alljährlich wurde ein Goldring in die scheinbar unergründliche Tiefe der Wasser versenkt.

Überliefert ist, daß an jenem 1. November 1755, als die Stadt Lissabon von einem Erdbeben verwüstet und 3000 ihrer Bewohner von den einstürzenden Gemäuern erschlagen wurden, der Walchensee »bei heiterstem Himmel und völliger Windstille in tobenden Aufruhr geriet und schäumende Wogen plötzlich die Ufer peitschten«.

Wehe, wenn der Waller wütet

Zwei Fischer, die mit ihren Booten in größte Not geraten waren, wurden an den Münchner Hof befohlen, um genauestens Bericht zu erstatten.

Über die tatsächlichen Gefahren des 16,4 Quadratkilometer großen und mit 192 Metern Tiefe abgründigsten bayerischen Gewässers weiß heute niemand besser Bescheid als die Crew der Wasserwachtler. Die muß häufig genug bei unvermittelt einsetzendem Unwetter Surfer und Segler ans sichere Ufer holen. Selbst der Waltlbauer Josef Rieger, Berufsfischer am Walchensee, fürchtet die Gewitterstürme, die, mit jäher Heftigkeit über Herzogstand und Simetsberg hinwegziehend, das Wasser in tosenden Aufruhr versetzen. Doch für gewöhnlich kräuselt kein Wellenschlag die spiegelglatte Oberfläche. Und dann ist es sogar möglich, mit dem Waltlbauer in aller Herrgottsfrühe mit dem Fischerkahn hinauszufahren und nachzuschauen, ob sich die Ernte an Renken, Saiblingen, Hechten oder Forellen in den Netzen lohnt.

Dank intensiver Besatzmaßnahmen ist das Wasser ein wahres Paradies für Angler, die aus der ganzen Bundesrepublik anreisen und schon ab 1. März die Ufer besetzen. Allerdings ist die richtige Fischwaid bis weit in den Mai hinein erst nach waghalsiger Steilufer-Kletterei möglich, da der See im Frühjahr meist noch tief abgesenkt ist.

Der im Jahresablauf so einschneidend wechselnde Pegelstand wird durch den Wasserbedarf des Walchensee-Kraftwerks verursacht, dessen 200 Meter tiefer — am Ufer des Kochelsees — liegende Turbinen durch die in riesigen Röhren aus dem Walchensee herabstürzenden Wassermassen betrieben werden. Das Kraftwerk, nach dem Ersten Weltkrieg von dem genialen Münchner Ingenieur Oscar von Miller konstruiert, gilt als technische Pionierleistung. Es ist auch heute noch zur Erzeugung des Spitzen-Strombedarfs unverzichtbar. Unübersehbar sind leider auch die Folgen für das Urstromtal der Isar zwischen Krün und Wolfratshausen.

Und es drohen neue Gefahren: Die Zahl der Badegäste und Freizeitsportler am Südufer, das offiziell als Erholungsgebiet ausgewiesen ist, steigt unaufhaltsam, die Surfbrett- und Segler-Armada wird immer größer. Aber noch wird der Ansturm einigermaßen bewältigt, zumal, da etwa 26 Kilometer unverbauten Seeufers nur per pedes zu erreichen sind. Die wenige Hektar große Insel Sassau mit ihrem einzigartigen Eibenbestand darf ohnehin nicht betreten werden.

Doch der Weg zurück ins See-Paradies, vom Menschen unberührt, ist wohl für immer verbaut. Vielleicht hält sich der Freund einsamen Naturerlebens, sofern es ihn heute noch gibt, an den Rat von Heinrich Noe: »Am wunderbarsten ist wohl eine Nacht, die man vom Westufer aus betrachtet. Wenn in später Mitternacht der Mond heraufgezogen kommt, siehst du ihn dreifach: dort am Himmel, einmal mehr am Rand des Sees und dann, unverrückbar klar, weit drinnen im ungetrübten Spiegel der Flut.«

Zu dieser verzauberten Stunde kann dem Wanderer das Glück beschieden sein, den König der Wälder zu erspähen, wenn er das schützende Dunkel der Fichten verläßt, um mit tief gesenktem Geweih aus den Fluten des Bergsees zu schöpfen.

Gregor Dorfmeister

Schwammerln — eine Passionsfrucht
Noch ein Bekenntnis

Es gibt Leute, die sind mir ein Graus. Jene zum Beispiel, die die Jagd nach Schwammerln als Freizeitbeschäftigung oder, noch schlimmer, als ›Hobby‹ verunglimpfen. Gleich eingangs, und das ein- für allemal: Die Fahndung nach dem »Boletus edulis«, wie die Wissenschaft den Steinpilz, den König der Pilze, nennt, ist Passion — Leidenschaft und Leidensweg in einem.

Wer von dieser Sucht befallen ist, den zieht es alljährlich spätestens ab der Sommer-Sonnenwende, kaum daß die Johanni-Feuer auf den Gipfeln erloschen sind, mit unwiderstehlicher Gewalt in den Bergwald. Gilt es doch, jenen ersten Schub nicht zu verpassen, der — dämpfiges (dampfendes) Frühsommer-Wetter vorausgesetzt — die Reherl (Pfifferlinge), die verschiedensten Sorten von Täuberln (Täublingen), den Wald-Champignon (Egerling) und eben den Steinpilz aus dem Waldboden schießen läßt.

Dabei ist die Pilz-Jagd, da bin ich ganz sicher, so alt wie die Menschheit selbst. Bis freilich Adam und Eva und andere Paradiesvögel namens homo sapiens den Champignon einigermassen vom Knollenblätterpilz zu unterscheiden verstanden, dürfte so mancher ins Gras gebissen haben. Schon leicht angeschimmelte Naturwissen-

Wanderer bei Wackersberg treffen immer Bauern bei der Arbeit

schaftler wie der Römer Plinius oder sein dichtender Zeitgenosse Horaz wußten genau um die Köstlichkeit von Steinpilz, Kaiserling und Champignon — das steht schwarz auf weiß fest. Ob sich allerdings die alten Herrschaften auch selbst danach gebückt haben, darf füglich bezweifelt werden. Dafür hatte man im alten Rom ja seine Sklaven — und die mußten im Zweifelsfall die selbst gebrockten (eingebrockten!) Schwammerln vorkosten. Dadurch hielt sich die Zahl prominenter Opfer in Grenzen. Bekannteste Ausnahme: Kaiser Claudius. Aber sein Tod war keineswegs ein Versehen, sondern schiere Absicht, denn Ehegespons Agrippina höchstpersönlich hatte die Schwammerlsuppe mit einigen Fliegenpilzen verfeinert, um ihren Sohn Nero, der durch besonders delikate Grausamkeiten in die Geschichte einging, auf den Thron zu bringen.

Nach dieser Abschweifung ins degenerierte Rom zurück in den bayerischen Bergwald! Hier soll, Agrippinen gleich, jene lebfrische Waidmannsgattin zugang gewesen sein, die ihre jeweils schon im Pensionsalter stehenden, aber gut eing'säumten (wohlhabenden) Hochzeiter alsbald mit Hilfe einer Schwammerlsupp'n abserviert hat. Natürlich erst, nachdem das Testament g'richt, also zu ihren Gunsten abgefaßt worden war. Erst beim dritten Trauerfall kamen dem Staatsanwalt Zweifel, denn dieser Beerdigung lag die angesägte oberste Leitersprosse eines Hochstandes zu Grunde. Auf die Frage des Richters, warum sie sich für ein so leicht nachweisbares Mordwerkzeug wie die Säge entschieden habe, meinte die Deliquentin entschuldigend: »Mei, er hat halt d'Schwammerl net mög'n!«

Diese Nutzanwendung der »Amanita muscaria«, des Fliegenpilzes, blieb à la longue doch die Ausnahme. Hingegen diente die auch als ›Narrenpilz‹ des Mittelalters bekannte Geheimwaffe hie und da als Rauschmittel. Ein bayerischer Schwammerl-Jäger könnte eine solche Unsitte wohl erst begreifen, wenn es über Nacht keine Brauereien mehr gäbe...

Doch wir wollen den Teufel nicht an die Wand malen, sondern dem passionierten Sammler folgen, dem kein Hatscher (Gang) im Bergwald zu strapaziös, keine Almwiese zu hochgelegen und kein Jungholz zu dicht ist, um nicht nach Indianerart hindurchzurobben und auf deutsche Weise einen Bückling hinzulegen, um ganz sicher zu gehen, daß unterm bodentief hängenden Ast der Bergfichte kein stattlicher ›Boletus edulis‹ auf latinische Art die Fliege macht.

Ob sich all die Mühe gelohnt habe? Diese Frage der Ehefrau oder der Stammtisch-Freunde an den abends Heimgekehrten versetzt den Sucher schlagartig in tiefe Nachdenklichkeit. Selbst wenn er mit vollem Körberl — Plastiktüten sind des Teufels! — heimgekehrt ist und des Platzhirschen Gewißheit hegt, als erster den braunkappigen Herrenpilz erkannt zu haben.

Pilze-Sammler können ohnehin liebend gern auf ihresgleichen verzichten, ebenso auf die Jager. Umgekehrt gilt das freilich auch. Die Waidmänner erblicken im Schwammerlsucher nur den Störenfried, zumal, wenn im späten September der Hirsch seinen Brunftschrei durch den Bergwald sendet und damit aller Welt kundtut, daß er vor Liebe blind, sprich: ein bisserl blöd geworden ist. Dummerweise ist gerade dann, wenn die Hirsche Hochzeit halten, die hohe Zeit der Steinpilze gekommen: Jetzt brechen sich die violett-braun behüteten »Woad-Schwammerl«, die kernigsten und mächtigsten Herrenpilze, den Weg aus dem tau-feuchten Almboden. Und da kann man sich schon mal in die Quere kommen, vor allem, wenn der bayerische Schwammerlsucher unversehens in den Tiroler (Österreicher) Wald gerät. Internationale Verwicklungen sind da keinesfalls auszuschließen...

Ein Geheimtip: Die prächtigsten Steinpilz-Exemplare habe ich — nicht nur einmal! — an Stellen und zu Jahreszeiten gefunden, wo sie nach Meinung der Wissenschaftler, der wirklich so genannten Mykologen, gar nicht hätten wachsen dürfen. Einen Boletus edulis — jetzt, da der Leser ihn schätzengelernt hat, ohne Gänsefüßchen — schnitt ich an einem Oktobersonntag auf dem viel begangenen Weg zum Gipfel eines Isarwinkler Aussichtsberges ab. Der 700-Gramm-Koloß stand so unübersehbar auf dem Waldboden, daß die gut hundert Wanderer, die vor mir am Gipfelkreuz waren, eigentlich über ihn hätten stolpern müssen.

Wo das war? Sag' ich nicht. Nur soviel: Man muß die Schwammerln suchen, wo sie wachsen. Und zwar dann, wenn sie wachsen. Und man muß sie vor den anderen sehen! Gell?

Gregor Dorfmeister

Ein Kini und zwei Dichter
Die Ludwigs von Fall

»Hintere Isar« und »In der Riß« nannten die Menschen im bayerischen Oberland bis weit in unser Jahrhundert hinein jenes von dunklen Bergwäldern, wilden Wassern, schroffen Hängen und fast 2.000 Meter hoch aufragenden Felsgraten geprägte Grenzland zum benachbarten Tirol hin. Heute hat die Landschaft weithin den Zauber der Wildnis verloren: Eine der Heerstraßen des Tourismus quert — vom Tegernseer Tal, genauer: vom Achenpaß kommend — das ehemalige Faller Tal. Erschlossen, breit asphaltiert ist damit der Zugang bis hinein zur Tiroler Hinterriß und bis in den Enger Almgrund, wo dann — gottlob — dem nicht trittsicheren Sommerfrischler die Bergwelt endgültig mit zweieinhalbtausend Meter hohen Felswänden vernagelt ist. Eine Abzweigung des genannten Verkehrsweges, wenn auch zum Forststräßlein mutiert — führt im Urstromtal der Isar nach Wallgau hinauf. Dort spätestens trifft der Autolenker wieder auf seinesgleichen, und zwar massenweise.

Doch reden wir von jenem Weiler Vorderriß, an dem sich die Straße teilt: Auf den ersten, zweiten und dritten Blick scheint ein Aufenthalt hier sinnlos. Es sei denn, man kehrt ein in das traditionsreiche Gasthaus zur Post, bewundert das sparsam mit rückgeleitetem Isarwasser und ein paar Tropfen aus dem Rißbach beschickte Fluß-

Lenggries mit Brauneck

bett, oder betrachtet ein paar bäuerliche Anwesen und Häuser, wie sie der Staatsforst allenthalben in den Bergrevieren für Jäger und Holzarbeiter hingestellt hat.

Doch wer die alten Fotos in der »Post« ein wenig genauer betrachtet, wer sich mit bayerischer Geschichte oder sogar heimatlicher Literatur auskennt, der wird im Vorderriß fündig. Denn nicht nur Jäger, Holzknechte, Flößer, Köhler und Bauern hatten hier ihre Heimat, sondern drei in der weiß-blauen Geschichte höchst bedeutsame Ludwigs: ein Kini und zwei Dichter-Fürsten. Die Rede ist von Ludwig II., dem Märchenkönig, von Ludwig Thoma und Ludwig Ganghofer. Das Faller und Vorderrißer Tal war ihre gemeinsame, heimliche Liebe.

Zu ihrer Zeit gab es freilich noch keinen künstlich aus Kies aufgeschütteten Staudamm am Sylvenstein, keinen Speichersee, der den Faller Talgrund zuschüttet; damals stellte eine unscheinbare Sandstraße, die sich kurvenreich von Lenggries aus den Fluß entlang nach Fall und Vorderriß hineinschlängelte, die einzige Verbindung zur Außenwelt dar. In seinem Roman »Der Jäger von Fall«, entstanden 1880/81, beschreibt Ganghofer das Tal so: »Eng eingezwängt zwischen ragende Berge und bespült von den kalten Wassern der Isar und Dürrach, die hier zusammenfließen, liegt dieser Fleck im Frieden.«

Mit seiner herzergreifenden Geschichte vom tapferen Jäger Friedl, dem finsteren Wildschützen Blasi und der zwischen den beiden Rivalen stehenden, liebreizenden

Sennerin Modei erweckte Ganghofer nicht nur eine alt-neue Bergwald-Romantik. Vielmehr löste er eine Reisewelle aus, die bis in den hintersten Isarwinkel reicht und noch zusätzliche Schubkraft erhielt, als der »Jäger von Fall« die Theaterbühnen eroberte. Zu allem Überfluß wurde die »boarische Love-Story« mehrmals verfilmt, meist auf eine Art und Weise, daß es der Sau graust. Übrigens gehören Ganghofers geliebtes »Jagerhäusl«, das alte, langgestreckte Forsthaus, der Gasthof hoch über dem Isar-Steilufer und die markante, mit einem Holzdach geschützte Faller Klamm-Brücke längst der Vergangenheit an — bedecken doch seit 1959 die grünen Fluten des Sylvensteinsees die einstige Heimat des »Jäger von Fall«.

Weit handfester bietet sich die Geschichte dem Wanderer in Vorderriß dar — wenn er bereit ist, ein paar hundert Meter vom Trampelpfad der Touristen abzuweichen. Im ehemaligen Jagdhaus der bayerischen Könige, das zusammen mit dem alten Forsthaus und der von den Wittelsbachern besonders geförderten kleinen Kapelle ein Ensemble bildet — malerisch auf einer kleinen Anhöhe am Rande der sogenannten Grammersau liegend —, war Ludwig II. besonders gerne zu Gast. Und das, obwohl der am meisten geliebte und verwöhnte bayerische Monarch dort mit einer spartanischen Einrichtung vorlieb nehmen mußte. Ausschließlich die Liebe zur Natur und seine Sehnsucht nach Einsamkeit müssen den Märchenkönig in die Vorderriß gelockt haben. Denn ein Jäger war er nicht, ganz im Gegensatz zu seinen Vorgängern und Nachfolgern. Es ist verbürgt, daß der Jagdbetrieb zu ruhen hatte, solange sich der sensible Mann im Pürschhaus aufhielt. Nicht einmal einen Schuß wollte er hören, geschweige denn selbst einen abgeben.

Vom unvergeßlichen, königlichen Romantiker führt die Historie schnurgerade zum dritten Ludwig: dem genialen Dichter und schrecklich irrenden politischen Pamphletisten Ludwig Thoma. Er kam nur deshalb nicht im Vorderrißer Forsthaus zur Welt, weil seiner Mutter, der Oberförster-Frau Katharina Thoma, die mitten in einem strengen Winter zu erwartende Niederkunft in der weltabgewandten Einöde zu risikoreich erschien. Sie reiste deshalb zur Schwester nach Oberammergau, wo der kleine Ludwig am 21. Januar 1867 geboren wurde. Die ersten sechs Jahre aber verbrachte er im Vorderrißer Forstamt, wo sein Vater Max das Regiment führte. Damals begegnete der Bub dem König, der in seiner stillen Würde und Schönheit einen tiefen Eindruck bei dem kleinen Namensvetter hinterlassen haben muß. Vor allem während der Gottesdienste, die ein Pater aus Hinterriß an den Sonntagen in der Vorderrißer Kapelle hielt, hatte der Förstersbub Gelegenheit, den König aus der Nähe zu betrachten. Sein »reich gewelltes Haar, ein Paar merkwürdig schöner Augen« und die ungewöhnliche Körpergröße Ludwig II. sind Thoma zeitlebens im Gedächtnis geblieben.

Weit bekannter als diese persönlichen Erinnerungen ist die literarische Reportage, die Thoma über das Schicksal der »Halsenbuam« geschrieben hat. Das waren berüchtigte Wildschützen, denen die Jagdaufseher seines Vaters mit Pulver und Blei eine blutige Rechnung aufmachten, als sie des Nachts große Mengen Wildbrets auf einem Floß isarabwärts transportieren wollten.

Die Wilderei im Faller und Vorderrißer Tal ist bis heute ein Thema geblieben: für Kriminalpolizei, Staatsanwaltschaft und Richter. Nur ein Floß wird dabei keine Rolle mehr spielen. In der Isar haben heute selbst Bachforellen Mühe, nicht auf Grund zu laufen.

Gregor Dorfmeister

Der Himmelskratzer von Lenggries
Prangertage

Prangertage werden sie genannt, die Festtage im Oberland. Denn ein Prangen, ja Prunken ist es, wenn sich die Menschen an Fronleichnam, Mariä Himmelfahrt, St. Michael oder St. Leonhard zu Prozessionen und Wallfahrten zusammenfinden — dem Herrgott zur Ehre und sich selbst zur Freude. Daß an solchen Tagen die sorgsam gepflegte Festtracht, der Schalk, das Miederg'wand, der Schnurhut, mancherorts, wie in Kochel a. See, die Pelzmütze, oder, wie in der Tölzerstadt, die Bürgerliche Riegelhaube aus dem Kleiderkasten geholt und angelegt werden, gehört zur jahrhundertealten Tradition. Ebenso, daß sich jeder g'standene Gebirgsschütz' voller Stolz in die Montur wirft und die Frei-Altäre und Kreuze mit Blüten geschmückt werden.

Freilich erschöpfen sich Glaubensfreude, Bürger- und Bauernstolz nicht in Festtagsg'wand und Blumenschmuck. Da schreiten Bläser und Trommler dem »Traghimmel« voran, unter dem der Priester mit der Monstranz ist, da schultern Mädchen ein hölzernes Podest, auf die die Muttergottes steht, und da stemmen Burschen uralte Zunftfahnen und -stangen gegen den Wind. Diese Fahnen wollen mitunter hoch hinaus, was von ihren Trägern viel »Schmalz« (Muskelkraft) verlangt, zumal, wenn ein strenges Frühlings-Lüfterl die Fronleichnamsprozession begleitet.

Unter all den Fahnen, die zwischen Geigerstein und Herzogstand alljährlich durch die Fluren getragen werden, nimmt der »Himmelskratzer« der Lenggrieser Pfarrei St. Jakob den unumstritten höchsten Rang ein. Die 14,5 Meter lange Fahnenstange reicht fast bis zur Gewölbedecke der Kirche hinauf — und wird von einem mageren Fähnlein gekrönt; das Osterlamm auf der einen und das Kreuz auf sattrotem Grund auf der anderen Seite sind in lichter Höhe kaum mehr zu erkennen. Was mag sich der Erbauer der Riesenstange wohl gedacht haben? War da etwa himmelwärts strebendes Protzentum am Werk?

Die Lenggrieser wissen es besser: Die hohe Fahne diente ehedem als Sendemast. Sie zeigte dem Glöckner auch noch aus großer Ferne an, wann die Fronleichnamsprozession an einem der vielen Freialtäre angekommen war. Ließ der Träger dann die Fahne »waheln« (wehen), so war dies das Signal zum Glockenläuten. Heute, im zugebauten Dorf Lenggries, kann der »Himmelskratzer« seine Signal-Funktion

Die hohe Fahne diente früher als »Sendemast«

nicht mehr erfüllen; das wird per Sprechfunk-Gerät erledigt. Geblieben ist jedoch die Herausforderung für die Lenggrieser Burschen, mit dem Riesentrumm fertigzuwerden. Damit hat man das G'schau, nicht zuletzt bei den Madln. Aber wehe dem, der sich dem Kraft-Werk nicht gewachsen zeigt...

Gregor Dorfmeister

Wie Bäume in den Himmel wachsen
Einigkeit macht stark

Daß Bäume wachsen, ist von der Natur — Gott sei Dank — »vorprogrammiert«. Daß man ihnen beim Wachsen zuschauen kann, das erlebt man nur einmal im Jahr, nämlich am 1. Mai, wenn in vielen bayerischen Dörfern binnen weniger Stunden die Maibäume aufgerichtet werden.

Jahrtausende altes Brauchtum slawischen und germanischen Ursprungs liegt dem Maibaum — vor allem als Symbol der Frühlingskraft, die über den Winter siegt — zugrunde. Im Bayernland freilich, zumal im Isarwinkel und Loisachtal, hat der Maibaum, soweit die Überlieferung zurückreicht, nur einen Sinn: das Zusammenstehen der Menschen zu bezeugen. »Einigkeit macht stark« — dieser Sinnspruch, der sich auch heute noch als echtes Bindeglied der Dorfgemeinschaft erweist, wenn Hochwasser, Blitzschlag oder ein anderes Unglück einen aus ihrer Mitte heimgesucht hat, steht ungeschrieben auch über jedem Maibaum. In der Tat — viele Hände müssen sich regen, vieler Burschen Schweiß wird vergossen, bis endlich das Werk seinen (Maibaum-)Meister und die Helfer lobt.

So manchem Städter wird der Maibaum-Brauch erst zum Aha-Erlebnis, wenn er, meist schon Wochen vor dem Festtag, aus Boulevard-Zeitungen erfährt, daß diesem oder jenem Club brauchtumsverliebter »Krawattl-Bayern« der ach so streng bewachte Maibaum gekrampfelt (gestohlen) worden sei und von den Entführern nur gegen gewaltige Mengen Freibieres wieder herausgerückt werde.

Solches Maibaum-Krampfeln ist freilich für die Hüter des wahren Brauchtums der reine Krampf, denn ein richtiger Maibaum muß auch am 1. Mai geschlagen sein. Ob in Lenggries, Schlegldorf, in der Jachenau, in Ellbach, in Benediktbeuern oder Kochel am See: Beim ersten Morgengrauen des Mai-Feiertages rücken die Maiburschen — eine lose Vereinigung unverheirateter junger Männer — mit dem Fuhrwerk in den Bergwald aus, um die als Maibaum auserkorene Fichte fachgerecht umz'toa (umzutun), also zu fällen. Das einzige Zugeständnis an die moderne Technik: Das Fuhrwerk wird vom Traktor gezogen und nur noch selten »mit dö Röß'«, dem Fichtenstamm wird nicht mehr mit Axt und »Wiagsag« (Handsäge), sondern per Motorsäge an die Rinde gegangen, und der Aushub des Fundamentlochs, das am Ende auf dem Dorfplatz den Maibaum aufnehmen soll, erfolgt nicht mehr mit Pickel und Schaufel, sondern mit dem Bagger. Der Einsatz dieser Baumaschine, die in Minutenschnelle einen sicheren Standort für den Maibaum aushebt, hat eventuellen Maibaum-Dieben fast die letzte Chance genommen. Früher, als das Loch noch von langer Hand, also mit einfachem Werkzeug gegraben wurde, nutzten Burschen aus der Nachbarschaft oft die Nacht vor dem 1. Mai, um das vorgesehene Fundament wieder fein säuberlich zu verfüllen oder gar mit Beton auszugießen. Eine Gaudi, die die Betroffenen gar nicht lustig fanden.

Wie soll nun ein richtiger Maibaum beschaffen sein? Der Kochler Maurermeister Benedikt Pössenbacher (24 Jahre) weiß es genau, schließlich hat er schon mehrmals als Maibaum-Meister fungiert. »Kerzengrad soll er sein, am Stock net gar z'dick und ob'n net gar z'dünn, möglichst hoch g'wachsen. Und kosten därf er nix!« 46 Meter hoch war die längste Maibaum-Fichte in Kochel a. See, an die sich Pössenbacher erinnern kann. »Mehra wia vierz'g Meta sollt der Maibaum allwei ham!«

Natürlich bleibt es beim Fällen eines solchen Riesen im Bergwald nur selten aus, daß der Wipfel beim Sturz auf den Boden bricht. Ehrensache für die Kochler Maiburschen, daß dann beim »Schiften« — dem Zusammenfügen des Stammes mit der abgebrochenen Baumspitze — auch tatsächlich der ursprüngliche Wipfel verwendet wird. Andernorts ist man da nicht gar so streng. Häufig sucht man sich von vornherein für den »Schifter« einen »Stifter«, also jemanden, der eine neue, möglichst längere Baumspitze bereithält.

Dieses »Schiften« wird, ebenso wie das »Schepsen« — das Entrinden — , auf dem Festplatz im Dorf vorgenommen. Dort treten dann erstmals auch die unverheirateten jungen Frauen, die Madl'n also, in Aktion. Schon Tage vor dem 1. Mai haben sie eine gut vierzig Meter lange Girlande aus Tannengrün gewunden; die Kochler Burschen holen als besonderen Girlandenschmuck noch Grantn — Almrausch — von den Bergen. Zur Zierde und zum Schutz kommt auf die Spitze eine geschmiedete Blechkappe mit einem Gockelhahn drauf. In vielen anderen Orten krönt der originale Fichtenwipfel oder ein aufgesetztes Tannenbäumchen, mitunter auch ein Fichtenkranz, befestigt an weiß-blauen Bändern, den Maibaum. Die aus Holz gefertigten Zunftzeichen darunter zeugen vom Handwerksfleiß im Dorf.

»Auf geht's, pack ma's o!« kommandiert der Maibaum-Meister, sobald alle Vorbereitungen für das Aufrichten getroffen sind. Und jetzt beginnt erst richtig jenes »Irxenschmalz« (Kraft) fordernde, schweißtreibende, die Muskeln der Burschen bis zum Zerreißen beanspruchende Gemeinschaftswerk, das den eigentlichen Sinn dieses Brauchtums ausmacht.

Zunächst werden Balken und Schragen untergelegt, was meist schnell von der Hand geht. Aber wenn der Maibaum bis über Mannshöhe und schon fast außer Reichweite der kräftigen Arme aufgerichtet ist, kommen die »Zangen«, lange, an ihren Enden jeweils paarweise mit dicken Stricken über Kreuz zusammengebundene Stangen, zum Einsatz. Diese in unterschiedlicher Länge hergerichteten »Zangen« sind das wichtigste Werkzeug beim Aufstellen des Baumes. Jede »Zange« wird in der

Regel von vier, mitunter auch von sechs Burschen bedient, die streng nach dem Kommando des Maibaum-Meisters halten, heben oder nachrucken.

Am kritischsten, so Benedikt Pössenbacher, ist es, wenn sich der Stamm auf halber Höhe befindet — dann lastet der ärgste Druck auf Schultern und Armen, Kreuz und Wadln der Burschen. Erst wenn dieser Punkt überwunden ist, hat der Maibaum-Meister gewonnenes Spiel. Jetzt darf nur kein Ausrutscher mehr passieren. Einmal in die Senkrechte gebracht, wird der Maibaum nur mehr kerzengerade gerichtet, fachmännisch verkeilt und felsenfest in seinem Loch verankert. Pössenbachers ewige Sorge, die Burschen könnten allzu früh »z'vui Bier dawischn«, ist spätestens dann vorbei. »Prost Buama« verkündet er nach getaner Arbeit und nimmt selbst den ersten Schluck aus der frisch gezapften Maß.

Daß das Amt des »Maibaam-Moasta« keine Gaudi ist, sondern hohe Verantwortung birgt und viel fachmännisches Können verlangt, wird jedem klar, der einmal miterlebt, wie am 1. Mai im bayerischen Oberland die Bäume in den Himmel wachsen. Übrigens: Brotzeit und Bier hat der Wirt für alle zur Hand, ob sie nun fleißig mitgeholfen oder nur schlau zugeschaut haben. Letztere freilich müssen für Leberkäs und Gerstensaft bezahlen, die Maiburschen und die Madln gerechterweise nicht.

Gregor Dorfmeister

Städte und Stationen

Bad Tölz

670-1.248 m, 14.000 E., 3.850 B., 170 C., Bhf. Kalvarienbergkirche, 1726; Leonhardikapelle, 1718, Wallfahrtsziel (Tel. 0841/2017); Heimatmuseum, Zeugnisse der Geschichte auf fünf Stockwerken, Werke von einheimischen Künstlern und Tölzer Isarflößerei (Tel. 08041/50 42 88).
Drachenfliegen, Fahrradverleih, Freibad, Golf, Hallenbad, Pferdekutschen, Sanatorien, Tennis, geführte Wanderungen;
Eislaufen, Eisstockschießen, Kunsteisstadion, Skikindergarten, geführte Skitouren; Blombergbahn-Sessellift mit Sommerrodelbahn (680-1.237 m), 9.00-18.00 Uhr.
Information: Städtische Kurverwaltung, 8170 Bad Tölz, Tel. 08041/700 71.

Kochel am See

605 m, 4.300 E., 1.200 B., 210 C., Bhf., Franz-Marc-Museum, Herzogstandweg 43, über 100 Werke aus dem Marc-Nachlaß, Apr.-Okt., 20.

Dez-15. Jan tägl. außer Mo 14.00-18.00 Uhr (Tel. 08851/71 14).
Angeln, Bauerntheater, Drachenfliegen, Fahrradverleih, Freibad, Hallenbad, Kegeln, Klettergarten, Pferdekutschen, Tennis, geführte Wanderungen;
Eislaufen, Eisstockschießen, Rodelbahnen, Skischulen.
Information: Verkehrsamt, 8113 Kochel am See, Tel. 08851/338.

Lenggries

679 m, 8.200 E., 2.150 B., 45 C., Bhf., Tiermuseum, Bergwerk 12 (Tel. 08042/2510).
Angeln, Bauerntheater, Drachenfliegen, Fahrradverleih, Freibad, Hallenbad, Pferdekutschen, Segeln, Sommerstockbahn, Tennis, geführte Wanderungen, Windsurfen;
Eisstockschießen, Rodelbahnen, Segelfliegen, Skikindergarten, Skischulen, Wintersportgeräteverleih.
Information: Verkehrsamt, 8172 Lenggries, Tel. 08042/2977.

Touren und Tips

Kochelsee und Walchensee

Sie liegen so nah beieinander, daß ihre Namen fast immer in einem Atemzug genannt werden. Doch den Walchensee, mit fast 200 Metern der tiefste See in den deutschen Alpen, umgibt ein Mysterium: Auf seinem Grund, so erzählt man sich, liegt ein riesiger Waller. Und wenn die Zeit gekommen ist, wenn der Antichrist seinen Siegeszug über Bayern antritt, dann wird er mit seiner mächtigen Schwanzflosse den Kesselberg, der sich vor ihm erhebt, eindrücken. Das Wasser wird überquellen und das ganze Oberland bis nach München in ein Meer verwandeln (s. S. 124).

Doch so weit ist es noch nicht. Noch können wir die Berg- und Seenlandschaft ungestört genießen. Ausgangspunkt unserer Unternehmungen ist der malerische Luftkurort **Kochel am See**. In seiner langen Geschichte, die bis ins 8. Jh. v.Chr. zurückreicht, hat es einige Höhepunkte gegeben, auf die man hier bis heute stolz ist: So erinnert zum Beispiel ein Denkmal an den legendären »Schmied von Kochel«, der sich 1705 an die Spitze der bayerischen Bauern stellte und sie gegen die Habsburger führte, die Bayern seit dem verlorenen Spanischen Erbfolgekrieg unter der Knute hielten. Der Aufstand der Bauern wurde in der »Sendlinger Mordweihnacht« blutig niedergeschlagen, doch der »Schmied von Kochel« eroberte sich mit seiner Vaterlandstreue einen Ehrenplatz in der bayerischen Geschichte.

Daß Kochel am See weit über Bayern hinaus bekannt wurde, hat es dem Maler Franz Marc zu verdanken, der auf dem Friedhof hier seine letzte Ruhe gefunden hat. Um 1900 hatte sich der hochbegabte junge Künstler aus München in den kleinen Ort am See geflüchtet und ihn gemeinsam mit Freunden wie Kandinsky und Kubin, Klee, Macke und Münter zum Zentrum der modernen Malerei gemacht. Heute pilgern Kunstfreunde aus aller Welt zum Franz-Marc-Museum in Kochel am See, um die Werke der Künstler aus dem Kreis des »Blauen Reiters« zu bewundern (s. S. 155).

Wer noch mehr über die Geschichte und Kultur der Region erfahren möchte, braucht nur ein paar Kilometer weiter östlich zu fahren oder zu laufen. In der Nachbargemeinde **Schlehdorf** steht noch heute das prächtige Kloster, das bereits 772 hier angesiedelt wurde und zum Besitz der Bischöfe von Freising gehörte. Auf der Glentleiten bei **Großweil** können Besucher die Geschichte des Bauerntums erleben: Das Museumsdorf zeigt Bauernhäuser, Hausrat und Handwerkszeug von den Anfängen bis zur Gegenwart. Eine Attraktion für Pferdefreunde: das Stammgestüt Schwaiganger, Zentrum der bayerischen Pferdezucht.

Zurück nach Kochel am See. Wer von hier aus zum Walchensee möchte, sollte über die alte Kesselbergstraße fahren. Diese Paßstraße benutzte schon Goethe auf seiner Reise nach Italien. Auch die bayerischen Könige liebten den Walchensee und seine Umgebung: Immer wieder kamen sie zur Jagd hierher oder erklommen den Herzogstand (1.680m). Heute bringt ein Sessellift die Besucher zum Gipfel. An klaren Tagen hat man hier einen herrlichen Blick:

nach Norden zum Fünf-Seen-Land, nach Süden zu den Tiroler Alpen. A propos schöner Blick: Das Walchensee-Kraftwerk, ein Turbinenkraftwerk aus dem Jahre 1924, ist schon deshalb einen Besuch wert.

Bad Tölz und Umgebung

Die berühmte Kurstadt Bad Tölz verdankt ihr Entstehen im frühen Mittelalter dem florierenden Salzhandel. Bekannt wurde die Gemeinde im 13. Jh. durch ihre Flößer, Kistler und Kalkbrenner. Bald ließen sich auch Bierbrauer in dem lebendigen Ort an der Isar nieder: 22 Brauereien zählte Tölz im 16.Jahrhundert. Die Jodquelle, die der Stadt zu ihrem Titel »Bad« verhalf, wurde erst 1846 entdeckt. Damals schon konnte die Marktgemeinde auf eine lange und wechselreiche Geschichte zurückblicken: Ein schwerer Brand hatte die Stadt 1453 heimgesucht und die Häuser an der Hauptstraße zerstört. Sie wurden wieder aufgebaut, noch schöner und prächtiger als vorher, mit herrlichen Lüftlmalereien. Begrenzt wird die Straße vom Khanturm, dessen Fresken, Reliefs und Heiligendarstellungen die Stilrichtungen mehrerer Jahrhunderte widerspiegeln. Die Altstadt ist bis heute eine der schönsten in Oberbayern. Hoch über der Stadt, auf dem Kalvarienberg, steht seit Beginn des 18. Jhs. die Leonhardskapelle, die von einer riesigen Eisenkette umschlungen ist. Hierher, vorbei an 15 anderen Kapellen, führt jedes Jahr am 6. November die traditionelle Leonhardiwallfahrt (s. S. 119).

10 Kilometer nördlich von Bad Tölz liegt **Dietramszell**, in den letzten Jahren vor allem durch seine Champignon-Kulturen bekannt geworden. Seinen Namen erhielt der Ort nach dem Gründer, Pater Dietram aus Tegernsee. Er ließ 1102 ein Augustiner-Chorherrenstift zu Ehren des heiligen Martin bauen. Das Kloster Martinszell fiel 1636 einem Brand zum Opfer. Nach dem Wiederaufbau erhielt es zur Erinnerung an den ersten Probst den Namen Dietramszell. Die Stiftskirche, äußerlich ein schmuckloser, großer Bau, beeindruckt durch ihre prächtige Innenausstattung, die kein Geringerer als Johann Baptist Zimmermann gestaltet hat. Eines seiner schönsten Gemälde, die Himmelfahrt Mariens, ziert den Hauptaltar. Ebenfalls von Zimmermann: die der Stiftskirche angeschlossene St.Martinskirche, ein wohltuend einfaches, schönes Gotteshaus.

Ein wenig abseits vom Touristentrubel: nördlich des Klosters die Wallfahrtskirche St.Leonhard und südlich die Wallfahrtskirche Maria im Elend, beide sehenswert wegen ihrer kunstvollen Ausstattung und ihrer malerischen Lage.

Auf dem Rückweg nach Bad Tölz lohnt sich ein Halt in **Sachsenkam,** zu dem auch das berühmte Kloster Reutberg gehört

Wolfratshausen

Die alte Flößerstadt Wolfratshausen kann auf eine ähnliche Geschichte zurückblicken wie Bad Tölz: Beide verdanken ihren frühen wirtschaftlichen Aufschwung einem Fluß. In Wolfratshausen waren es sogar zwei Flüsse, denn Loisach und Isar fließen hier zusammen. Von vernichtenden Bränden blieb die Gemeinde zwar verschont, dafür fielen viele ihrer Häuser und Kirchen dem 30jährigen Krieg zum Opfer. Die Burg wurde 1734 zerstört. Bis heute erhalten

Tölzer Kinder gehen gern in den Trachtenverein

sind der berühmte Marktplatz, die klassischen Bürgerhäuser an der Marktstraße und die Friedhofskirche St.Nantwein, die zu Ehren eines frommen Pil-
gers errichtet wurde, der 1286 an dieser Stelle wegen falscher Anschuldigun-
gen verbrannt worden war und jahrhundertelang von der Bevölkerung wie ein
Heiliger verehrt wurde. Von St.Nantwein aus führt ein Weg in die **Pupplinger
Au,** das größte zusammenhängende Natur- und Landschaftsschutzgebiet
Europas. Ein einmaliges Erlebnis im Sommer: eine Floßfahrt von Wolfratshausen nach München. Bitte möglichst früh Plätze bestellen, sie sind sehr begehrt
(s. S. 116).

Lenggries

Über die bayerischen Grenzen hinaus bekannt geworden ist Lenggries als Luftkurort und Skiparadies. Berühmt wurde es aber durch Ludwig Ganghofers
»Jäger von Fall«. Vom alten Dorf Fall ist heute allerdings nichts mehr zu sehen,
es ertrank 1959 im Sylvenstein-Speichersee.

Seinen Namen hat Lenggries von den langen Kiesbänken an der Isar. Im Mittelalter ließen sich hier, im Schutz des Schlosses Hohenburg, die ersten Siedler
nieder, die ihr Geld mit der Flößerei verdienten. Sehenswert: eine Nachbildung
des Altöttinger Gnadenbildes in der Kapelle von Schloß Hohenburg.

Bad Wiessee am Tegernsee

DAS TEGERNSEER TAL

Was sagt uns das, wenn der ehemalige Chefredakteur des Bayerischen Fernsehen, der seriöse Heinz Burghart, in den höchsten Tönen schwärmt von der Lieblichkeit des Tales, dem Zauber des Sees, der Kraft der gewachsenen Tradition und dem ungebrochenen Vertrauen zwischen Jung und Alt? Kurzgesagt — es muß ein Paradies sein. Ob das für alles und jeden gilt im Tegernseer Tal? Nun, da gibt es ein paar Neidhammel, die den See in ›Lago di Prozzo‹ umgetauft haben, weil sich dort angeblich nur noch die Gespickten tummeln. Das ist ohne Zweifel ein Schmarr'n, denn im Casino von Bad Wiessee treiben sich unter den Argusaugen der einzigen Spielbank-Direktorin der Welt jede Menge Leute herum, die eigentlich gar nichts mehr zu verlieren haben und daher an den Mahagoni-Tischen unbedingt alles gewinnen müssen. Aber möglicherweise sind das ja die Nachfahren jenes Trosses, der im Gefolge des leutseligen, aus der Pfalz zugereisten Königs Max I. Josef am Tegernsee die Wonnen des Sommerfrischlers entdeckten; damit fing übrigens der Treck der Zweitwohnungs-Spekulanten an. Zu jener Zeit war freilich die glanzvolle Ära des Benediktinerklosters, ein Zentrum europäischer Gelehrsamkeit, bereits passé. Die kosmopolitischen Patres führten, zum Frommen der Landbevölkerung, über Jahrhunderte hinweg ein für alle Beteiligten segensreiches Regiment. Ein paar Kilometer nordöstlich des Tegernsees ließen sich Franziskanerinnen im Kloster Reutberg nieder. Die tüchtigen Damen hatten einen guten Blick. Davon kann sich jedermann überzeugen, der in einem der schönsten Biergärten Oberbayerns, nur einen Maßkrug-Wurf entfernt, Gott und die Welt genießt; das Alpenpanorama: einfach hinreißend, das Bier: hmmm. Und zu Füßen der Kirchsee, wo ein erquickendes Schlammbad wartet — gratis, ausnahmsweise.

Im Zentrum des weiß-blauen Hochgefühls
Tips für Genießer

Was hält Leib und Seele am besten zusammen? Ein Vorschlag für Genießer — und solche, die's werden wollen: ein Schlammbad im Kirchsee, ein Besuch im traumhaft gelegenen Biergarten von Reutberg und eine Besichtigung des mächtigen Benediktinerklosters in Tegernsee.

Der Reihe nach: Wer von München kommt, verlasse die Salzburger Autobahn bei der Ausfahrt Holzkirchen, halte sich dann rechts auf der B 13 Richtung Bad Tölz und biege beim Weiler Reith in die kleine Straße Richtung Reutberg ein. Nach ein paar hundert Metern ist ein Parkplatz für Badegäste. Das Schlammgebiet befindet sich im Süden des kleinen Sees, am Steg, von dem man zur Säuberung ins frische Wasser steigen kann — ein herrliches Vergnügen.

Nur ein Katzensprung entfernt der Biergarten zu Füßen des Klosters Reutberg: wunderschön gelegen, einen hinreißenden Blick auf das Alpenpanorama freigebend, g'standene, freundliche Bedienungen, die oft ein halbes Dutzend Maßkrüge mit würzig dunklem Gerstensaft stemmen. An Wochenenden, Gott sei's geklagt, geht's freilich fürchterlich rund an den Tischen. Nicht nur deshalb sei eine Visite im Franziskanerinnen-Kloster oberhalb des Kastaniengartens empfohlen. Entstanden ist es zur Mitte des 18. Jahrhunderts, erbaut von unbekannten Meistern, die wohl aus München und Tölz kamen. Das Gnadenbild des Hochaltars wurde dereinst von einem adeligen Paar nach Reutberg gebracht, das dem ›Loreto-Kult‹ anhing. Das waren Menschen, die fest daran glaubten, daß das bescheidene Haus der Heiligen Familie in Nazareth von Engeln im 13. Jahrhundert nach Loreto an die adriatische Küste versetzt worden sei; das Fresko unter dem Torbogen erzählt von diesem wundersamen Ereignis. Das berühmte ›Reutberger Jesuskind‹ wird nur in der Weihnachtszeit zum rechten Seitenaltar getragen und bleibt dort bis Mariae Lichtmeß; die übrige Zeit des Jahres bleibt die bekleidete Holzfigur unter Verschluß. Auch die kostbare Klosterapotheke ist lediglich in Ausnahmefällen zu besichtigen; dafür kann jedermann ein aus alten Wachsmodeln gegossenes ›Fatschenkindl‹ (Christkindl-Figur aus Wachs) zum Nachgießen in Auftrag geben.

Nun weiter in Richtung Gmund und am Ostufer entlang nach Tegernsee. Selbst vom Auto aus unverkennbar: Hier haben sich die G'spickten, der Geldadel aus ganz Deutschland, niedergelassen. Kaum Badestrände (der Grund ist teuer!), die Fassaden der Häuser aufgeputzt, die Boutiquen glänzen mit erlesenen Preisen. Die Einheimischen sind in ihrer Mehrzahl gar nicht sonderlich glücklich darüber, auch wenn sie mit einigem Stolz darauf hinweisen, daß selbst der Vater des bundesrepublikanischen Wirtschaftswunders, Ludwig Erhard, hier sein Domizil hatte.

Das ehemals verschlafene Fischerdorf Tegernsee wurde durch die Gründung des Benediktinerklosters im 8. Jahrhundert zu einem wirtschaftlich äußerst einflußreichen Unternehmen und einem Kristallisationspunkt hochgeistiger Bestrebungen. Es hat urbayerische Ahnherren: Adalbert und Oatker aus dem Geschlecht der Huosi (noch heute ein gebräuchlicher Begriff: der Huosigau, die Region südwestlich des Starnberger Sees). Schnell entwickelte sich hier ein Zentrum der süddeutschen Buchmalerei, das weitreichende Verbindungen zu Tirol, später auch nach Andechs, Wessobrunn, Benediktbeuern und Scheyern unterhielt. Die Klosterbibliothek war schon im frühen Mittelalter hochberühmt, barg kostbarste Schätze an Handschriften und wissenschaftlichen Abhandlungen, die dann in der Renaissance die besten Köpfe der damaligen Welt anzogen. Doch als zu Beginn des 19. Jahrhunderts im Zuge der Säkularisation die Klosterbibliothek aufgelöst und die Mönche vertrieben wurden, erlebte auch das Dorf einen langsamen Niedergang; zu sehr waren die Fischer und Bauern von den mächtigen Klosterherren abhängig gewesen. So schrieb der Dichter Karl Stieler hundert Jahre später:»Das schmale Sträßlein, von Vergißmeinnicht umwuchert, lief so dicht am See hin, daß die Räder des Wagens vom Wasser umspielt wurden... Im ganzen Dorf gab es nur eine Taverne, und auch die war so recht vom alten Schlage. Denn als ein vornehmer Herr einmal mit einem Kavalier nach Tegernsee kam und sein Wagen vor dem Wirtshaus anhielt, da sah die Wirtin, den Arm in die Seite gestemmt, hinein und sprach:›Herrgott nomal, is dös a sakrisch sauberer Bua! Machts jetzt nur glei, daß's weiterkommt's; mit so schöne Herrschaften kann unsereins nix ausrichten!‹«

Nun, da hat sich ja einiges verändert in der Zwischenzeit. Es begann wieder damit, daß Max I. Josef den Rest des alten Klosters aufkaufte und Leo von Klenze beauftragte, es zum Schloß umzubauen. Der aus der Pfalz zug'roaste König war wegen seiner unkomplizierten Art bei den Einheimischen schnell beliebt und soll von den Kaltenbrunner Bauern als der »Herr Nachbar« mit »Du« angeredet worden sein, so, wie es hier seit altersher guter Brauch ist. Die Sommer über pflegte die königliche Familie im neuen Schloß zu verweilen, was viele Hof- und Regierungsbeamte veranlaßte, nachzuziehen. Sie bauten Landhäuser, mieteten sich in Pensionen ein. In den wirtschaftlichen Aufbaujahren nach dem Bismarck-Krieg von 1870/71 hielt es auch die neureichen Kaufleute nicht mehr in München; der Fremdenverkehr und die Zweitwohnungs-Plage rund um den Tegernsee brachen an. Lieber gesehen war hier das Künstlervolk: Ludwig Thoma und Ludwig Ganghofer, August Macke und Olaf Gulbransson, um nur einige zu nennen.

Leider ist von dem ehemals bedeutendsten Benediktinerkloster Bayerns nur wenig übriggeblieben. Dazu gehört vor allem das einst gotische Münster, das Abt Bernhard Wenzel in der Barockzeit von Hofbaumeister Enrico Zuccalli umbauen ließ. Hans Georg Asam, der Vater von Cosmas Damian und Edid Quirin, wurde für die Ausmalung der Gewölbe gewonnen. Die Vorhalle zeigt Themen aus der Quirinus-Legende (Anm. d. Hrsg.: der Name Krings leitet sich von ihm ab), eines frühchristlichen Märtyrers, dessen Gebeine im 8. Jahrhundert nach Tegernsee überführt worden sind. Das Mittelschiff haben italienische und bayerische Künstler gemeinsam ausdekoriert: die Italiener übernahmen die Stukkaturarbeiten, die Bayern die

Malerei. Wie in der Theatinerkirche in München, die Zuccali vollendete, gibt es auch hier üppigen weißen Stuck in der Gewölbezone, die Fresken erzählen aus dem Leben Jesu: sein Auftreten als Zwölfjähriger im Tempel, seine Taufe im Jordan, die Verklärung auf dem Berg Tabor. Auch die Seiten- und Querschiffe bebildert sein Lebensweg — bis zur Auferstehung und Himmelfahrt. In der mächtigen Kuppel sind alle Heiligen versammelt: Auf Wolkenbänken stehend und sitzend, in zum Zenit hochgeschraubter Perspektive, sind sie umflossen vom göttlichen Licht.

Ein wenig fremd wirkt der antikische Rahmen des riesigen Altargemäldes einer Kreuzigung Christi. Da treffen zwei Stilrichtungen — Barock und Klassizismus — aufeinander. Die Überreste der beiden Stifterbrüder Adalbert und Oatker wurden am Ende des 17. Jahrhunderts unter dem Altartisch in einem Tuffstein-Sarkophag

Schloß Tegernsee, noch immer im Besitz fürstlicher Nachkommen

beigesetzt. Die Frontseite aus Marmor zeigt die Wappen Tegernsees an den äußeren Kanten.

Bernhard Wenzel hat sich aber nicht nur um das geistige Wohl des Klosters verdient gemacht; er gründete auch die Brauerei, die bis heute in Betrieb ist (und deren Bier wir in Reutberg genossen haben). Seine Nachfolger haben das Kloster ständig erweitert, so daß schließlich eine gewaltige Anlage mit prächtigem Bibliothekssaal, Refektorium, Dormitorium und kunstvoll bepflanzten Innenhöfen entstand. Nicht mehr als 40 Patres bewohnten eine Anlage, die doppelt so groß wie das heutige Schloß war. Von außen konnte man kaum erahnen, welch wunderbare Kunstschätze sich hinter den Mauern verbargen. Nach der Säkularisation wurde die Hälfte des Klosters abgerissen, die Bibliothek aufgelöst, die Fresken wurden von der Wand geschlagen, alle wertvollen Plastiken und Gemälde veräußert.

Von dem wenigen, was noch erhalten ist, sollte das Deckengemälde von Melchior Bucher in der heutigen Aula des Gymnasiums beachtet werden, umrankt von zartem Zimmermann- Stuck. Ebenso die vier großen Bildnisse der Familie von Max I. Josef, geschaffen von Josef Stieler; sie hängen nunmehr im ersten Stock des Studienseminars Albertinum. Das schönste zeigt die Verlobung von Ludowika, der Tochter des Königs, mit Max von Bayern. Noch heute ist das Schloß im Besitz der Nachkommen dieses Paares.

Susanne Strohmeyer

Die Wurzeln des Oberlandes
Erinnerung an 1705

Dreimal im Jahr sitzen sie dicht gedrängt in der Wirtsstube »Beim Christl« in Waakirchen, wo die nieder hängende Zimmerdecke, wie in allen alten Bauernhäusern, das Gefühl des Zusammengepferchtseins noch verstärkt: die Gebirgsschützen der Waakirchner Kompanie. Sie hören bei der Jahresversammlung den Rechenschaftsbericht der Hauptmannschaft, der noch einmal vergegenwärtigt, wann und aus welchem Anlaß die Kompanie ausgerückt ist. Sie nehmen, meist mit vor Freude glänzendem Gesicht, Ehrengaben und Preise entgegen, wenn die Ergebnisse beim Kompanieschießen bekanntgegeben werden, für das die benachbarte Kompanie Bad Tölz jeweils ihren Schießplatz zur Verfügung stellt, der in eine Hügelkette romantisch eingebettet ist. Und sie beenden das Jahr mit einem Umtrunk am Vormittag des 24. Dezember, nachdem sie der an diesem Tag vor bald dreihundert Jahren, 1705, beim Bauernaufstand Gefallenen würdig gedacht haben.

Bei dieser Gedenkfeier, vor dem gewaltigen, 1905 errichteten und damals im Beisein von Tausenden geweihten Denkmal im Ortskern von Waakirchen, gesellen sich zu den Gebirgsschützen dieser Gemeinde Kompanien aus dem ganzen Oberland. Ihnen allen ist nämlich nicht nur am Schießen, ja, weit mehr an der Pflege von Tradition und Brauchtum gelegen. So marschieren sie an Festtagen, die das Kirchen- oder das Vereinsjahr und eben besondere Geschichtsdaten vorgeben, in Gewändern, die sich an einer 1848 erlassenen Kleiderordnung orientieren, durch Kleinstädte und Märkte zwischen Garmisch-Partenkirchen und Traunstein, zwischen Wolfratshausen und Oberaudorf; jede Kompanie in einer speziellen Montur und viele mit einer eigenen Blasmusik. Über einer schwarzen Lederhose, einer kurzen im Sommer, einer knielangen im Winter, tragen die Männer Fräcke, wie sie im Biedermeier üblich waren, und darauf jeweils eine Armbinde, die die Zugehörigkeit zur Kompanie besonders ausweist.

Solchem Geschichts- und Heimatbewußtsein entspricht, daß die Erinnerung an den Weihnachtstag 1705 nicht mühsam aufrechterhalten werden muß, sondern im bayerischen Oberland noch ganz lebendig ist. Ja, die geglückte Revolution von 1918, ohne die es den Freistaat Bayern nicht gäbe, ist im Bewußtsein seiner Bürger, jedenfalls südlich der Hauptstadt, nicht halb so verankert wie die gescheiterte von 1705. Kurfürst Max Emanuel, in dem von ihm angezettelten Krieg um die Erbfolge im Hause Habsburg besiegt, hatte sich in die Niederlande abgesetzt. Und Soldaten der Habsburger, Panduren vor allem, plünderten nun die Bauern aus bis aufs Hemd und zwangen ihre Söhne zum Kriegsdienst in fernen Ländern. Da taten sie sich zusammen, die Bauern und Handwerker, die Gastwirte und eben alle, die seßhaft waren und ohnehin vereint in der kurfürstlich-bairischen Landesdefension. Mit Morgensternen und Lanzen, aber auch mit Dreschflegeln und Sensen, zogen sie gegen München, um die Besatzung zu beenden. Ob sie eine Chance gehabt hätten, wenn sie nicht verraten worden wären? Wohl kaum. Just an Weihnachten wurden Hunderte in einem grausamen Gemetzel getötet.

Es ist ein eindrucksvolles Bild, wenn nun jeweils am Vormittag des 24. Dezember Gebirgsschützen aus dem ganzen Oberland der für ihre und ihrer Söhne Freiheit und für ein lebenswertes Leben ihrer Familien Gefallenen gedenken. Zumal, wenn frischer Schnee den mehr als mannshohen Bronzelöwen bedeckt, der mit Muskelkraft und stolz erhobenem Haupt bayerische Eigenständigkeit verkörpert, und Sonnenstrahlen die mit ihren Fahnen Angetretenen in ein Glitzermeer verwandeln. Ein dreifacher Salut, eine für den Bürgermeister einer kleinen, ländlichen Gemeinde bemerkenswert gut formulierte, zu Friedfertigkeit mahnende Rede, und schließlich, ein bißchen falsch, aber mit Hingabe intoniert, die Hymne »Gott mit Dir, Du Land der Bayern!« Wo gibt es etwas Vergleichbares? Die Gebirgsschützen können sich zu dieser Gedenkfeier, der immer eine durch die Waakirchner Sänger gestaltete Messe in der Dorfkirche vorangeht, mit gutem Gewissen versammeln; weder sie noch die Gebirgsschützen überhaupt waren je in ihrer bis ins späte Mittelalter zu verfolgenden Geschichte an Angriffskriegen beteiligt. Immer ging es ihnen nur darum, etwa im Dreißigjährigen Krieg, als Gustav Adolfs Soldaten plündernd, brennend und mordend ins Land einfielen, ihre Heimat zu verteidigen.

Wenn sie nach einem festlichen Aufzug im großen Zelt eng zusammensitzen, weil selbst der weit überdachte Raum nur schwer die vielen Beteiligten fassen kann, oder wenn sie sich in der heimischen Wirtschaft treffen, wird deutlich, wie ernst den Gebirgsschützen ihre Heimatliebe ist. Zwar kommen längst nicht mehr alle Hauptleute aus dem Bauernstand — die Gmundner Kompanie führt ein Architekt, die Tegernseer ein Gärtnermeister —, doch an der Spitze der Waakirchner steht mit dem Hansch Sepp noch immer ein Landwirt, und der Landeshauptmann Andreas Stadler besitzt und bewirtschaftet einen prachtvollen Hof hoch über dem Tegernsee: ›Auf der Eck‹, wo das Land zwischen den Bergen von ganz besonderer Anmut ist. Und die Verbundenheit mit dem Land, das man bewirtschaftet und das einen nährt, ja, das man als einen Mosaikstein aus Gottes großartiger Schöpfung empfinden darf, teilt

Eine Blasmusik, wie hier in Kirchbichl, gibt's fast überall

sich auch all denen mit, die nicht mehr in der Landwirtschaft arbeiten, aber in ihrer Nachbarschaft leben.

Da bedarf es nicht der an Stammtischen üblichen Männerwitze, um sich zu unterhalten. Man bewertet festliche Stunden, die man miteinander verbringt, spricht über Freud' und Leid in den Familien und immer wieder über den Jahresablauf, also das Wetter. »An Mordsföhn hamma gestern g'habt«, wird einerseits beklagt, doch andererseits dankbar anerkannt, wie klar und wie weit hinein man das Gebirge gesehen habe. Da erscheint der Himmel wie Seide. Sorgen macht das Wetter den Bauern eigentlich nur, wenn lange Regenfälle die Heuernte verzögern, immer noch weiter in den Juni hinein. Vom Gelingen gerade dieser Ernte hängt ja ab, daß das Milchvieh im nächsten Winter gut versorgt und der Betrieb überhaupt rentierlich gestaltet werden kann. Nur selten geht es laut zu, bei den Gebirgsschützen und überhaupt an Wirtshaustischen im bayerischen Oberland. Man liebt das ›Stade‹ mehr als das Laute. Keine andere Kunst- oder Verhaltensweise macht das so deutlich wie die Volksmusik. Kann ein Lied inniger sein als »Jetzt fangt des schene Fruajahr an«?

Trachten werden gern getragen

Wohl, weil sie Lederhosen und biedermeierliche Fräcke tragen, werden die Gebirgsschützen mitunter den Trachtlern zugerechnet. Doch die Trachtler stellen im Oberland eine eigene, nicht minder bedeutende und ebenfalls dem Brauchtum verpflichtete Bewegung dar, auch wenn sie im gleichen Nährboden, dem Heimat- und Geschichtsbewußtsein breiter Schichten der Bevölkerung, wurzeln. Als im ausgehenden 19. Jahrhundert städtische Kleidung das überkommene bodenständige Gewand verdrängte, rief in Bayrischzell ein Lehrer dazu auf, sich ausdrücklich zum alten zu bekennen. So bildete sich der erste »Gebirgstrachtenerhaltungsverein«, dem bald weitere folgten, und heute gibt es kaum einen Sonntag zwischen Mai und September, an dem sämtliche der vielen Vereine, der tausende Männer und Frauen, auch schon Kinder, »dienstfrei« hätten. Sie gehören zum Ortsbild oberbayerischer Gemeinden wie all die Geranien- und Begonienkästen, die Balkone und Fensterbänke der Häuser schmücken.

Die Miesbacher Tracht, die Tölzer oder die Tegernseer, weisen erhebliche Unterschiede auf, verleihen aber hier wie dort den Frauen mit Samt und Seide, den Männern mit Leder und Loden, besondere Schönheit. Die Männer zieren sich nicht, sich mit reicher Stickerei, insbesondere am Miesbacher Janker, aber auch an der Lederhose und am Hosenträger, sowie mit einer edel gearbeiteten Gürtelschließe und mit einer Reiher- oder gar Adlerfeder am Hut zu schmücken. Und aus den noch nicht verheirateten Frauen macht das ›Dirndlgwand‹, aus den verheirateten der ›Schalk‹ wahre Prinzessinnen und Königinnen. Wo sonst reicht eine Frauentracht so nahe an barocke Hoftracht heran! Im ›Schalk‹ wirkt noch nach, daß sich Max Emanuel gegen Ende des 17. Jahrhunderts an Spanien und Frankreich orientierte. Der Rock, großzügig in Falten gelegt, und das mit Roßhaarspitze geschmückte Mieder in strengem Schwarz kommen aus der spanischen, die eng anliegende Taille aus der französischen Hoftracht. Schließlich verleiht ein ›Balkon‹, der am Busen Blume an Blume reiht, den jungen Frauen Erotik und den schon älteren Würde.

Weder bei den Gebirgsschützen noch bei den Trachtlern brauchen sich die Anführer Sorgen um den Nachwuchs zu machen. Die jungen Leute, Burschen oder Mädchen, treten gern in die Fußstapfen der älteren Generation. Das macht weder das Schießen allein noch gar nur die Tracht. Beide Vereine entsprechen dem Heimat- und Geschichtsbewußtsein der Bevölkerung, und das teilt sich von Kindesbeinen an mit. Selbst der Umgang unter- und miteinander entspricht solcher Verbundenheit. Da fragt ein junger Bursche im Festzelt den Älteren, ob er ihm wohl das Bier oder die Brotzeit mitbringen sollte. Und wenn es einem verdienten Mitglied so um die Achtzig zu beschwerlich wird, im Festzug zu marschieren, besorgt man für ihn eine Kutsche. Weder wird dem alten Kameraden, der sich einst in Rußland die Füße so erfror, daß er nur noch humpeln kann, noch einem aus Leibesfülle beinahe Berstenden bedeutet, daß man, um Eindruck zu machen, auf seine Mitwirkung lieber verzichten würde. Man gehört zusammen und man hält zusammen — so, wie auch die Heimat samt ihrer Geschichte zu einem gehört.

Heinz Burghart

Ein Paradies auf Erden
Natürlich das Oberland

Die Kirche ist allen Heiligen geweiht. Ob sie ihr nun geholfen haben? Als man noch mit der Kutsche über Tegernsee nach Italien fuhr, ging die schmale Straße direkt an ihr vorbei. Mancher mag angehalten haben, um die seinerzeit recht beschwerliche Reise zu einer kurzen Andacht, für ein Gebet zu unterbrechen. Bis in das erste Jahrzehnt dieses Jahrhunderts fanden auch noch Wallfahrten zu der Barockkirche statt, zum Beispiel am Tag des heiligen Leonhard, und fast alle Bauern der Umgebung beteiligten sich mit Rössern, Kutschen und festlich geschmückten Wagen daran. Dann aber verfiel und verkam der Sakralbau immer mehr, gewann nur noch einmal die Aufmerksamkeit der Öffentlichkeit, als in den siebziger Jahren bei Warngau zwei Züge aufeinander prallten und die vielen Toten in ihm aufgebahrt wurden. Der Putz bröckelte ab, die Farben verblichen, und im Kirchdach lösten sich die Ziegel.

Ob die Heiligen ihrer Kirche geholfen haben? Anfang der achtziger Jahre jedenfalls fanden in Warngau Pfarrer Habenschaden und der Jungbauer Martin Beilhack zueinander. Gemeinsam gaben sie den Anstoß zu einer gründlichen Sanierung und Renovierung, sammelten Geld, gewannen das Ordinariat für ihre Initiative. Nun grüßt die Kirche in strahlendem Weiß und mit erneuertem Zwiebelturm — aus einer Baumgruppe hervor — jeden, der sich, von der Ausfahrt Holzkirchen der Autobahn kommend, dem Tegernsee nähert. Mit der Dorfkirche von Warngau zusammen, die fast den gleichen Zwiebelturm besitzt, bildet sie eine Linie, die noch über den Tegernsee hinausweist, zum Wallberg und zu den Blaubergen hin. Hier könnte Goethe, auf der Reise nach Italien, erlebt haben, was sich unter dem Jahr 1786 in seinem Tagebuch findet: »Nun ging mir eine neue Welt auf. Ich näherte mich den Gebirgen, die sich nach und nach entwickelten.«

Gerade dieses ›sich nach und nach‹ Entwickeln des Gebirges macht den Reiz der Voralpen-Landschaft aus. Man sieht sich nicht plötzlich, wie etwa in den Dolomiten, mit gewaltigen Gesteinsmassen konfrontiert. Vielmehr begleiten kleine Waldstücke und über sanfte Hügel ansteigende Wiesen die Annäherung ans Gebirge, und die Wiesen sind gerade im Herzstück des Oberlandes, rund um den Tegernsee, in Hage gegliedert. Von Bäumen und Sträuchern also, Jahrhunderte alten Eichen und Buchen zum Teil, sind die Wiesenstücke gesäumt. So findet das Rindvieh Schutz bei Regen und Sturm, das Weideland eine Begrenzung und das menschliche Auge Markierungen, die unterschiedliche Vorgaben der Natur sinnvoll genützt und gefällig geordnet erscheinen lassen. Gerade heute weiß man die ökologische Bedeutung dieser Hage besonders zu schätzen. Sie schützen die dem Wind stark ausgesetzten Hanglagen vor Erosion und tragen dazu bei, daß der Boden das Wasser, das er bei jedem Regen erhält, länger bewahren kann. Schließlich bieten die Baum- und Buschreihen kleinen Lebewesen, etwa den Kröten und den Igeln, den Käfern und den Schmetterlingen, angesichts der Rationalisierung der Landwirtschaft dringend benötigte Reservate.

Über Jahrzehnte haben auch im bayerischen Oberland die Landwirte alles getan, um die Leistung ihrer Kühe zu steigern. So trugen sie zu einer Entwicklung bei, die schließlich dazu zwang, die Produktion durch Quotierung zu begrenzen. Viele bäuerliche Familien hat diese Maßnahme hart getroffen; zumal jene, die in den Jahren, an denen sich nun die Quotierung orientierte, besonderer Umstände halber die Produktion stark eingeschränkt hatten. In die richtige Richtung wurde die Entwicklung damit gleichwohl gelenkt. Wird nicht mehr soviel Milch produziert, wird ein in ganz Europa verändertes Verhältnis zwischen Angebot und Nachfrage die Preise in die Höhe treiben. Doch reicht eine solche Korrektur aus, die Existenz der bäuerlichen Familienbetriebe zu sichern? Sollte das über den Milchpreis nicht gelingen, muß der Staat noch stärker subventionieren. Nur sie nämlich sind imstande, die von ihnen in Jahrhunderten geformte Landschaft, Ergebnis einer nun besonders zu honorierenden Kulturleistung, zu erhalten. Bauernhöfe kann man nicht schließen, wie man Fabriken zumacht, deren Produkte sich auf dem Weltmarkt nicht mehr absetzen lassen.

In Gmund tut sich vor dem von der Autobahn Kommenden, kaum hat er sein Fahrzeug, durch Häuserzeilen hindurch, bergab gesteuert, plötzlich der Tegernsee auf. Er wird wohl kaum wahrnehmen, wie idyllisch sich hier, erst durch einen liebevoll gezimmerten Holzsteg, dann durch eine Bahn- und schließlich durch die Straßenbrücke hindurch die Mangfall von der hier besonders stark von Schilf bedeckten Wasserfläche verabschiedet. Vielleicht aber fährt er, nach rechts kurvend, den Ackerberg hoch. In Richtung Bad Wiessee kommt er durch eine Allee, die nicht nur durch die mächtigen Baumriesen beeindruckt, die dem See zu noch dichter stehen als auf der anderen Straßenseite. Von hier aus gewinnt er einen der schönsten Blicke, den eine auf den Wasserspiegel komponierte, bezaubernde Bergwelt gewährt. Ob die Aussicht vom Fockenstein, die den Tegernsee in seiner ganzen Ausdehnung dem Wanderer zu Füßen legt, noch reizvoller ist? Was seinen einmaligen Charme ausmacht, ja, was ihn vom Plöner See im deutschen Norden genauso elementar unterscheidet wie vom Garda- und vom Comer See im Süden, nimmt man schon bei einem Spaziergang am Uferweg wahr: es ist die Lieblichkeit der Berge und Hügel, die ihn umsäumen, der Schwung ihrer Konturen, das einander Vorgelagert- und Aufgetürmtsein.

Direkt am See: das Kloster. Wohl lockt das Bräustüberl, manche auch das Museum, das in einem der großen Säle seine vorwiegend dem einstigen Klosterbesitz entnommenen Schätze zeigt, und fast zu jeder Tageszeit zieht die in barocker Dekorfülle schwelgende Klosterkirche Besucher an. Was dieses Kloster in Jahrhunderten, bis hin zur Säkularisation am Beginn des vorigen Jahrhunderts, für das Land rund um den See und seine Menschen wirklich geleistet hat, läßt sich aber nur alten Schriften entnehmen und im Erkunden der Landschaft sowie alter Bauwerke erfahren. Fast jeder Hag gibt Zeugnis von der Agrarkultur der Benediktiner, die zwar auch den Bauern einen Anteil ihrer Ernten abforderten und sie zu Hand- und Spanndiensten befahlen, die aber doch humanere Lehensherren waren als der Landadel rundum.

Im Sommer am Wallberg, sichtlich beliebtes Ausflugsziel

Und wie die Kirche Allerheiligen bei Warngau die lange Parade der Ein- und Aus-
pendler abnimmt, so setzen seit romanischer Zeit Spitz- und später Zwiebeltürme
Rufzeichen der christlichen Botschaft von Gmund bis Kreuth und vom Kalvarienberg in Tölz bis zur Basilika in Fischbachau in jede Gemeinde. Wobei kein anderer
Sakralbau so gut in die von saftigem Grün bestimmte Landschaft paßt wie jener, der
dem klassischen Miteinander von Weiß und Gelb der Barockzeit huldigt.

Kaum war die Eisenbahn zum Tegernsee gebaut, um 1900, entdeckten Münchner
Bürger seinen besonderen Reiz. Daß sie sich irgendwo einmieteten oder gar Bauernhäuser erwarben, war damals eher die Ausnahme. Vielmehr ließen sie sich mehrstök-
kige Gebäude errichten, die eine Möglichkeit boten, von den oberen Stockwerken
aus weit auf und über den See zu schauen. Da und dort wurden ein paar Erker zuviel
und vor allem schmale, teils runde, teils vieleckige Türmchen angebracht, denen
dann mit Blech verkleidete Spitzkegel aufgesetzt waren. Das erhöhte das Gefühl, in
einem »abgelegenen Winkel der Alpen« so recht geschützt, der Romantik Wagner-
scher Opern entsprechend und den zu Architektur erstarrten Fantasien des Märchenkönigs folgend, ein kleiner Schloßherr zu sein. Ein Architekt am Tegernsee spe-
zialisierte sich auf solche Gebäude; dafür wurde eine Balkonform entwickelt, die wie
ein eigener, der Fassade vorgehängter Baukörper erschien. Kanthölzer verbanden
die Balkone der einzelnen Stockwerke, nahmen als Zierat Ornamente auf, Rundbö-

gen und Spaliere, die wie die Brüstungen spielerische Leichtigkeit vorgaukeln sollten. Viel ist davon nicht mehr vorhanden. Auch am Tegernsee haben in den siebziger
Jahren die Bagger gewütet.

Die Münchner kamen nicht nur an den See, sie gingen auch in die Berge. Nach und
nach wurden die durch Wege und Steige erschlossen. So klebt eine Hütte mitten im
Fels zwischen den nur kletternd zu meisternden Gipfeln von Roß- und Buchstein.
Wie er zählen auch der Wallberg und der schon höhere Ansprüche an den Alpinisten
stellende Rißerkogel, der Hirschberg und der Schildenstein zu den beliebten Aus-
flugszielen der Münchner. Ihnen allen liegt der »Baumgarten« gegenüber. Gärten
voller Bäume aber sind eigentlich all die Steinmassive rund um den Tegern- und hinüber zum Schliersee. Sie erheben sich nur selten über 1800 Meter und sind, weil ja die
Waldgrenze bei etwa 1800 Metern verläuft, meist bis obenhin bewaldet. Nur einzelne
Bergspitzen ragen darüber hinaus, wie eben die Gipfel des Roß- und Buchsteins oder
des Rißerkogels. Sanfte Matten liegen dazwischen und, meist mitten drin, aus Baumstämmen oder aus Gestein errichtete Almen, die häufig noch mit Schindeln, seltener
mit Blech bedeckt sind.

Besäße das Oberland nur den Tegernsee, wäre es an landschaftlicher Schönheit
schon reicher als die meisten Regionen in der Mitte Europas. Sein Reiz aber wird
durch die Berge, die zum Süden hin immer mächtiger werden, und die als ein einziger
großer Park zu begreifende Landschaft zwischen Miesbach, Bad Tölz und Holzkirchen noch gewaltig gesteigert. So kann man schon diejenigen verstehen, Weitgereiste
zumeist, die glauben, hier das Paradies gefunden zu haben.

Heinz Burghart

In der Spielhölle vom Lago di Prozzo
Hier herrscht die brave Heidi

Es gibt nur eine Frau auf dieser Welt, die im Reich der magischen Kugeln herrscht,
immer ein As im Ärmel hat und einarmige Banditen locker vom Hocker bändigt. Ihr
Name: Heidi Keimer, von Beruf Spielbank-Direktorin, Einsatz-Ort Bad Wiessee.
Im Casino am Westufer des ›Lago di Prozzo‹, wie der liebliche Tegernsee von Neid-
hammeln und Pfennigfuchsern genannt wird, sorgt Frau Amtmann dafür, daß der
Rubel rollt — selbstredend für den Freistaat Bayern, den Betreiber der legalen Spiel-
hölle. Der Reingewinn, so steht's in den Büchern, beläuft sich jährlich auf runde 50
Millionen Mark. Ein Dukatenesel, bei dem sogar Politiker wissen, was hinten raus-
kommt.

Wie ausgerechnet sie, eine Frau, die hochbeinige Domäne der Männerwelt ein-
nehmen, den Sprung auf den Chefsessel im Dorado der Münchner Glücksspieler

schaffen konnte? Die coole Brünette hebt ihre kräftige Altstimme leicht an: »Ich bin's gewohnt, als Frau meinen Mann in einer Herrengesellschaft zu stehen.« Damit meint die Tochter eines Freisinger Mathematikprofessors nicht etwa die Abendgesellschaft rund um die elf Roulette-Tische aus Mahagoni, an denen immer mehr Damen ihre Haushaltsk(l)asse dem Lauf der Elfenbeinkugel anvertrauen. Vielmehr hat sie die Kaste der bayerischen Beamten im Visier, mit der keineswegs zu spaßen ist. Nicht umsonst genießt sie den Ruf, einer der effektivsten Bünde in deutschen Landen zu sein. Ich habe noch gut die feine Ironie im Ohr, mit der Heidi Keimers Vorgesetzter im Finanzministerium am Münchner Odeonsplatz mein Ansinnen um ein Interview verbeschied: »Jaja, die gute Frau Amtmann will also wieder 'mal Ehre für uns einlegen.«

In Rottach-Egern sollte man auch die Ludwig-Thoma-Bühne kennenlernen

Die solcherart Belobigte steckt den Stich lässig weg und gibt raus:»Ein Glücks-
kind bin ich nicht — dem fällt alles in den Schoß. Ich habe mir alles erarbeitet, Schritt
für Schritt. Außerdem bin ich ein typischer Skorpion, wenn Sie wissen, was ich
meine.«

Da ich im Kosmos der Tierkreiszeichen nicht sonderlich bewandert bin, bitte ich
um Aufklärung.»Der Skorpion ist willensstark, hat einen großen Gerechtigkeitssinn
und ist leicht verletzbar. Aber er ist auch schnell wieder gut.«

Kein Zweifel: Dieser Er ist sie. Ob sie abergläubisch sei, will ich wissen.»Wo denken Sie hin, Gott bewahre.« Ganz abgesehen davon, daß sie keinen Talisman und
auch keine Glückszahl habe, dürfe sie in ihrem Hause ohnehin nicht spielen. Lotto
spiele sie auch nicht, da sie zu genau wisse, daß sie nicht gewinnen werde.»Geld fällt
nicht vom Himmel, das muß man sich verdienen«, erklärt sie mit Nachdruck.»Ich
hab' meine erste Münz' durch Nachhilfestunden im Rechnen gemacht, als Zwölfjäh-
rige.«

Einmal habe sie ihr Glück doch versucht, in Las Vegas, vor langer Zeit. Fünfzig
Mark habe sie umgetauscht, und schon nach wenigen Minuten seien zehn heidi
gewesen.»Da hob i aufg'hört, i bin hoit koa Spiela ned«, versichert sie in Freisinger
Mundart. Nach kurzem Zögern setzt sie hochdeutsch nach:»Vor großen Spielern
habe ich natürlich einen Mordsrespekt. Und die kleinen liebe ich.«

Das mußte sie ja wohl sagen, die Frau Spielbank-Direktorin. Ansonsten wären die
Herren Vorgesetzten in München möglicherweise enttäuscht gewesen von ihrem
Paradepferd. Und hätten das Pferd gewechselt — rien ne va plus.

Joachim Krings

Der Maler von Kochel
Franz Marc

Das erste Mal bahnte ich mir den Weg zu ihm an der Hand meines Vaters. Der
schmale Steig führte über eine saftige Almwiese, vorbei an Kuhfladen und wieder-
käuenden Rindviechern, hinauf zu einer Hütte von ganz ungewohnter Bauform.
Eine dralle, nicht mehr ganz junge Sennerin hieß uns eher harsch denn freundlich
willkommen. Aber schließlich erkannte sie in meinem Vater den Bier-Verleger einer
Tölzer Brauerei, mit der sie es wohl nicht verderben wollte, und lud uns zu»am Glasl
Milli und am Bröckei Brot« (einem Glas Milch und einem Stück Brot), wobei sie letzteres mit einer mächtigen Schicht Almbutter belegte, bevor sie es mir hinschob. Dies
alles geschah auf dem balkonartigen, hölzernen Hüttenvorbau.»Dürf'n wir 'rein
und den Stierkopf ein biß'l anschau'n?« fragte mein Vater, nachdem wir gegessen
und getrunken hatten.»Bals enk d'Haxn o'kratzt 's!« (Wenn's denn unbedingt sein

muß!) sagte die resolute Almerin und fügte kopfschüttelnd hinzu: »I woaß' 's net, was s' allaweil für a G'schieß ham, mit söllan Stierkopf!« (Ich weiß nicht, warum die Leute so ein Geschiß um den Stierkopf machen!) Mein Vater aber stand schon in der Hüttentür und schaute seltsam gebannt über den Sims hinauf. Im Dämmerlicht hob sich von der weiß gekalkten Wand eine von sicherer Hand rasch hingeworfene Zeichnung ab, trotz sparsamer Striche sogleich als Stierkopf erkennbar. »Den hat der Marc 'zeichnet, schau«, sagte er fast flüsternd. Und, nach Minuten stiller Bewunderung: »Er wär' ein ganz Großer word'n, wenn er net g'falln wär'!«

Man schrieb das Jahr 1939, ich war zehn Jahre alt. Wir ahnten nicht, daß zwei Monate später jener Weltkrieg beginnen würde, den man den »Zweiten« nannte und der mich in seinen Ausläufern noch erreichen sollte. (Anmerkung des Herausgebers: Darüber hat Dorfmeister in seinem Buch »Die Brücke«, das von Bernhard Wicki verfilmt wurde, geschrieben.) Beim Abstieg nach Kochel sinnierte mein Vater: »Vielleicht war 's guat, daß er als Held hat sterb'n können, der Franz Marc, weil bei dö Nazi waar er do' nix mehr word'n.«

Ein Großer wär' er geworden — aber dann doch nicht? Ein bisserl müd' werd' ich halt schon gewesen sein, an diesem strahlenden Hochsommertag, sonst hätt' ich dem Vater ein Loch in den Bauch gefragt. Heute kann ich das nicht mehr; seit mehr als 35 Jahren liegt er im Tölzer Waldfriedhof. Daß er mir die erste, prägende Begegnung mit Franz Marc vermittelt hat, habe ich ihm bis heute nicht vergessen und wohl auch nie vergolten. Vielleicht kann ich das mit diesen dürren Zeilen nachholen.

Wer heute vom Kochelsee redet, der meint zuvörderst die Ferienlandschaft, das Freizeit-›Paradies‹ namens trimini mit dem unvergleichlichen Werbe-Slogan »Heit trimm' i mi im trimini«. Vielleicht spricht er auch vom »Schmied von Kochel«, einem sagenhaften Kraftprotz, der — obzwar historisch nicht verbürgt — irgendwo schon Wirklichkeit gewesen sein muß; jede Legende hat ihren wahren Kern. Von Franz Marc aber wissen die allerwenigsten, die heute Kochel a. See besuchen. Dabei haben ein rühriger Förderverein und die Gemeinde ihrem berühmtesten Bürger ein hervorragendes Denkmal gesetzt: ein kleines, aber ausgezeichnet beschicktes und landschaftlich überaus reizvoll gelegenes Museum. Es vermittelt nicht nur einen Einblick in das Schaffen des Künstlers, sondern auch in die Welt, in der er und sein »Blaues Pferd« lebten.

Mit einigen seiner Freunde war Franz Marc anno 1902, also 22jährig, eher zufällig an den Kochelsee gereist, um hier zu malen. Von da an hat ihn die Landschaft eigentlich nie mehr losgelassen. Zwar machte er — von seiner Münchner Wohn- und Arbeitsstätte aus — sechs Jahre später einen Abstecher in den Isarwinkel, nach Lenggries. Dort malte er konzentriert und fast wie besessen sein »Großes Lenggrieser Pferdebild«, die »Grüne Studie« und das »Lärchenbäumchen«. Gut möglich, daß er mit dem Gedanken spielte, im Isarwinkel seine Heimat zu finden. Doch der Kochelsee mit seinen flachen Moorlandschaften vor der Kulisse von Jochberg und Herzogstand erwies sich als stärker. 1909 nahm er in Sindelsdorf Logis, schuf in den folgenden drei Jahren den »Turm der blauen Pferde«, das »Bild mit Rindern« und »Die

Wölfe«. Er fühlte sich — trotz mancher privater Probleme — stark und frei;»Geist bricht Burgen« lautet ein Satz, der wohl jener Zeit zuzuschreiben ist. 1914 erwarb Franz Marc ein Haus in Ried bei Kochel, um »daheim zu sein«.

Wie sehr der Protagonist der »Blauen Reiter« auch mit August Macke, Paul Klee, Wassily Kandinsky oder Alexej von Jawlensky um neue Ausdrucksformen kämpfte — innerlich blieb er den konservativen, tradierten Verhaltensformen verhaftet. Wie sonst hätte er sich beim Ausbruch des Ersten Weltkrieges im August 1914 als Freiwilliger gemeldet? Am 14. März fiel Franz Marc, erst 36 Jahre alt, in Flandern. Zu früh? Jedenfalls hat er nicht mehr miterleben müssen, wie sein 1914 vollendetes Bild »Tirol« von den braunen Banausen als entartete Kunst abgetan wurde.

Sicherlich fragen Sie, verehrter Leser und Wanderer, nach dem Namen jener eingangs erwähnten Alm, über deren Türsims noch immer Franz Marcs Stierkopf im Sinne des Wortes »prangt«. Ich werde ihn nicht verraten. Das bin ich Franz Marc, meinem Vater und einem Almbauern schuldig.

Gregor Dorfmeister

Städte und Stationen

Bad Wiessee

735 m, 5.000 E., 5.816 B., Spielbank.

Angeln, Bauerntheater, Drachenfliegen, Fahrradverleih, Freibad, Golf, Hallenbad, Pferdekutschen, Sanatorien, Schießsport, Segeln, Sommerstockbahn, Tennis, geführte Wanderungen, Windsurfen;

Eislaufen, Eisstockschießen, Rodelbahnen, Skischulen, Tennis, Verleih von Wintersportgeräten.

Information: Kuramt, 8182 Bad Wiessee, Tel. 08022/82051.

Rottach-Egern

740-1.700 m, 6.500 E., 3.500 B., St. Laurentius, 1111 erbaut, 1466 neu gebaut, 1671/72 barockisiert (Tel. 08022/5475); Auferstehungskirche, 1955 von Gulbransson erbaut (Tel. 08022/4430).

Angeln, Bauerntheater, Drachenfliegen, Fahrradverleih, Freibad, Hallenbad, Pferdekutschen, Segeln, Tennis, geführte Wanderungen, Windsurfen;

Eislaufen, Eisstockschießen, Rodelbahnen, Skischulen, Wintersportgeräteverleih;

Wallbergkabinen-Seilbahn (793-1.620 m), 8.30-17.00 Uhr.

Information: Kuramt, Postfach 100, Nördl. Hauptstr. 9, 8183 Rottach-Egern, Tel. 08022/671341.

Tegernsee

730 m, 4.100 E., 2.037 B., Bhf., Olaf-Gulbransson-Museum, Kurgarten 5, neben berühmten Simplicissimus-Karikaturen auch Porträts, tgl. außer Mo 14.00-18.00 Uhr (Tel. 08022/3338); Hedwig Courths-Maler-Grab auf dem Friedhof; Kloster Tegernsee, ehem. Klosterkirche St. Quirin, im 17./18. Jh. barockisiert (Tel. 08022/4640).

Angeln, Bauerntheater, Drachenfliegen, Fahrradverleih, Freibad, Hallenbad, Segeln, Tennis, geführte Wanderungen, Windsurfen;

Eislaufen, Eisstockschießen, Rodelbahnen.

Information: Kuramt im Rathaus, 8180 Tegernsee, Tel. 08022/18 01 40.

Touren und Tips

Rund um den Tegernsee

Kein Ort in Oberbayern hat eine so große Tradition als Touristenattraktion wie **Tegernsee**: Die Kaiser Otto II., Friedrich Barbarossa, Zar Alexander I. und Franz I. von Habsburg, der Minnesänger Walther von der Vogelweide, Komponist Felix Mendelssohn-Bartholdy, Schriftsteller wie Ganghofer und Richter, Maler wie Macke und Menzel — sie alle verbrachten erholsame Tage in Tegernsee. Einige blieben für längere Zeit oder sogar für immer; davon zeugen die zahlreichen alten Villen. Und einer ist in einem Museum verewigt: Olaf Gulbransson. Seine letze Ruhe hat er, wie auch Hedwig Courths-Mahler, auf dem Tegernseer Friedhof gefunden.

Anziehungspunkt für Reiselustige ist Tegernsee seit Gründung des Klosters St.Quirin im 8. Jh. Bereis 150 Jahre später erstreckte sich der Besitz des Benediktinerklosters über weite Teile Mitteleuropas. Daneben wurde das Kloster auch ein kultureller Mittelpunkt: Die Klosterbibliothek übertraf mit ihren Schätzen zeitweise sogar die Sammlungen der Medici und des Vatikans. Nach der Säkularisation veranlaßten die Wittelsbacher eine Umgestaltung des Klosters. Der prachtvolle, aus dem 11. Jh. stammende Bau wurde von Leo von Klenze verändert, geblieben sind nur die Krypta der frühromanischen Kirche und die unteren Teile der Türme. Dafür gibt's jetzt hier im berühmten Bräustüberl etwas fürs leibliche Wohl, an die Vergangenheit erinnert das Heimatmuseum.

Die benachbarten Gemeinden **Rottach** und **Egern** — inzwischen längst zu einem Ort zusammengewachsen — standen lange im Schatten der blühenden Nachbargemeinde. Ihre »Emanzipierung« begann erst Mitte des vorigen Jahrhunderts, als die Maler der Münchner Schule die Schönheit der kleinen Dörfer am Tegernsee entdeckten und sich dort niederließen. Doch die Nähe zum Kloster St.Quirin hat Rottach-Egern auch ein paar wertvolle Bauten und Schätze beschert: z.B. die Kirche St. Laurentius in Egern aus dem 15.Jh. mit ihrem 200 Jahre später hinzugefügten barocken Deckenstuck und dem barocken Hochaltar, dem Votivbild über die Sendlinger Mordweihnacht von 1705 und dem Holzrelief »Marientod« aus dem 16. Jh. Wer die ebenso deftigen wie kritischen Theaterstücke von Ludwig Thoma kennenlernen möchte, sollte sich Karten für das Bauerntheater, die Ludwig-Thoma-Bühne, besorgen.

Berühmt wegen seiner Spielbank ist **Bad Wiessee**, der Kurort mit den stärksten Jod-Schwefelquellen Deutschlands. Heilung von Leiden aller Art suchten Menschen hier schon im 15. Jh., als ein Tegernseer Mönch das St. Quirinus-Öl entdeckte. Dieses Öl entpuppte sich bei einer genauen Untersuchung im Jahre 1909 als bestes Petroleum. Texas am Tegernsee? Nicht lange, dann stieß man auf die Jod- und Schwefelquellen. Texas war passé — Wiessee mauserte sich zum Kurort erster Klasse. Schönstes Vergnügen für die Kurgäste: eine Wanderung zur Aueralm, wo es in 1.300 Meter Höhe noch einen Almbetrieb wie zu Großvaters Zeiten gibt.

Am nördlichen Zipfel des Tegernsee, dort wo der Mangfall seinen Ursprung hat, liegt **Gmund**. Drei Männer aus diesem Ort haben Geschichte gemacht:

Hans Reiffenstuel, der eine Soleleitung aus Holz von Reichenhall nach Traunstein legte; ein Hirtenjunge namens Manhart, der als Uhrmacher Karriere machte und seine Turmuhren in die ganze Welt verkaufte; der Wirt Max Obermayer, der Schweizer Kühe zur Zucht nach Bayern holte und sich damit als Züchter einen so großen Ruf einhandelte, daß selbst der russische Zar Nikolaus I. Kunde bei ihm wurde. Die Nähe zum Kloster in Tegernsee ist auch hier gegenwärtig: An der Stelle, wo der Leichenzug mit dem Hl.Quirin Rast machte, steht seit dem 15.Jh. eine Kapelle.

Auf der anderen Seite, ein wenig höher als die anderen Orte rund um den See und in unmittelbarer Nähe zum Hausberg, dem Wallberg, liegt **Wildbad Kreuth**. Schon im Mittelalter wurde der von den Tegernseer Mönchen gegründete Ort mit seinen Heilquellen als Erholungsort genutzt. Die alten Kur- und Badehäuser, 1669 von den Wittelsbachern erbaut, stehen heute noch. Der Kurbetrieb ist inzwischen aber eingestellt, die Häuser werden von der Hanns-Seidel-Stiftung, einer CSU-nahen Organisation, benutzt. Dort faßte die CSU vor Jahren einmal den sog.»Kreuther Beschluß«: Sie wollte sich über Bayern hinaus ausbreiten. Daraus wurde jedoch nichts, CDU-Kohl war davor.

Im Herbst wird es ruhig am Tegernsee

Bayrischzell, ein Bilderbuchdorf

DAS MIESBACHER OBERLAND

Für den alten Feuerkopf Walter Hörmann ist das Oberland, das über sein geliebtes Miesbach weit hinausgreift, ein Polsterstuhl mit Arm- und Rückenlehne, fest verankert in einer guten Stube, die nicht allzu geräumig ist, aber genügend Platz bietet für ihn und seinesgleichen und für Gäste, die sich nicht allzu breit machen. Mit Idylle hat das — trotz der unübersehbaren Naturschönheiten der Landschaft — nichts zu tun. Vielmehr spürt er die Zwiespältigkeit, die aus der Geschichte kommt. Da ist einmal der reiche, westliche Teil, der im Gefolge des überaus mächtigen Klosters in Tegernsee seinen Schnitt machte, und da ist das im Schatten von Adel und Klerus darbende Bauernvolk. Das prägt den Charakter: Wer zwei Seelen in seiner Brust hat, ist der geborene Schauspieler. Der berühmteste aus einer unübersehbaren Vielfalt von Naturtalenten war »Terofal«. Der Gastwirt gründete das Schlierseer Bauerntheater, eroberte mit seiner Truppe Amerika im Sturm und animierte den Preußen-Kaiser Wilhelm II. zum Griff in die Spendierhosen. Doch nur höchst ungern lassen sich die Oberlandner in Zwangsjacken stecken. Als das Bauernvolk zu sehr unter der Willkür der Gesalbten und Geleckten leiden mußte, hub das Haberfeldtreiben an — ein ganz besonders starkes Stück bayerischer Juristentradition. Die Hatz könnte sehr bald wieder ausbrechen, wenn die Hornochsen von der Europäischen Gemeinschaft den Züchtern des weltberühmten Miesbacher Fleckviehs weiterhin nur Knüppel zwischen die Beine werfen. Anscheinend haben die Bürokraten aus Brüssel auch kein Ohr für die kunstvoll gegossenen Glocken, die nicht nur zum Almabtrieb für den rechten Klang sorgen.

Brodeln in der guten Stube
Ein Stück Geschichte

Wenn einer als Alteingesessener sein Bayerisches Oberland beschreiben soll, gerät er unweigerlich in Zwiespalt mit sich selbst. Heimatliebe macht zumindest ein Auge blind. Im Ringen um die sicher erwartete Objektivität gerät notwendige Kritik vielleicht überspitzt. Und für eine zwanglose Beschreibung fehlt die Distanz. Ich fühle mich also leicht unglücklich bei meinem Auftrag. Und ich beginne zögernd mit der ganz und gar subjektiven Feststellung, daß mir auf meinen Reisen die anderen und fremden Landschaften alle irgendwie größer und weiter erschienen sind. So nach allen Himmelsrichtungen offen, muteten sie mich wie Zwischenstationen an, luden mich nur zu Zwischenaufenthalten ein. Hinsetzen wollte ich mich oft und betrachten, aber die Gegenden kamen mir immer vor wie ein Hocker ohne Lehne.

Für solche Eindrücke muß ich um Verzeihung bitten, zumal jetzt das Geständnis kommt, daß ich nur ›mein Oberland‹ als einen Polsterstuhl mit Arm- und Rückenlehne empfinden kann. Sind es die Berge, die mir das Gefühl einer vertrauten Stube einflößen? Zugegeben, sie wirkt nicht sehr geräumig, aber doch groß genug für mich und meinesgleichen und auch für Gäste, soweit sie sich nicht allzu breit machen.

Der unvergessene österreichische Bundeskanzler Bruno Kreisky hat etwas über meine Heimat gesagt, das Honig für mich war: »Im Urlaub fahr' ich am liebsten nach Bayern, denn dann bin ich nicht mehr in Österreich und noch nicht in Deutschland.« Er wurde dafür — völlig zurecht! — mit dem bayerischen Valentinsorden belohnt. Und wo ist der berühmte Komiker, um den sich — selbstverständlich vergebens — Hollywood bemühte, an seinen Wochenenden am liebsten hingefahren? Karl Valentin liebte nichts mehr als das Miesbacher Oberland.

Verwaltungsmäßig bildet der Landkreis Miesbach mit dem Tegernseer Tal, mit der Senke um den Schliersee, dem Einschnitt entlang der Leitzach und der nördlich vorgelagerten Ebene eine Einheit. Für Einheimische und Kenner aber steht die Landschaft um den Tegernsee einerseits, die Gegend um Miesbach, den Schliersee und Bayerischzell andererseits wie ein ungleiches Paar Schuhe im Voralpenland. Das soll nicht heißen, daß der Landkreis Miesbach auf einem Hax'n hinkt. Nein, ich sehe das so: Harmonisch ist das Miesbacher Oberland im Ganzen nicht, aber seine unterschiedlichen Facetten passen wunderbar zusammen.

Diese leise Zwiespältigkeit, die sich in manchen Bereichen sogar zu einer Widersprüchlichkeit auswächst, hat ihren Ursprung zweifellos in der Geschichte. Denn die verlief nur in grauer Vorzeit — wenn man den leider dürftigen Zeugnissen trauen darf — ohne größere innere Verwerfungen. Da viele Schulbücher und sogenannte Sachbücher nicht auf dem neuen Stand der Forschung angelangt sind, fange ich ganz vorne an.

Vor rund einer Million Jahren drangen, vermutlich aus Ostafrika kommend, die ersten Menschen über den Mittelmeerraum bis zum südlichen Alpenrand vor. Vor

Irschenberg

etwa 100.000 Jahren wagten sich die ersten Neugierigen ins Innere der gewaltigen Barriere. Wann sind sie an ihren Nordrand vorgestoßen, wie alt sind die frühesten Funde im Oberland, die Steinäxte und Steinbeile? Genau weiß es niemand. Belegt ist nur, daß die Kelten ein halbes Jahrtausend vor der Zeitenwende vereinzelte Stützpunkte in den Flußtälern anlegten und auf der Jagd sowie bei der Suche nach Erzen selbst in höhere Regionen des Gebirges aufstiegen. Schließlich fühlten sie sich so heimisch, daß sie im Norden des Landkreises Miesbach die Fentbachschanze errichteten — mit 500 Metern Ausdehnung eine ihrer größeren Anlagen im süddeutschen Raum.

Im ersten Jahrhundert nach Christus wurden sie von den Römern (Kaiser Claudius) kurzerhand verdrängt oder auch schlichtweg einverleibt. Wieder 500 Jahre später, nach dem Niedergang des gefräßigen Roms, wurde es vor den Alpen bedenklich still. Ein Aufatmen der Geschichte — bis die christliche Kultur ihren Einzug hielt. Und nun beginnt der Unterschied: Während die Klostergründung am Tegernsee zu einer der bedeutendsten Kulturstädten Süddeutschlands führt, können sich frühe Klöster in Bayrischzell, Fischbachau, Schliersee und — in dessen Schatten — Weyarn nie so recht behaupten.

Tun wir einen Sprung in die Zeit der Wittelsbacher, die mit den Machenschaften und Zwistigkeiten kirchlicher und adeliger Herrschaften aufräumten. Auch wenn sie vielleicht mit der Säkularisation die kulturelle Entwicklung gebremst haben: fest steht, daß sie das kleine Volk der Bauern, Hirten und Handwerker aus einem Zangengriff befreit haben. Das leutselige bayerische Königshaus erkor das Tegernseer Tal zu seiner gastfreundlichen Sommerresidenz. Münchens Bürgertum zog nach und fand vor allem am Schliersee und im Leitzachtal das, was als ›Sommerfrische‹ am Beginn einer zweifellos fragwürdigen Wochenendkultur und eines manchmal schon etwas erdrückenden Fremdenverkehrs stand.

Zu diesem Zeitpunkt holt der ›andere Schuh‹ gewaltsam auf: 1883 fährt die erste Eisenbahn aus dem Norden ins Oberland. In Bayrischzell gründet der junge Lehrer Joseph Vogl mit seinen Freunden, die man hierzulande ›Spezln‹ nennt, den ersten Trachtenverein. Bergwerke in Miesbach und Hausham fördern Kohle im großen Stil, und im Deutschen Museum kündet eine kleine Sonderschau von der weltweit ersten Starkstromübertragung zwischen Miesbach und München. Endlich befreit, kann sich das Handwerk entfalten, und die Volkskunst erreicht eine Blüte, die auch ländliches und kleinstädtisches Leben verbindet. Das Volkstheater und die Volksmusik sind nur zwei, wenn auch bedeutende, Beispiele dafür. Durch sie ist das Miesbacher Oberland in aller Welt bekannt geworden. ›In aller Welt‹ — klingt ein bißchen großkotzig! Dennoch: Miesbachs Bauernstand wirkt heute — wenn das Wort in diesem Zusammenhang erlaubt ist — ›emanzipiert‹. Alle Landkreisbewohner sind stolz auf seine Leistungen in der Viehzucht. Miesbacher Fleckvieh hat kreuz und quer über den Erdball Anerkennung gefunden.

Guter Ruf hin — guter Ruf her: alles hat seine Schattenseiten. Mittlerweile wird das Miesbacher Oberland von einer Touristenflut überschwemmt, die gefährlich zu werden droht. Gegensteuern tut not. Gott sei Dank scheint hier eine junge Generation von Fremdenverkehrs-Managern heranzuwachsen, die mit kritischen Köpfen gesegnet ist und auch mit dem Herzen zu denken versteht.

Doch das Oberland ist schon immer, ›bevölkerungspolitisch‹ gesehen, ein brodelnder Suppentopf gewesen. Hat schon die Völkerwanderung unterschiedliche Gruppen mit grundverschiedenen Sprachen und Kulturen in der Gegend abgesetzt, so sorgten nach dem Krieg die Zuwanderung von Ausgebombten und Heimatvertriebenen samt dem allgemeinen Sog von Nord nach Süd für immer neue Gesichter und Einflüsse. Nicht zu vergessen auch der schon erwähnte, mittlerweile eingestellte Kohlebergbau in Miesbach und Hausham: Er lockte zahlreiche ›Kumpel‹ aus Italien, Schlesien, Sachsen und aus dem Ruhrgebiet an.

Bisher hat sich das Oberland in Eigenart und Traditionen noch immer als stark genug erwiesen, um alles unter einen Hut zu kriegen. Und wenn wir den altbayerischen Schmelztiegel, in dem auch wir gesotten wurden, weiter kräftig umrühren, dann werden auch der Mehmed Erdal, der Vlatoslav Nemezec mitsamt dem Uwe Keese spätestens in der dritten Generation ohne falschen Zungenschlag ›Oachkatzlschwoaf‹ (Eichkätzchenschweif) und ›Loawidoag‹ (Brötchenteig) sagen können.

Der Feind heimatlicher Kultur und Landschaft ist nicht der andere Mensch, sondern die Gedankenlosigkeit, unter der Raubbau und Zerstörung fortschreiten.

Walter Hörmann

A Schneid muß ma habn

Wenn der Volkszorn kocht
Haberfeldtreiben

Femegerichte hat es immer wieder gegeben, überall. Keines aber wurde so berühmt wie das Miesbacher Haberfeldtreiben. Was war sein Ursprung? Auf keinen Fall gehört es als bloße ›Gaudi‹ in die gängigen Klischees von ›Schnaderhüpfln‹, ›Schuhplattler‹ und dem saudummen Spruch ›Auf der Alm, da gibt's koa Sünd‹. Der Unmut des Volkes, die Lust an der Hatz, saßen tiefer. Mit dem Hafer, dem Getreide, den man im Oberland ›Habern‹ nennt, haben die Treiben wohl nichts zu tun; schon eher mit dem ›Haber‹, einer uralten Bezeichnung für den Geißbock, einem wahrhaft übermütig-boshaften Vieh.

So ganz im Klaren über sich und seinesgleichen war sich der Altbayer noch nie. Dem steht seine Neigung entgegen, alles Ernsthafte spaßig zu verbrämen und damit in Frage zu stellen. Auch sein Hang zum Darstellerischen, zum selbstinszenierten Theater verwischt ihm manchmal die Grenze zwischen Realität und Phantasie. Seiner mitunter gefürchteten Gabe, andere mit Vergnügen in die Pfanne zu hauen, steht oft die Bereitschaft gegenüber, sich selbst zum Spaß seiner Umwelt auf den Arm zu nehmen. Zusammen ergibt sich das Talent zum Theaterspielen — und eben auch zum Haberfeldtreiben.

Diese freien Volksgerichte, die vom Miesbacher Oberland aus auf andere Landstriche übergriffen, sind in der Erforschung des Brauchtums bisher zu kurz gekommen. Sie verdienen mehr als nur das Interesse der Volkskundler: Sie sind ein Stück Rechtsgeschichte und gehören ins Lehrbuch der Demokratie.

Sicher, nach außen hin mutet in der Überlieferung alles wie ein übermütiges Spektakel an. Schrille Trompetenstöße, das Rasseln von Eisenketten, Dröhnen von Blech, Kuhglockengebimmel, wildes Grölen und der dumpfe Chorus streng reglementierter Droh- und Spottverse leiteten so ein nächtliches Treiben ein. Fackeln und Handlaternen beleuchteten gespenstisch den Aufzug, der einem treulosen Frauenzimmer ebenso gelten konnte wie einem alten Geizkragen, einem Pfarrer oder sogar dem Landrichter. So lange hielt der Krawall an, bis sich der oder die Beschuldigte, meist im Nachthemd, an der Haustür, auf dem Balkon oder in einem Fenster zeigte. Das war der Augenblick für den Habermeister, auf einen Schemel oder einen Baumstumpf zu springen, um die Litanei der Sünden — unterstützt von rituellen Anfeuerungsrufen der übrigen Haberer — in deftigen und wirklich nicht für feine Ohren bestimmten Versen vorzutragen. Mitunter demonstrierten dem Sünder sogar Flintenschüsse das Bedrohliche seiner Lage. Sicher war es nicht zuletzt der Gebrauch von Feuerwaffen, der Gendarmen und sogar Militär auf den Plan rief. Es kam dann zu Ausschreitungen, ein paarmal dummerweise zu regelrechten Feldschlachten.

Das erste Haberfeldtreiben ist aus dem Jahr 1716 überliefert. Das war eine Zeit, in der sich die Bauern und die kleinen Bürger zwischen der Herrschaft der Klöster und jener des Landadels eingezwickt fühlten. Nicht nur, daß beide Seiten die ohnehin geringen Rechte und Freiheiten des Landvolks ständig einzuengen suchten, daß

Adel und Kirche die Abgaben und Frondienste bis zur Unerträglichkeit steigerten —
nein, weltliche und geistliche Obrigkeit trugen auch noch ihre Differenzen auf dem
Rücken der kleinen Leute aus. Da brach der Aufstand los.

Verbürgt ist, daß die in dunkle Lodenkotzen (Umhang) gehüllten, mit Ruß und
falschen Bärten bis zur Unkenntlichkeit maskierten Haberer zunächst ohne Gewalt-
anwendung und Sachbeschädigung aufgetreten sind. Sie bauten auf die Wirkung der
Blamage und der Einschüchterung. Auch scheinen die ersten Haberer die Reaktion
auf ihre nächtlichen Aktionen zuerst einmal bei Privatpersonen ausprobiert zu
haben. Sehr bald jedoch wurden sie kühner und aufsässiger, rücksichtsloses Vorge-
hen der Obrigkeit schürte den Volkszorn. Nun gab es kein Halt mehr vor Respekts-
und Amtspersonen. Die Verhaftung einzelner Aktivisten goß nur Öl ins Feuer.

Die Oberlandler, auswärts oft als ›stockkonservativ‹ verschrien, waren politisch
nie berechenbar. Auch in neuerer Zeit hat so mancher kleine Bauernaufstand, haben
etliche Überraschungen in der Wahlurne den boshaften Vergleich bestätigt, die Menschen dieser Gegend seien wie das Rauchfleisch: außen schwarz, innen rot. Kenner
dieser undurchsichtigen Volksseele würde es nicht wundern, wenn sich die Oberlandler eines nicht allzu fernen Tages wieder die Gesichter schwärzten und aufstün-
den in heiligem Zorn, um wider alles Unechte und Unrechte in dieser angefaulten
Welt zu Felde zu ziehen. Ich wär' dabei!

Walter Hörmann

Theater als Lebensart
Laienspiel ist überall

Wenn er ins Theater geht, überschreitet der Mensch die Grenze zwischen Wirklichkeit und Schein. Mag er sich dann von der Handlung noch so hinreißen lassen, hinterher trennt er wieder streng zwischen Alltag und Traumwelt.

Anders der Mensch des Oberlandes. Das Theater liegt ihm im Blut. Er kann es nur
schwer von der Wirklichkeit trennen. Vielleicht liegt aus halbvergessenen Zeiten
großer Not, Angst und Bedrängnis eine gewisse Melancholie als Grundstimmung in
seinem Wesen. Vielleicht ist die an ihm so vielgerühmte Ausgelassenheit nichts anderes als der Versuch, einer unerklärlichen Traurigkeit Herr zu werden und das fröhliche Gesicht zu wahren. Mag sein, daß sich so auch die Grobheit erklärt, die man diesem Menschenschlag anlastet. Jedenfalls, wie ein Kind Lachen und Weinen in einem
Sack hat, so zeichnen Widersprüche wie Liebenswürdigkeit und Gepolter den Charakter des Oberlandlers.

Diese Wesensart offenbart zwei Züge: Der eine ist die Bereitschaft, zwischen
Theater und Wirklichkeit nicht allzu sehr zu unterscheiden. Ein Beispiel: Anno 1921

Pause

schlug eine Laienaufführung des Wildererdramas vom berühmten Jennerwein Girgl dem Publikum des Bergwerk-Ortes Hausham jedes Mal so aufs Gemüt, daß der Darsteller des Mordschützen vor der erregten Zuschauermenge nach jeder Aufführung durch ein Toilettenfenster flüchten mußte. Zuletzt war der arme Mensch froh, als das Theaterstück abgesetzt wurde, weil seine privaten Geschäfte als Limonadenhersteller zu leiden begannen. Mag einer über soviel Einfalt mitleidig lächeln — Ausdruck von Erlebniskraft ist sie doch allemal. Zudem, das sei hinzugefügt, ist es gerade die ›stille Einfalt‹, die schöpferisch macht.

Damit wären wir beim zweiten Wesenszug: der Kraft der Darstellung. Nirgendwo wird man mehr Laienspiel, zahlreichere kleine Bühnen und ein begeisterungsfähigeres Publikum finden als in dieser Ecke Altbayerns. Lassen wir die dörflichen Theatergruppen zunächst beiseite (obwohl sie Großes leisten!) und zeigen an der Geschichte der bedeutendsten Bühne, des Schlierseer Bauerntheaters, was Theaterblut zuwege bringen kann.

Begonnen hat alles so, daß der Münchner Hofschauspieler Konrad Dreher, schon immer ein begeisterter Anhänger des altbayerischen Laienspiels, den Metzgermeister und Gastwirt Xaver Laforet (ein Großvater war Hugenotte) beim Schuhplatteln beobachtete. Dabei kam der Profi über die Ausdruckskraft dieses Naturtalents ins Staunen. Sie wurden Freunde, und als der junge Gastronom und Alleinunterhalter soviel Geld verdient hatte, daß er ein kleines Hotel am Schliersee kaufen konnte, reizten die beiden ihre Pläne von einem eigenen Volkstheater so aus, daß es kein Zurück mehr gab. Erst war an den Einbau einer kleinen Bühne im Nebenhaus gedacht, aber dann entstand ein ausgewachsenes Theater. ›Terofal‹, wie man Laforet in Umkehrung seines Namens erst spaßeshalber und dann für immer umtaufte, sammelte seine Schlierseer Freunde um sich, unter denen offenbar kein Mangel an schauspielerischen Talenten herrschte. Am 19. Juni 1892 flog der Vorhang zur ersten Aufführung, die passend ›S' erst G'spiel‹ hieß. Erfolg reihte sich an Erfolg, und der Anklang war so stark, daß es die Schlierseer schon ab dem folgenden Jahr wagten, altbayerisches Volksgut mit ihrem Bauerntheater in die Welt hinauszutragen.

Auf Gastspiele in ganz Deutschland folgten Aufführungen in Österreich, der Schweiz, Ungarn, Frankreich und, drei Jahre darauf, eine große Amerikatournee, die in einem Auftritt an der New Yorker Metropolitan Opera gipfelte. Das überwiegend deutschstämmige Publikum tobte vor Begeisterung, ein heimwehkranker Bayer soll seinen Landsleuten vom höchsten Rang des hehren Kunsttempels aus zugejodelt haben. 104 Aufführungen in einem Vierteljahr sprechen wohl für sich...

Begeistert zeigte sich auch Berlin vom Spiel der Schlierseer. Heller Jubel begleitete die Aufführungen von ›Jägerblut‹, ›Almenrausch und Edelweiß‹, ›Der Protzenbauer‹, ›Das Lieserl vom Schliersee‹ und ›Der Herrgottschnitzer von Oberammergau‹. Einmal kam Kaiser Wilhelm II. höchstpersönlich ins Königliche Operntheater. Er fand solchen Gefallen an den bayerischen Komödianten, daß er die Damen mit goldenen Schmucknadeln und die Herren mit edlen Manschettenknöpfen bedachte. Besonders Xaver Terofal hatte es ihm mit seiner inneren Fröhlichkeit und starken Ausstrahlung angetan. Als er ihn eines Tages durch sein Kutschenfenster Unter den Linden als Spaziergänger entdeckte, ließ er anhalten und verwickelte den überraschten Mimen in ein viertelstündiges Gespräch — was anderntags in der Tagespresse sensationell aufgemacht wurde.

In seinem sozialen Verständnis als Arbeitgeber (Intendant und Geschäftsführer) war Terofal übrigens seiner Zeit weit voraus. Alle Mitglieder seines Ensembles bekamen die gleiche Gage, und die war besser als an den großen, klassischen Bühnen. Achtzehn Jahre hat sich nach dem Tod seines Gründers das Schlierseer Bauerntheater noch gehalten. Der Siegeszug des Fernsehens blies der Bühne schließlich das Lebenslicht aus, anderen großen Volkstheatern ebenso.

Die kleineren und kleinsten Laientheater konnten sich gegen die elektronische Konkurrenz behaupten, Gott sei Dank. Und es rührt sich auch wieder von unten 'was: Theaterspielen an Schulen wird immer beliebter.

Walter Hörmann

St. Leonhard, hilf!

Das Fleckvieh und die Hornochsen

Heute schert es keinen mehr, daß der Patron der Viehzüchter, St. Leonhard, eigentlich der Schutzheilige aller Zuchthäusler und Gefangenen war. Vielleicht steckt sogar ein tieferer Sinn dahinter. Jedenfalls ist seine Fürbitte im Oberland wieder sehr gefragt, und zwar zum Schutz vor der Europäischen Gemeinschaft, die manchem Viehbauern fürchterlicher als die Maul- und Klauenseuche vorkommt. Die siebengescheiten Herren aus Brüssel versuchen nämlich, den Wert des bayerischen Bergbauerntums und den der Almwirtschaft mit ihrem blöden Rechenstift zu messen.

Ihre spitzfindigen Abgesandten loben zwar jedesmal die wunderschöne Alpenlandschaft, die stilvollen Häuser, das Bier und die Schmalznudeln, aber in ihren Bürokratenschädeln ist wenig Platz für die Einsicht, daß die Almwirtschaft schon seit über 2000 Jahren den Charakter der bayerischen Berge prägt. Wollen die anonymen Hornochsen ein Europa des Reißbretts? Nur weiter so!

Es sei daran erinnert: Was speziell die Miesbacher Viehzucht an Nutzen gebracht hat, geht auf keine Kuhhaut. In einer Zeit, in der ausgewachsene Kühe kaum größer als heute die Kälber waren und in der man den Milchertrag in der Kaffeetasse messen konnte, hauten die Miesbacher Bauern als erste auf den Tisch; Inzucht und unkontrolliertes Gekreuze der Viecher mußten ein Ende haben. Junge Burschen zogen im

Wenn's bei denen in der EG doch nur auch klingelte!

18. Jahrhundert, ihre Enkel dann noch einmal im Jahr 1837 zu Fuß und in Pferdewagen in die Schweiz, um mit sorgfältig ausgewählten Herden aus dem Simmental das Blut der zuvor meist aus Tirol eingeführten Rinderrassen aufzufrischen.

Der Erfolg fand schon 1852 in dem Buch »Die Rinderrassen Deutschlands« seinen Niederschlag. Vom »neuen Miesbacher Schlag« war da die Rede, der als »äußerst genügsam, gut im Wuchs und in der Milchleistung« gelobt wurde. Das wiederum muß der russische Zar gelesen haben, denn in der zweiten Hälfte des 19. Jahrhunderts trieben mehrmals Miesbacher Burschen in endlosen Fußmärschen, für die die Klauen der Kühe eigens mit Eisen beschlagen werden mußten, ganze Herden an den Hof Nikolaus' I. nach Moskau.

Unter Kennern war dann nur noch vom ›Miesbacher Fleckvieh‹ die Rede. Früh wurden Zuchtvereine gegründet und Genossenschaften. Der Ruf der Miesbacher Viehmärkte drang weit über die Landesgrenzen. 1873 schrieb ein Leitzachtaler Züchter in sein Tagebuch: »Habe einen selbstgezogenen Zuchtstier verkauft, der in Miesbach und München wie auch in Wien den ersten Preis bekam.«

Heute gibt es kaum noch ein Land der Erde, in das nicht schon Miesbacher Fleckvieh zur Verbesserung der angestammten Viehbestände — mitunter per Jet — geschickt worden wäre. Also: Wer seine Freude hat an dem braunscheckigen Vieh, wer es im bunten Schmuck der Almabtriebe filmt oder knipst, der denke bitte gründlicher nach als die Deppen in Brüssel. St. Leonhard bitt' für uns!

Walter Hörmann

Dur und Moll der Almen
Wem die Glocke schlägt

Keine Fremdensaison im Miesbacher Oberland ohne Kuhglockendiebstahl — Souvenir, Souvenir. Doch das Delikt ist älter als man denkt: In einem Gesetzbuch der salischen Franken aus dem Ende des 5. Jh. wurde der Diebstahl einer Schweine-Schelle weniger hart bestraft als der bei einer Kuh oder gar bei einem Pferd. Kaiser Justianus der Große verfügte in seinem Codex aus dem 6. Jahrhundert, daß Glockendiebe gnadenlos auszupeitschen seien. Im Lex Baiuvariorum, dem ältesten bayerischen Recht (8. Jh.), werden noch schärfere Strafen in Aussicht gestellt.

Lang, lang ist's also her, daß Schellen, Rasseln, Rollen und Glocken nur dem Zwecke dienten, das Hüten zu erleichtern, die Herden zusammenzuhalten, die Nutztiere vor reißenden Bestien, diebischem Gesindel und bösen Geistern zu schützen. Erfunden wurden sie sicher bald nachdem der Mensch die ersten Ziegen, Schafe, Schweine, Rinder, Esel und Pferde gezähmt hatte; von Wohlklang war lange nicht die Rede.

Tönendes Metall, so ist es belegt, verwendeten die klugen Chinesen — die übrigens auch das Pulver erfunden haben, aber in ziviler, friedlicher Absicht! — um 3000 vor dem abendländischen Christus. Gegossene Bronzeglöckchen, die man in einer assyrischen Palastruine bei Ninive fand, dürften 1 500 Jahre vor der Zeitenwende für kultische Zwecke verwendet worden sein. Exakt 405 v. Chr. erwähnt der köstliche Aristophanes aus Hellas in seinem Lustspiel »Die Frösche«, daß Maultiere und Pferde als Wangenschmuck Schellen trugen. In der Folge scheint es bei allen Kulturvölkern gebimmelt zu haben — wohlgemerkt: wild durcheinander.

Das Geläut der Almen ist jüngeren Datums, die Abstimmung der Glockentöne in Dur und Moll sowieso. Diese Feinarbeit ist, davon sind die Oberlandler überzeugt, auf ihrem Mist gewachsen. Leicht ist so ein Zusammenklang nicht zu haben, man muß schon über ein sehr feines Ohr verfügen. Und da mußten die Bauern schwer aufpassen, denn die teuren, gegossenen Glocken wurden exakt nach der gewünschten Tonart hergestellt; die handgeschmiedeten Schellen dagegen — bei weitem nicht so prestigeträchtig — konnten und können immer noch durch Feilen und Hämmern nachgestimmt werden. Früher sind im Oberland Schellenrichter zur Winterzeit von Hof zu Hof gezogen, um die Töne zu kontrollieren — damit jeder wußte, wer die Musik angeschafft hatte, die auf den Weiden gespielt wurde.

Das Geläut für eine Herde, ein ›G'schell‹ oder ›G'spiel‹, setzt sich in der Regel aus ›Stumpf‹, ›Halbstumpf‹ und ›Aug‹ zusammen (›Aug‹ stammt vom lateinischen Wort ›ovis‹ für Schaf); diese Einteilung entspricht dem Baß, dem Mittelton und dem Hohen Ton. Und da gibt es einen bunten, wohlklingenden Kranz von Melodien, der sich von Herde zu Herde, Hof zu Hof, genau abgestimmt, zu unterscheiden hatte. Da begegnet dem geschulten Ohr der Fis-Dur-Dreiklang in der Terzlage ebenso wie der reine Dreiklang, einmal wird das Posthorn zum Ausgangspunkt genommen, dann wieder die Zither oder die Klarinette mit der Untersexte als tiefstem Ton. Ein ›glockendamischer‹ Almbauer präsentiert auch heute noch nicht ein- und dasselbe Geläut zu jeder Angelegenheit. Die großen Glocken werden allein bei festlichen Anlässen eingesetzt, und zwischen Frühjahrs- und Herbstweide muß natürlich auch ein klingender Unterschied gemacht werden. So hören aufmerksame Bergwanderer bis zur Sommermitte hin oft ein überwiegend helles, fröhliches Gebimmel kleinerer Glocken und Schellen. Im Herbst aber, auf der Niederalm oder im Tal, wenn sich das Laub verfärbt und die Nebel aufziehen, dann klingt es melancholisch nach Abschied vom Jahr.

Verwunderlicherweise bleiben dann aber oft auch noch den Winter über, wenn das Vieh im Stall ist, ein paar Glöckln am Hals der Tiere. Fragt man den Sohn des Bauern nach dem Grund, so wird er auf eine Marotte des Vaters verweisen, der Hofbesitzer wiederum auf eine seltsame Gewohnheit des Großvaters, die er irgendwie übernommen habe. In Wahrheit aber verbirgt sich dahinter ein uralter, heidnischer Brauch: Zu dem ins Holz der Stalltür geschnitzten Drudenfuß und der Abwehrhand gehört ein Klingeln — ansonsten kommt doch noch der eine oder andere böse Geist in den Stall und tötet das Vieh, von dem der Mensch lebt.

Wer da glaubt, daß nur Viehhalter und Almleut' mit Glocken so spinnen, dem Tier selber aber das Anhängsel wurscht oder gar lästig sei, der irrt gewaltig. Konrad Lorenz, ein nicht ganz so unbedeutender Naturforscher, der, seltsam genug, den Nobelpreis zuerkannt bekommen hat, schreibt über die Tiere im allgemeinen und uns Menschen im besonderen: »Sie sind nicht so intelligent, wie wir denken, aber sie haben viel mehr Gefühl, als wir uns vorstellen können.« Klingelt's da?

Walter Hörmann

Der Blaue aus dem Gebirg'
Vom Hohenwaldeck zur Wurzhütt'n

Ich hege einen ganz bestimmten Verdacht: daß der griechische Philosoph Aristoteles und der römische Naturkundler Plinius eine Ahnung davon gehabt haben, was im ›Enzian‹ steckt. Ihre Schilderungen über die Wirkung konzentrierten Alkohols auf antike Zeitgenossen kommt mir irgendwie bekannt vor. Und ganz zufällig liege ich mit dieser meiner Vermutung voll auf der Linie meiner Miesbacher Spezln, die hin und wieder auch gern schnapseln und lesen — wie's grad kommt.

Die Touristen interessieren sich mehr für Pferde

Schliersee. Natürlich am Schliersee

Wir sind uns also einig — und dazu hätte es vielleicht des Umweges über die Klassiker gar nicht bedurft: An der Erschaffung des ›Blauen‹ tragen wir Miesbacher einen hochprozentigen Anteil. Es ist nämlich verbürgt, daß um das Jahr 1450 herum ein Ahnherr aller Enzianbrenner hoch über dem Schliersee gehaust hat. Und weil der Schnaps damals, zumindest offiziell, nichts anderes als eine Medizin war, hieß der Senner schlicht und einfach ›Kräuter-Anderl‹. An dem alten Sonderling, der ganz allein in der Raubritter-Ruine Hohenwaldeck auf einer schwindelerregenden Felsnase über dem Gebirgssee lebte, wurde denn auch nur dessen Heilkunst gepriesen — nicht aber seine Meisterschaft im Alkoholbrennen.

Angeblich hat ja damals noch keiner von der Kehrseite des Enzianschnapses gewußt. Oder vielleicht doch? Immerhin löste das Schicksal wie von rachsüchtiger Hand einen bösen Steinschlag aus, der die Burg samt dem Anderl vom felsigen Postament riß.

Jedenfalls war der ›Enzian‹ dadurch nicht unterzukriegen, im Gegenteil: Noch heute spielt er im allgemeinen Branntweinrummel eine Sonderrolle. Er ist ein Spitzenprodukt und eine Spezialität geblieben, auch wenn außerhalb des Gebirges leider schon manche mindere Qualität als ›Gaudiwasser‹ verramscht wird.

Übrigens ist der schöne blaue Enzian auf dem Etikett der Flasche reine Irreführung. Die Wurzel des sogenannten ›Echten Enzian‹, der eine streng geschützte Gebirgspflanze ist — neben dem Edelweiß die kostbarste —, eignet sich gar nicht zum Schnapsbrennen. Die ›Wurzelgraber‹ sind vielmehr hinter dem ›Gelben Enzian‹ her, der als halbhohe Staude wächst. Seltener sind die Wurzelknollen des ›Purpurnen Enzian‹ oder des ›Getüpfelten Enzian‹ der Rohstoff für den Schnaps.

Wenn es sie jemals wirklich gegeben hat — lang konnte der süffige Klare seine Unschuld als Heiltrunk nicht wahren. Sicherlich: Man hat große Stücke auf ihn gehalten als Zaubermittel gegen die Pest; die heillose Angst vor der fürchterlichen Seuche mag er ja auch erfolgreich vertrieben haben. Aber darüber hinaus? Vielleicht hätten die von den Mächtigen so genannten kleinen Leute den Glauben an ihn verloren, wäre da nicht die heilige Kirche gewesen. In einem fast 500 Jahre alten Folianten über Klosterheilkunde steht der geistliche Segen schwarz auf weiß: »Wer alle Morgen trinckt disses gepranten Weins einen halben Löfel vol, der wyrd nymmer krank.« Welcher Mensch, der auf seine Gesundheit achtet, könnte es da schon bei einem halben Löffel belassen? Skepsis war und ist bei der zweiten klösterlichen Empfehlung für den Enziangeist angebracht: »Wer sein haubt damit waschet, der bleibt allweg schön und jung.« Für äußerliche Anwendung ist er denn doch zu schade!

Ihr Eintreten in aller Öffentlichkeit für den Enzianschnaps mag die geistliche Obrigkeit — auch wenn sie selbst ihre Freude an dem so gesunden Getränk hatte — bald gereut haben. Die rasch auch von der Kanzel dekretierten Alkoholverbote konnten die innige Liebe der einfachen Menschen zu diesem Klaren nicht mehr dämpfen. Ein Ausschankverbot für Werktage hat nur bewirkt, daß die Zahl der selbstverordneten Feiertage in hochbarocken Zeiten auf 82 im Jahr stieg. Da waren sich nun die geistlichen mit den weltlichen Herren, die ohnehin über Jahrhunderte hinweg in einem sehr komfortablen Boot gesessen sind, ausgesprochen einig: Sie reduzierten die ›blauen Tage‹ drastisch und verhängten bei härtester Strafandrohung ein allgemeines Brennverbot. Vergebens, wie immer; Verbote fruchteten halt nichts, sie treiben nur die Preise hoch und fördern beispielsweise die Schwarzbrennerei. Übrigens sagen die Fachleute: Es ist völlig falsch, den Enzianschnaps eiskalt zu servieren; nur schlechte Qualität wird bei Frost ein wenig erträglicher. Der gute ›erdige Klare‹ aus der Enzianwurzel bringt sein Aroma am besten bei zwölf Wärmegraden zur Geltung.

Für Auswärtige ein heißer Tip: die ›Wurzhütt'n‹, seit Jahr und Tag ein Wallfahrtsort für landläufige Enzian-Kenner. Sie steht am Spitzingsee, der wiederum einige hundert Meter oberhalb des Schliersees liegt. Wer um die 200jährige Geschichte der Hütte, die heute gerne von Bergwanderern und Skifahrern aufgesucht wird, weiß, muß sich wundern, daß da kein Denkmal steht, wie es einst für Romeo und Julia errichtet wurde. Denn die Wurzhütt'n war ursprünglich das Liebesnest eines geheimnisumwitterten und unglücklichen Paares. Seinen Lebensunterhalt verdiente es sich durch die Schnapsbrennerei, den Schnaps verkaufte es an Holzfäller, Jäger und auch Wilderer. Aber sie bekamen nur die ebenso scheue wie schöne ›Burgl‹ zu sehen; ihren ›Jörgl‹ nämlich wußte sie immer rechtzeitig zu verstecken. Was die beiden in die Gegend vertrieben hatte, in der es damals noch Bären gab und wo Wölfe nachts den Mond anheulten, das ist ihr Geheimnis geblieben. Wildheit, Scheu und leider auch die Schönheit verloren sich im Laufe der Zeit, wozu die ständige Schnapsprobiererei wohl das ihre beigetragen hat. Berühmte Schriftsteller jener Zeit wie Karl Stieler, Anton von Perfall, Steub, Noé und Carl von Gumppenberg haben vergeblich versucht, das Geheimnis der beiden zu lüften.

Hatte der Jörgl einen Nebenbuhler erschlagen? War sie eine Kindsmörderin? Hatte ihnen ein strenger Priester das Sakrament der Ehe aus irgendwelchen Gründen verweigert? Oder stammten die beiden — wie das klassische Liebespaar aus Verona — aus verfeindeten Sippschaften? Überliefert ist nur, daß um 1840 herum sogar den Preußenkönig Friedrich Wilhelm einmal die Neugier zur Hütt'n hinauftrieb. Den königlichen Vorkostern muß dann allerdings der Enzian so giftig vorgekommen sein, daß sie Ihrer Majestät das von der Burgl gefüllte Glas noch vor dem ersten Schluck entwanden.

Als den Jörgl an einem eiskalten Wintertag des Jahres 1868 auch sein eigener Schnaps nicht mehr aufwärmen konnte und kurz darauf auch die Burgl mit einer Nase, fast so blau wie der Enzian, das Zeitliche segnete, da rammten hochmoralische Zeitgenossen ein hölzernes Kreuz in den Grabhügel am See. Darauf schrieben sie: »Hier ruht der damische Loder (Bursche), zerfällt in Staub und Moder. Seine Hütt'n steht am Spitzingsee, im Fegfeuer schreit er Ach und Weh. Die Zwei sind g'wes'n grobe Leut', drum sei gepriesen allezeit die heiligste Dreifaltigkeit.«

Walter Hörmann

Städte und Stationen

Schliersee

800-1.900 m, 6.400 E., 3.896 B., 110 C., Bhf., ehemaliges Benediktiner Chorherrenstift mit Kirche St. Sixtus (Tel. 08026/4069); Schlierberg Alm, Ausflugsziel 1.061 m hoch mit schöner Aussicht, Sommerrodelbahn und »Mini-Bayern«.

Angeln, Bauerntheater, Fahrradverleih, Freibad, Hallenbad, Pferdekutschen, Segeln, Tennis, geführte Wanderungen, Windsurfen; Schliersbergkabinenseilbahn (801-1.061 m), 9.00-22.00 Uhr, Stümpfling-Sessellift (1.106-1.506 m), 8.30-16.20 Uhr; Sutten-Sessellift (996-1.506 m), 9.00-16.30 Uhr; Taubensteinkabinenseilbahn (1.090-1.611 m), 8.45-16.30 Uhr.

Eislaufen, Eisstockschießen, Rodelbahnen, Skikindergarten, Skischulen, Wintersportgeräteverleih.

Information: Kurverwaltung, 8162 Schliersee, Tel. 08026/4069.

Touren und Tips

Um den Schliersee

Das schaffen auch ungeübte Wanderer: in gut zwei Stunden zu Fuß um den Schliersee. Doch es lohnt sich, mehr Zeit zu investieren für kleine Abstecher und die kulturellen Kostbarkeiten. Unser Ausgangspunkt ist der Ort Schliersee. Sehenswert hier: die Pfarrkirche St. Sixtus aus dem 12. Jh., im Jahre 1712 restauriert, mit ihrer Innenausstattung von Johann Baptist Zimmermann, Blasius Zwinck aus Miesbach und Erasmus Grasser eine der prachtvollsten weit und breit. An das Kloster, das einst im 8. Jh. Ort und See seinen Namen gab, erinnert heute noch die Kirche St.Martin in **Westenhofen.** Mehrere Umbauten hat sie erlebt, verschiedene Stilrichtungen vereinigt sie unter ihrem Turm. Auf dem Friedhof von Westenhofen liegt der als »Wildschütz« vielbesungene Jennerwein begraben. Ebenfalls einen Besuch wert: die Enzianbrennerei in Schliersee. Ein Liebespaar aus dem Ort soll den klaren bitteren Schnaps in einer kalten Nacht vor 200 Jahren am hochgelegenen Spitzingsee erfunden haben.

Weiter geht es zur Ruine der Burg **Hohenwaldeck.** In früheren Jahrhunderten soll ein unterirdischer Gang bis zur Insel Wörth im Schliersee geführt haben. Nächstes Ziel: die Wallfahrtskirche St. Leonhard in **Fischhausen,** am Südufer des Sees. Zu diesem, um 1670 vermutlich von Georg Zwerger erbauten Gotteshaus führt jedes Jahr die traditionelle Leonhardifahrt. Zurück nach Schliersee geht es am malerischen Seeufer entlang.

Wasserburg am Inn

DAS INNTAL

Er kommt vom Dach der Alpen, braust mit ungeheurer Kraft 500 Kilometer durch Ober- und Niederbayern und ergießt sich in Passau in die Donau. Kein Wunder, daß die Römer ihn den »Gewaltigen« nannten und zaghaftere deutsche Geister den Strom als »bösen Geist« fürchteten. In der Tat: Der Inn ist das Schicksal der Landschaft, aber es wurde zum Guten gewendet. Wagemutige Flößer und Schiffer nahmen die Fahrt auf, unternehmungslustige Kaufleute gründeten Handelszentren und machten ihr Glück. Rosenheim ist noch heute eine der reichsten Städte des Landes, und es prosperiert weiter. Wasserburg dagegen, wie eine schnurrende Katze im Korb einer Inn-Schleife liegend, hat die Schönheit gepachtet. Sein südländisches Flair erzählt dem hellhörigen Gast etwas über die Leichtigkeit des Seins, zahlreiche Künstler gaben diesem Gefühl in Wort, Bild und Ton Ausdruck.

Das Urwüchsige, gepaart mit lodernder Intelligenz, war auch dem Archant der bayerischen Politik zueigen — Franz Josef Strauß. Er liegt, gemeinsam mit seiner begüterten Frau, auf dem Friedhof in Rott am Inn begraben. Ein knorriges Kruzifix schmückt die Gruft, die immer mehr zu einem Wallfahrtsort von Brüdern und Schwestern aus dem Osten zu werden scheint. Wie auch immer: Das seenreichste Gebiet Oberbayerns wird selbst diese Invasion schlucken, auch wenn es langsam eng wird. Die Transitstraßen spülen mittlerweile eine stinkende PS-Armada durch's wunderschöne Land — und das geht den Alteingesessenen schon langsam auf die Nerven.

Alles ausverkauft
Der Fluch des Reichtums

Ich gestehe, ich schreibe diesen Text mit gewissem Unbehagen. Was ich hier erzählen, wovon ich berichten soll, bereitet Kopfzerbrechen. Denn das Land, aus dem diese Streiflichter stammen und in das ich den Leser einzustimmen versuche, ist überaus reich an Natur, an Mooren und Wäldern, Seen und Bergen und — ebenso gefährdet, zumal es eine touristische Sommer- und Wintersaison hat.

Als die Mitte dieses Jahrhunderts anhob, sagte die Wirtin, die ich von kleinauf kenne: »Jetzt gibt's überhaupt koa Ruah (Ruhe) mehr.« Ein Satz, der auf den Menschenschlag hier schließen läßt. Was mich aber noch mehr belastet: Der Inn, die Lebensader dieser Landschaft in und vor den Bergen, ist schon lange nicht mehr, was er einmal wegen seiner ungestümen, elementaren Kraft war, »der böse Geist der Landschaft«. So nannte ihn der kritische Wanderer Ludwig Steub vor hundert Jahren. Heute sind wir selbst zum bösen Geist der Landschaft geworden — und jedermann, der hier zuzieht. Wer als Gast kommt, wird von den Bewohnern jedenfalls mehr geschätzt als der begüterte Landsmann, sei er Millionenbauer, Makler oder sonstwas. Das Inntal ist bereits ausverkauft!

Diese Flußlandschaft ist weit über ihr Umfeld hinaus überschaubar, mit einer einzigen Umdrehung rund um die Windrose. Von der Hochries, dem Kranzhorn, dem Heuberg und dem Wendelstein im Westen reicht der Blick nach Süden bis zum Hauptkamm der Alpen, Großglockner und Olperer. Im Mittelpunkt die Zillertaler Berge, von deren Südhängen Wasser schon zur Adria fließen. Aber die einsehbaren Nordhänge, die Dreiviertel des Jahres in Schnee und Eis gleißen, die Wasser dieses Panoramas fließen fast alle zum Inn. Er kommt von einem Dach der Alpen, an der Nahtstelle von Bergell und Engadin, ihn speist erstmals die Bernina mit Gletscherwasser. Und das geht so fort bis Innsbruck. Wenn er sich nach 500 Kilometern bei Passau mit der Donau verbindet, dann ist er immer noch »Aenos«, der Gewaltige, wie die Römer ihn griechisch nannten. Er bleibt auf ganzer Strecke der unstete Fluß aus dem Gebirge, bewahrt bis hin zur Dreiflüsse-Stadt seine grüne Gletscherfarbe, führt im Frühjahr mehr Wasser als sonst und bildet von altersher eine Grenze.

Früher, vor 10.000 Jahren und mehr, hatte sein Gletscher, der bis unter die Gipfel reichte, den Wildbeutern und namenlosen Völkern die erste Straße gebahnt. Die Kelten haben am Inn ihre Stammesgrenzen gezogen. Jenseits, im Osten, lag Noricum (Salzburg), das älteste Königreich nördlich der Alpen, zu dem auch der Chiemgau gehörte, herüben Rätien. Dieser Einteilung folgten die Römer, wie die älteste Karte des Alpen-Donau-Raumes, die ›Tabula Peutingeriana‹, belegt. Daß am Inn die Kirchenprovinzen Salzburg und Freising aneinander grenzten, erfährt der Tourist auf der Autobahn München-Salzburg. Sobald er jenseits des Inns ist, begegnet er, linker Hand, beginnend mit dem Kirchturm von Umrathshausen, dem Salzburger Rokoko. Die aufgetürmten, welschen Zwiebeln mit den darunter liegenden Laternen sind jenem Dom nachgebildet.

Aber auch die Natur hat hier Grenzen gesetzt. Der Inn scheidet ostalpine und westalpine Pflanzen — das Alpenveilchen ist drüben, die Stechpalme nur noch herüben anzutreffen. Der Fluß war und ist aber immer mehr ein Mittler als eine Grenze gewesen. Und das schon zur Bronzezeit, also um 1600 vor Christus. Damals führte die Bernsteinstraße, von Jütland kommend, durchs Inntal via Brenner zur Adria und ins mykenisch-ägäische Hellas. Heute heißt diese Route ›Vogelfluglinie‹, ist also Teil des europäischen Fernstraßen-Netzes. Nahe dem Stadtrand von Rosenheim zweigen die Fahrbahnen der BAB 93 (= E 86) gen Süden von der Route nach Salzburg ab. Die Trasse nach Innsbruck hatten die Bewohner des Inntals herbeigesehnt, weil sie sich davon eine Entlastung ihrer Dörfer versprochen hatten; heute ist sie zum Fluch geworden. Das Autobahn-Zollamt Kiefersfelden/Kufstein passieren eine Million Laster pro Jahr — das sind an jedem Werktag 3.500 stinkende, lärmende Brummer. Dazu kommen im Jahr 115.000 Busse und 6,5 Millionen Personenwagen; die Zahlen sind steigend...

Verlassen wir die Niederung, in der es einmal ganz anders zugegangen ist. Damals zum Beispiel, als der Prinzregent von Bayern, der Zar von Rußland und andere Herrschaften noch bei der legendären, groben Wirtin zu Flintsbach eingekehrt sind, die es niemandem, auch keinem Hochwohlgeborenen, erlaubt hat, ihre Küche zu betreten. Zu jener Zeit war der Inn noch viel mehr als heute das lebensbestimmende Element des Rosenheimer Landes. In einer Beziehung ist er das übrigens immer noch: mit seinen 19 Flußkraftwerken ist er für die Stromgewinnung in Bayern und in der Bundesrepublik der bedeutendste Fluß.

Im Rückblick auf 4.000 Jahre war der Inn durchgehend der große Arbeitgeber: Treidelnde Schiffe brachten das Getreide aus den Kornkammern Südosteuropas nach Tirol; die Römer verschifften ihre Terra-sigillata-Waren, das berühmte rote Gebrauchs-Geschirr, von Pons Aeni, also Rosenheim, bis Mursa, dem heutigen Osijek. Auf dem Inn wurden Heere imbarkiert, die vor Wien die Türken schlugen. Die Schiffsmeister waren mächtige Kaufleute, die auch Kriege finanzierten; einer half dem Kaiser, eine Schlacht gegen Napoleon zu gewinnen. Und wenn der Wittelsbacher seine Habsburger Verwandten besuchen oder das Volk nach Altötting wallfahrten wollte, dann geschah dies via Inn.

Aber kehren wir zurück zum Panorama-Blick. Wer im Herbst hier bergwandert, der kann das Glück haben, vom Gipfel aus über die Nebelschicht im Norden (!) hinweg die Kuppen des Luser, Osser und Arber zu erkennen — das bayerische Waldgebirge. Bis dahin sind's gute 150 Kilometer Luftlinie. Und auch sonst gibt's da noch einen kleinen Unterschied: 500 Millionen Jahre alt ist das Urgebirge des Bayerischen Waldes, wohingegen die Alpen, der Wendelstein, auf dem wir stehen, gerade mal 50 Millionen auf dem Buckel hat. Damit gehört er, der vom Norden aus gesehen ausschaut wie eine schlafende Jungfrau, zum jüngsten Gebirge der Welt. Vielleicht ist er deshalb ein Zentrum der Kommunikation: obenauf eine Relaisstation, eine Wetterwarte, ein Sonnenobservatorium sowie ein Bergkirchlein, in dem seit gut hundert Jahren die Wallfahrer ihre Fürbitten in den Himmel schicken.

Darunter siedeln die Asten, Deutschlands höchstgelegene Bergbauern. »Erst die Heimat / Dann die Ferne / Erst die Erde / Dann die Sterne« steht in ihrer Wirtsstube geschrieben. Sie sind nicht nur seit Jahrhunderten autark — sie verkörpern den bayerischen Bauernadel schlechthin. Um das Jahr 1000, nach dem Einfall der Ungarn, schickten die Astner ihre Inntaler und Chiemgauer Untertanen in die Ostmark, dem heutigen Österreich. Ihre Namen nahmen sie mit: Die Wiener Stadtteile Ottakring, Sievering oder Grinzing sind nach ihnen benannt. Und sie retteten während der Säkularisation (1803) das Peterskirchlein vor dem Abbruch. Es ist die älteste Wallfahrtskirche im Inntal, mit einem beherrschenden Blick über das einstige Reich der Grafen von Falkenstein, der Mitbegründer von Wien.

Zu Füßen der Bergbauern die Stadt Rosenheim, die sich flächendeckend ausbrei-

Wochenmarkt in Rosenheim

tet. Schon immer war sie Drehscheibe des Verkehrs und damit wirtschaftlicher Mittelpunkt. »Wer in Rosenheim auf die Gant (Konkurs) kommt, ist selber schuld«, sagte der Schneider von Halfing, als er sein Geschäft in die Stadt verlegte und damit sein Glück machte. Die Altstadt vermittelt mit ihrem großen Platz, der von Häusern im Inn- Salzach-Stil gesäumt ist, ein Abbild des Wohlstandes. Der mehrfache deutsche Eishockey-Meister — gesponsert vom Fleisch-Imperium März, das lukrative Verbindungen knüpfte mit dem Schalck aus der DDR unter hilfreicher Assistenz von Franz Josef Strauß — jagt hier dem Puck nach, die Wildwasserfahrer sind Weltspitze, und all jene, die wirklich etwas lernen wollen über den fachgerechten Umgang mit Holz, drängen auf das Technikum.

Leider expandiert die Stadt unaufhaltsam, und die Bevölkerungszahl des Landkreises steigt ebenfalls. So gerät seine bislang noch unverwechselbare Schönheit in Gefahr. Der Landkreis ist der seenreichste Bayerns. Der Bahnreisende entdeckt zwischen Rosenheim und Prien rechter Hand den Simssee, ein Gletscherbecken wie der Chiemsee. Relikte der Eiszeit sind, wenn auch von ganz anderer Art, die ›Toteis-Seen‹, deren Kette am Hofstätter und Rinser See beginnt, sich in der Eggstätter Seenplatte fortsetzt und mit dem See am Kloster Seeon endet. Mittlerweile folgen dem Inn vom Alpenrand bis Passau künstlich angelegte Baggerseen. Deren Wasserqualität, weil vom Grundwasser des Inns gespeist, ist gut. Unerreicht freilich die der Toteis-Seen: Sie sind rundum von Wäldern eingeschlossen, haben keinen Zulauf von chemisch malträtierten Feldern und Wiesen und sind immer drei Grad wärmer als die anderen.

Hab' ich den Leser ein wenig einstimmen können auf die Landschaft, aus der ich komme, in der ich lebe? Vielleicht sind Sie ja der Gast, dem die Wirtin zu Neujahr eine Karte schreibt oder die Bäuerin ein Kletzenbrot schickt — in der Hoffnung, daß Sie wiederkommen. Aber das wird Ihnen nur widerfahren, wenn Sie Verständnis dafür haben, daß hier vieles bedroht ist.

Hans Heyn

Eine Schönheit mit Schleife
Wasserburg

»Geliebte des Inn«, »Juwel im Bayernland«, »Venedig am Inn« — mit diesen und anderen schillernden Beinamen ist Wasserburg belegt worden. Sie spiegeln jedoch, wenn überhaupt, nur jeweils eine bestimmte Farbe aus dem bunten Spektrum wider, das den Charakter der Stadt ausmacht. Aber wie soll man Wasserburg »im« Inn auch fassen? Man muß es erleben — mit seiner lebendigen Vergangenheit, in seiner vitalen Präsenz.

Zusammengeringelt wie eine Katze liegt die Stadt im schützenden Korb, gebildet von den 60 bis 70 Meter hohen Kieswänden der Innleiten, umschlossen vom Fluß, der in ruhigen Zeiten grünlich-blau, während der Schneeschmelze schmutzigbraun die Halbinsel umschlängelt. Man sollte, behaglich in der Sonne ruhend, ihr südländisches Flair genießen, wenn die Einwohner vor den Cafés auf der Piazza Siesta machen. Und wem danach ist, der stürze sich ins Gewurle, wenn Europas größter Taubenmarkt im Februar, der heimische Flohmarkt im August das Zentrum beflügelt, oder er streife an gewöhnlichen Markttagen durch die engen Gassen, dränge mit fröhlich schnatternden Schau- und Kauflustigen durch die Budenzeilen, wo ein Treiben wie im Mittelalter herrscht. Man muß die Stadt erleben, von der Plätte aus, die seit kurzem wieder den Inn befährt, aus der Luft oder zumindest von der »Schönen Aussicht« im Norden, die einen ausgezeichneten Überblick über die städtebauliche Konzeption Wasserburgs bietet.

Die abschmelzenden Wasser des Inngletschers, der vor etwas mehr als 10.000 Jahren noch knapp vor die Tore der heutigen Stadt reichte, und der spätere Inn schufen eine Halbinsel, auf der sich schon in vorgeschichtlicher Zeit Menschen ansiedelten; die ältesten Zeugnisse, die gefunden wurden, stammen aus der Bronzezeit. Im hohen Mittelalter, als ein Grafengeschlecht seinen Sitz auf den herausragenden Hügel in der Innschleife verlegte, entwickelte sich ein Markt, der schon 1245 das Burgrecht (ein Stadtrecht älterer Form), ab 1334 dann allgemeines Stadtrecht erhielt. Von diesem Zeitpunkt an ist Wasserburg aus der Geschichte Altbayerns kaum mehr wegzudenken. Und sie ist »keineswegs die geringste« unter den Residenzstädten.

Natürlich war ihr weiteres Schicksal verknüpft mit der alles bestimmenden Lebensader, dem Inn. Er verband Oberitalien, Tirol und die Schweiz mit Bayern, Österreich, Ungarn und dem Schwarzen Meer. Und da befand sich Wasserburg in bester Lage: Hier kreuzte sich der wichtigste Schiffahrtsweg mit dem kürzesten Landweg hin zum Zentrum München — bis ins 19. Jahrhundert ein idealer Warenumschlag-Platz, ehe der Transport von Massengütern auf die Schiene verlagert wurde. Wein, Honig, Getreide, Erz, Holz, Tuche, Gewürze, Marmor und Kalk wurden am flachen Schwemmland — »Auf der Lendt« und »Gries« genannt — geländet, gestapelt und weiter transportiert, ebenso wie Papageien oder Elefanten. Das waren die guten Seiten der alten Zeit.

Als »Kriegshafen« der bayerischen Landesherren hat Wasserburg auch viel geharnischtes Volk gesehen, vor allem, als man gegen die Türken, die Wien belagerten, zog. Spanier, Italiener, Franzosen kamen den Inn herunter, Max Emanuel schiffte seine Truppen in Wasserburg ein (die Max-Emanuel-Kapelle am Gries erinnert an die glückliche Heimkehr des Kurfürsten); im Gegenzug strandeten hier türkische Kriegsgefangene. Der kurfürstliche Bruckstadel am Gries barg die Leibschiffe der Wittelsbacher für ihre Reisen nach Wien oder für die Wallfahrten nach Altötting.

Somit war die Stadt auch Reise- und Raststation einer internationalen, hochherrschaftlichen Gesellschaft, die mit ihren Equipagen und Kutschen in Wasserburg aufkreuzte. Logie suchten sie nicht, wie der schlichte Bürger vielleicht denken könnte,

Malerisches mittelalterliches Wasserburg

auf dem Renaissance-Schloß, das Wilhelm IV. als Ersatz für die mittelalterliche Burg zwischen 1526 und 1540 hatte bauen lassen, sondern in den weithin geschätzten Gasthäusern der Stadt. Im »Gasthaus zur Post« traf sich des öfteren Erzherzogin Sophie von Österreich mit ihrer Schwester Ludovika und der Herzogsfamilie in Bayern; Habsburger und Wittelsbacher legten auf ihren Reisen hier Rast ein. Im »Goldenen Stern« ließen sich Leopold Mozart und sein genialer Filius Wolfgang Amadeus gerne nieder, und in der »Goldenen Krone« nahm Grimmelshausen während des Dreißigjährigen Krieges Quartier, wo er Stoff und Typen für seinen epochalen »Simplicius Simplicissimus« fand. Wie gesagt, es sprach sich bis in die höchsten Kreise herum: Die Stadt bot eine sichere Bastion für die Landesherren, wenn der Feind, beispielsweise der Schwede, Bayern überrannt hatte. Dann zog sich der Hof zunächst in die Innstadt, von da eventuell nach Burghausen oder Braunau zurück, um auf demselben Wege wieder in die Residenzstadt einzuziehen, wenn das einfache Volk unter beträchtlichen Opfern die Gefahr gebannt hatte.

Reich wurde die Stadt aber durch den Salzhandel. Die Hallgrafen bauten die Halbinsel zur »Wasserburg« aus und schufen die entsprechende ›Infrastruktur‹. Der Brückenzoll, und da vor allem der »Salzscheibenpfennig«, schwemmte soviel Geld in die Stadtkasse, daß das arrivierte Bürgertum mit Prachtbauten wie Rathaus und Kirchen demonstrieren wollte, wer Herr im Hause war.

Stolz sind die Bewohner auch heute noch: auf die Geschichte, die in ihren Mauern gemacht wurde, den Schatz an Kunstwerken, den sie bergen, und auf die kluge Weltläufigkeit, die alles erst ermöglichte. Man konnte es sich eben leisten, die bedeutendsten Baumeister der süddeutschen Spätgotik zu holen, wie beispielsweise Hanns von Burghausen, Hanns Stethaimer oder Stephan Krumenauer, denen der Kirchenbau von St. Jakob zu verdanken ist. Doch auch aus den eigenen Reihen gingen tüchtige Männer hervor. So schuf Wolfgang Wiser die Michaelskirche, das Brucktor, St. Achatz und die Burgkirche St. Ägiden — Bauwerke, die bis heute das Gesicht seiner Heimatstadt prägen. Eine »Wasserburger Bauhütte« beeinflußte den Kirchenbau im Inntal ebenso wie Jahrhunderte später die Bildhauerfamilie Hartmann der barocken Ausstattung zahlreicher Kirchen zwischen Kufstein und Neuötting ihre Handschrift verlieh. Das wohlhabende Bürgertum ließ sich im gewachsenen Bewußtsein seines Standes von so hervorragenden Malern wie Hans Mielich und Wilhelm Strohvogel portraitieren; Peter Candid verwendete die Stadtansicht zu einer Gobelinvorlage. Der Steinmetz und Bildhauer Wolfgang Leb ist hier seßhaft und schafft am Übergang von der Spätgotik zur Renaissance berühmte Grabmale in Wasserburg und Kufstein, Hochgräber in Ebersberg und Attel. Wasserburger Goldschmiede beherrschen den südbayerischen Markt, ehe Augsburg dann die Führung übernimmt.

Aber die Stadt ergeht sich nicht nur in der Rückschau auf glanzvolle Zeiten. Gerade zu Beginn des 20. Jahrhunderts ließen sich zahlreiche Künstler für längere Zeit oder für immer in Wasserburg nieder, wo sie in den Gassen der Stadt und in der Landschaft des nördlichen Chiemgau die Motive für ihr Schaffen fanden. Zu ihnen zählten Alexej Jawlensky, Joseph Pilartz, Hermann Schlittgen, Karl Wähmann oder Max A. Stremel. Die Gegenwartskunst hat ihren eigenen Kreis gefunden (›Arbeitskreis 68‹ mit Galerie im Ganser-Haus), und mit dem Skulpturenweg am Inndamm, der 1988 entstand, umgibt eine ›Kunstmeile‹ die Stadt.

Von den literarischen Größen, die sich hier um W. Hesse und Chr. Kobe zu einem lockeren Zirkel zusammentaten, seien Joachim Ringelnatz, Peter Scher, Ernst Rowohlt und Oskar Maria Graf genannt. Und daß heutzutage Film- und Fernsehteams hier gerne ihre Kameras in Position bringen, sei nur am Rande bemerkt.

Machen wir uns nun auf zu einem Bummel. Zunächst fällt wohl die scheinbar eigenwillige Führung der Straßen auf — doch die haben sich der Krümmung der Halbinsel anpassen müssen, ebenso wie die Ringmauer, die 1415 verstärkt worden war. Wären die Wehrgänge und Türme nicht im vergangenen Jahrhundert größtenteils abgerissen worden — Wasserburg wäre heute das oberbayerische Rothenburg. Breite Hauptstraßen und Plätze, die früher die Märkte aufnahmen, wechseln mit schmalen Gäßchen, in denen die Handwerker Behausung und Werkstatt fanden. Noch immer erinnern die Namen an die einstigen Berufe: Schmi(e)dzeile, Bäckerzeile, Schustergasse, Ledererzeile, Weberzipfl oder Nagelschmiedgasse. Ein genauer Blick auf die schmalen, oft nur zwei Fenster breiten Fronten lohnt sich: Mauern, die sich unter der Last der Jahrhunderte nach außen gebogen haben, hohe Vorschußmauern mit Grabendächern und Wasserseihern, mehr als 80 verschiedene Erker, von denen keiner dem anderen gleicht, Kranausleger über den alten Speichern und Kellerabgänge unter den Arkaden, Prellsteine an den Hausecken, Hausmarken und Inschriften, gotische Gewölbe unter den Laubengängen, die damals wie heute dem geschäftlichen wie gesellschaftlichen Leben dienen, Fresken und Reste der Hausbemalung — das meiste aus der Zeit der Spätgotik, als die Stadt im wesentlichen ihre bauliche Gestalt erhielt.

Der Besucher sollte es nicht versäumen, in den einen oder anderen Innenhof zu gehen, sofern er offen ist, um dort, abgeschirmt vom Lärm des Durchgangsverkehrs, die Details und Vorzüge der Innstadt-Bauweise zu studieren. Gotische Wendeltreppen wechseln mit geradläufigen Treppen, ›Himmelsleitern‹ genannt, rotmarmornen Hausbrunnen und südlich anmutenden Loggien. Offen liegt das nicht da, man muß es schon suchen, aber fündig wird jeder in der Stadt. Und sei es, wenn er das doppelgieblige Rathaus mit seinen Gewölben und ausgemalten Sälen aufsucht, den kleinen Rathaussaal mit der Balkendecke von 1564 und den allegorischen Bildern an den Wänden aus dem 16. Jahrhundert und der Innenausstattung von 1666/68 oder den großen Saal, das ehemalige Tanzhaus für bürgerliche Feste und Hochzeiten, mit dem Bild eines Festmahls aus der Renaissancezeit, mit Temperafarben gemalt zwischen 1903/05, und und und...

Aus der Zeit des Frühbarock stammt eines der bekanntesten Kunstwerke Wasserburgs: die große Kanzel der St. Jakobskirche, geschaffen 1638 von den Gebrüdern Martin und Michael Zürn. Die Söhne der berühmten schwäbischen Bildhauerfamilie

An Feiertagen sind Trachten Pflicht

Zürnkanzel in der Stadtpfarrkirche

waren von den Einwohnern geholt worden, um ein Gelübde einzulösen, das sie während der Pestzeit abgelegt hatten. Und obgleich in jenen Jahren die gesamte Kirchenausstattung erneuert worden war, hat nur dieses Kunstwerk mit seinen 14 Einzelfiguren die späteren Umgestaltungen überdauert. Barocke Hausfassaden finden sich wenige, im Grunde sind alle Häuser gotisch geblieben. Lediglich das ›Kernhaus‹, Stadtresidenz der Patrizierfamilie derer ›von Kern‹, ragt heraus und bildet mit seiner Rokokofassade, geschaffen 1738 bis '40 von Dominikus Zimmermann (dem Erbauer der Wieskirche), einen Kontrapunkt zum gegenüberliegenden Rathaus. Und selbst die Marktkirche ›Zu unserer lieben Frau am Platz‹, die 1753 im Rokokostil zu einem ikonographischen Lobpreis auf die Gottesmutter umgestaltet worden war, hat unter spielerischem Stuck und Freskenwerk ihren gotischen Charakter bewahrt: allenthalben treten die gotischen Gewölberippen hervor oder werden die Schlußsteine sichtbar, ganz zu schweigen vom Gnadenbild im Hochaltar. Die thronende Muttergottes mit der Traube in der Hand und dem Kind auf dem Schoß (um 1430) ähnelt sehr der berühmten ›Seeoner Madonna‹. Während dieses Schnitzwerk und das Pfingstrelief (um 1500) im Hl. Geist-Spital, das heute das ›Erste Imaginäre Museum‹ birgt, noch am angestammten Platz stehen, befinden sich die meisten anderen Werke dieser Epoche im Städtischen Museum, das mit seinen sakralen Pretiosen, den Zeugnissen von Handwerk und Zunft und einer großartigen Möbelsammlung das Bild von Wasserburg abrunden hilft.

Mit welchen Erwartungen auch immer der Gast hierher kommt, ob ihn die landschaftliche Kulisse der Innschleife herbeilockt oder der weite Stausee mit seinem Vogelparadies oberhalb der Stadt, die steilen Hänge der alten Zufahrten, die Burg, die Ringmauer, spätgotische Bürgerhäuser und Kirchen, die kulinarischen Genüsse, das nasse Vergnügen im Badria, der »bayerischen Südsee«, oder einfach nur die legere, südländische Lebensart — ein Erlebnis ist Wasserburg allemal.

Ferdinand Steffan

Am Grabe des wahren Königs von Bayern
Anno 1991

Nein, das hat FJS wirklich nicht verdient. Keine 300 Leute auf dem herrlich-besinnlichen Kirchplatz in Rott am Inn, der leicht 500 fassen würde; ein kracherter Bezirksvorsitzender der Jungen Union, der Rundfunk und Fernsehen begrüßt, obwohl beide durch Abwesenheit glänzen; ein an Deiner Brust genährter Festredner, mittlerweile Staatsminister, der es gerade 'mal auf schlappe 33 Minuten am Mikrophon bringt — bei dem Thema! Wo, Franz Josef Strauß, sind nur Deine schwarzen Legionen geblieben, Dein geistig-moralisches Erbe, Dein Charisma? War's das schon, heute, an diesem historischen Tag, exakt drei Jahre nach Deinem Dahinscheiden am 3. Oktober 1988, genau zwölf Monate nach der Wiedervereinigung? ›Franz Josef Strauß und die deutsche Einheit‹ — da fällt ja mir, dem gebürtigen Rheinländer, der seit über 20 Jahren liebend gerne in Bayern lebt und arbeitet, verdammt noch mal mehr ein!

Bitte verzeih' den Fluch am Fuße Deiner Gruft, in der Du zusammen mit Deiner Frau Marianne Deine letzte Ruhe gefunden hast. Soll nicht wieder vorkommen, versprochen. Aber aus der Haut fahren könnt' ich schon. Was bewegt nur Deinen Ziehsohn Gauweiler, der als Dein Staatssekretär im bayerischen Innenministerium immer so gerne mit Blaulicht durch München donnerte und gegenwärtig für die weiß-blaue Umwelt zuständig ist, was treibt diesen homunculus politicus — ich weiß, Du hast die langen Sätze und den sprachlichen Nachweis dafür, daß Dein Gegenüber die conditio sine qua non, das Große Latinum, intus hat, immer sehr geschätzt — wer also reitet das promovierte Peterle, Dich in einem Atemzug mit Winston Churchill, Charles de Gaulle und Konrad Adenauer zu nennen, bloß um an die große europäische Tradition zu erinnern, daß die Baumeister des Abendlandes in einem walisischen, bretonischen und rheinischen Dorf begraben liegen — und Du in Rott am Inn? Na und? Du, der Du nach den Worten Deines Nachfolgers im Parteivorsitz, eines bayerischen Schwaben, im Kyffhäuser, nach dem Preußen-Malmot eines ehemaligen Bundesbank-Präsidenten im Hofbräuhaus, nach der Prophezeihung des Chefs der Römischen Glaubenskongregation, Josef Kardinal Ratzinger, da bist, wo ein Christenmensch hingehört — was scheren Dich die platten geographischen Koordinaten?

Du hast recht behalten, wie so oft: Die wunderbar einfache, mit einem knorrigen Kruzifix geschmückte Gruft der Familie Deiner Frau braucht keine kleinkarierten Advokaten. Was wäre auch schon ein noch so prächtiges Mausoleum, das man Dir ausgerechnet im roten München errichten wollte, im Vergleich zu diesem Kleinod in geweihter Erde? Auf dem Friedhof der ehemaligen Benediktiner-Abtei, die Ignaz Günther mit seinen ebenso kraftvollen wie unvergänglichen Figuren ausgestattet hat, liegst Du richtig, bestimmt. Auch wenn die immer zahlreicher aus Deutschlands Osten anreisenden Pilger maulen, das hier sei doch alles ein paar Nummern zu klein für Dich, ein Pantheon müsse her, eine Stätte der nationalen Besinnung. Was wissen die denn schon von Dir, Deinen Wurzeln, Deinen Wünschen, Deinem Werk? Diese Leute aus Luther-Land können doch noch nicht einmal Latein — woher auch!

Sicher, Du hast es gar nicht nötig, daß Dich jemand verteidigt — damit hat der laute JU-Vorsitzende schon recht. Aber muß der sich deshalb so ins Zeug legen und im Gedenken an Dich auf solche Randfiguren wie einen Engholm oder gar einen Andreas von Bülow (sic!) verweisen? Ich fürchte sogar, daß der den mit einem anderen Nordlicht verwechselt hat, Herrgott sakkra!

Wenden wir uns im Geiste ab von den Epigonen, nehmen wir Abstand vom angemaßten Zwiegespräch und kehren zurück in die Geschichte. Ich erinnere mich noch

Burghausen am Inn

genau: Vor etlichen Jahren, ich war damals Lokalchef einer Heimatzeitung in Fürstenfeldbruck, besuchte er einen Bauernhof in der Nähe des Militärflugplatzes, der zu schrecklicher Berühmtheit gelangt ist durch den Terroranschlag von Palästinensern während der Olympischen Spiele '72 in München. Ich kannte Strauß aus einigen Begegnungen im Maximilianeum, dem Bayerischen Landtag, und von Empfängen in der grandiosen Münchner Residenz her.

Was für ein Unterschied zum bloßen Parteichef: Der Landesvater, gewandet in feinem, dezentem Trachtentuch, sprüht vor Charme — hier ein anmutiges Kompliment für die fesche Bauersfrau, da körperlich spürbare Aufmerksamkeit für die Sorgen des Bauern, dort liebevolles Knuffen mit den Kindern; zwischendurch knappe Anweisungen in die gezückten Notizblöcke des um ihn herumwuselnden Hofstaates. Dann die Brotzeit: selbstgemachte Wurst für den hohen Gast, ein paar Stamperln Schnaps, eine Maß und noch eine Maß. Beim Rundgang durch die gepflegte Bauernstubn, mit wundervollen Hinterglasmalereien und ausdrucksstarken Schnitzarbeiten geschmückt, läßt der wuchtige, sensible Ober-Bayer seiner elementaren Bewunderung für den Sammlerfleiß und die Kunstsinnigkeit der Bauersleut' freien Lauf. Kein Zweifel: Strauß liebte die einfachen Menschen, die Fleißigen, Strebsamen unter ihnen. Und sie verehrten in ihm auch ihr eigenes Ich, das höher strebt und den Großen dieser Welt schon immer 'mal zeigen wollte, wo der Bartl den Most holt.

Am selben Abend, im Bierzelt, Kontrastprogramm pur: Als hätte er die Finger in
der Steckdose, zieht Strauß mit unfaßbarer Energie über alles und jeden her, witzig,
plastisch, aggressiv. Sehr zur Gaudi seines erdverwurzelten Publikums, das der saftige Volkstribun meisterhaft in seinen Bann schlägt.

Wenige Jahre später, zu der Zeit, als der Außen-, Militär-, Wirtschafts-, Finanz-
und Orbit-Experte FJS gerade den sagenumwobenen Milliardenkredit für die
marode DDR eingefädelt hatte. Die CSU-Granden bereiten ihrem Vorsitzenden
einen eisigen Empfang; der Deal mit Schalck liegt dem Parteivolk schwer im Magen.

Strauß stürmt mit hochrotem Kopf ans Rednerpult. Totenstille im Saal. Strauß
setzt zu einer politischen tour d'horizon an. Unruhe im Saal — den Delegierten ist
das weiß-blaue Hemd näher als der verschlissene Rock der Welt. Strauß wippt auf
den Zehenspitzen, umklammert das Pult, teilt aus. Als ersten trifft es einen seiner
Minister, einen feinnervigen, gebildeten Herrn, der mit einigen seiner Kabinetts-
Kollegen wie ein Schulbub auf der Empore hockt. Nacheinander bekommt jeder sein
Fett ab, gnadenlos. Die Delegierten aus dem ganzen Land sind elektrisiert, Hoch-
spannung im Saal. Strauß zieht sein Sakko aus, läßt sich herab, erläutert seine globale
Strategie, die hinter dem Milliardenkredit steckt. Myriaden von Namen und Zahlen
schwirren durch den dunstgeschwängerten Saal. Ein Raunen geht um: So ist die
Welt... in welch' einer Gefahr schwebt unser Land... wie gut, daß es den Franz Josef
gibt... dem kommt keiner aus.

Zum Feiern gehört auch das Ausruhen

Der siegessichere Matador lockert die Krawatte, wischt sich mit schweißdurchtränktem Taschentuch die Stirn. Es folgt das Ritual: Generalabrechnung mit den Sozis, Genscher wird abgewatscht. Die Zeit vergeht wie im Fluge, drei Stunden redet er schon. Plötzlich, mit einem Anflug trauernder Gewißheit, hält er inne, erbittet Gottes Segen für das Land der Bayern, für Deutschland und Europa. Tosender Beifall, die Tagesordnung wird vertagt. — Ich ging nach Hause, wie erschlagen. Was für ein Mann!

Und nun, heute, ohne ihn? Schauen wir dankbar zurück, hoffnungsvoll nach vorne, gläubig nach oben. Er wird's schon richten. Oder?

Joachim Krings

Städte und Stationen

Brannenburg

472 m, 5.000 E., 950 B., Bhf., Bauernhäuser an der Sudelfeldstr.

Angeln, Drachenfliegen, Fahrradverleih, Pferdekutschen, Reiten, Tennis, geführte Wanderungen;

Wendelstein-Zahnradbahn (508-1.723 m), 9.00-17.00 Uhr.

Information: Verkehrsamt, Rosenheimer Str. 5, 8204 Brannenburg, Tel. 08034/515.

Kiefersfelden

500 m, 5.600 E., 1.200 B., Bhf., Luftkurort, älteste bayerische Arbeitersiedlung (1696), ältestes Dorftheater Deutschlands, Ritterspiele Juli/August;

Angeln, Fahrradverleih, Hallenbad, Pferdekutschen, Tennis, geführte Wanderungen;

Eislaufen, Eisstockschießen, Reiten, Rodelbahnen, Skikindergarten, gef. Skitouren, Skischulen, Wintersportgeräteverleih.

Information: Verkehrsamt, 8205 Kiefersfelden, Tel. 08033/8490.

Rosenheim

445 m, 53.000 E., 803 B., Bhf., Innmuseum, Geschichte, Schiff- und Floßfahrt, Fischerei, Schopperstatt-Schiffbauwerkstatt und Kuchelschiff-Plätte, Innstr. 4, Apr.-Okt. Fr 9.00-12.00 Uhr, Sa 9.00-16.00 Uhr (Tel. 0831/17081); Lokschuppen im Rathaus, ständig wechselnde Ausstellungen, tgl. außer Mo und feiertags 9.00-15.00 Uhr (Tel. 08031/391248).

Fahrradverleih, Freibad, Hallenbad, Squash, Tennis; Eislaufen, Kunsteisstadion.

Information: Städt. Verkehrsamt, 8200 Rosenheim, Tel. 08031/37080.

Stephanskirchen

485 m, 9.000 E., Wallfahrtskirche zu den 14 Nothelfern (1654-57).

Freibad, Golf, Segeln, Squash, Tennis.

Information: Tel. 08036/615

Wasserburg am Inn

421 m, 10.500 E., 480 B., Bhf., Erstes Imaginäres Museum, Bruckgasse 2, Reproduktionen berühmter Gemälde, die man sich nach Hause bestellen kann, Mai-Sept., tgl. außer Mo 11.00-17.00 Uhr, Okt.-April, tgl. außer Mo 13.00-17.00 Uhr (Tel. 08071/4358); Heimatmuseum, Herrengasse 15, vier Stockwerke mit bäuerl. und bürgerl. Kultur (Tel. 08071/1050).

Fahrradverleih, Freibad, Hallenbad, Reiten, Squash, Tennis;

Eislaufen, Eisstockschießen.

Information: Städt. Verkehrsamt, 8090 Wasserburg/Inn, Tel. 0871/10522.

Touren und Tips

Rund um den Simssee

Der kleine Bruder des Chiemsees gilt bei Erholungssuchenden als Geheimtip. Der romantische See zwischen **Prien** und **Rosenheim** ist ein ideales Ausflugsziel für Wassersportler und Wanderer. Größter und bekanntester Ort ist **Stephanskirchen.** Im Ortsteil **Kleinholzen** steht ein ungewöhnliches Gotteshaus: die kleine Wallfahrtskirche zu den 14 Nothelfern mit ihrem überdimensional groß erscheinenden Turm. Die Kirche im barocken Stil entstand in den Jahren 1654—57, ihren Turm bekam sie erst 1675. Ebenfalls sehenswert: die Kirche St. Magdalena mit ihrem barocken Hochaltar in **Baierbach.** Daß die kleine Gemeinde vom großen Weltgeschehen nicht verschont blieb, davon zeugt ein Gemälde, auf dem der Einzug der Franzosen während der Revolution festgehalten ist.

Einen Besuch wert sind auch die Dörfer **Neukirchen, Pietzing** und **Söllhuben,** die heute zur Gemeinde Riedering gehören. Jedes der Dörfer besitzt heute noch seine eigene Kirche, in der Geschichte und Tradition der Orte lebendig geblieben sind.

Mit dem Radl den Inn entlang

90 Kilometer am Inn entlang, quer durchs Rosenheimer Land: der Inntal-Radweg macht es möglich. Wir starten im »Bayerischen Venedig«, in **Wasserburg** (s. S. 183). Von da aus geht's hinauf nach **Eiselfing,** ein typisch oberbayerisches Bauerndorf an einem kleinen See. Sehenswert: die spätgotische Pfarrkirche St. Rupertus mit einer eindrucksvollen Pietà von Ignaz Günther. In der Kirche steht auch der Grabstein eines römischen Beamten von ca. 15 n.Chr. Er wurde bei Renovierungsarbeiten unter dem Hochaltar entdeckt.

Nächste Station: **Griesstätt** eine der ältesten Siedlungen am Inn. Seit Ende des 30jährigen Krieges gehörte die Gemeinde den Dominikanerinnen im zwei Kilometer nördlich gelegenen **Kloster Altenhohenau.** Ein Besuch der alten Klosterkirche lohnt sich: Der Hochaltar ist eines der bedeutendsten Werke von Ignaz Günther.

Über **Rott am Inn** (s. S. 189) und **Vogtareuth** geht es weiter nach **Schechen.** Wer im Sommer hierher kommt, sollte nach einem Abstecher zu dem eigenwilligen Renaissance-Schloß mit seinem Krüppelwalmdach ein kühles Bad im Erlensee nehmen.

Über **Rosenheim** und **Stephanskirchen** kommen wir nach **Rohrdorf.** Sehenswert: die Pfarrkirche St. Jakob aus dem 18. Jahrhundert mit ihrer reichen Rokoko- Ausstattung und der wunderschönen Jakobsfigur des »Meisters von Rabenden« (s. S. 200). Über **Raubling** und **Neubeuren** gelangen wir nach **Brannenburg,** dem beliebten Ferienort am Fuße des Wendelsteins. Hier verbrachten schon Wilhelm Busch und Max Liebermann erholsame Tage. Die alten Bauernhäuser an der Sudelfeldstraße lassen ahnen, wie der Ort früher einmal ausgesehen hat. Wer auf den **Wendelstein** (1.838 m) nicht marschieren möchte, kann mit der ältesten Zahnradbahn Deutschlands gemütlich hinauffahren.

Wer nach **Nußdorf am Inn** kommt, sollte auch die kleine Wallfahrtskirche Mariae Heimsuchung im Kirchwald aufsuchen. Er findet hier die letzte bewohnte Einsiedelei in Oberbayern. Ebenfalls einen Stop wert: **Flintsbach am Inn**. Hier steht eines der ältesten deutschen Volkstheater (Spielzeit: Juni bis August). Sehenswert auch: das Pfarrmuseum mit seinen Urnenfunden aus der Zeit 1250—750 v.Chr. und die barocke Pfarrkirche St. Martin mit ihrer prunkvollen Innenausstattung.

In **Oberaudorf** sollte man sich auf jeden Fall die Pfarrkirche Unsere liebe Frau mitten im Ort ansehen. Wo schon im 8. Jh. ein Holzbau, später eine romanische und dann eine gotische Kirche stand, steht heute das barocke Gotteshaus mit Teilen der alten Bauten. Besonders eindrucksvoll: der barocke Hochaltar von 1729 mit einem Gnadenbild der Mutter Gottes aus gotischer Zeit. Wer den Blick über das Inntal bis zum Wilden Kaiser genießen will, sollte mit dem Sessellift auf den **Hocheck** fahren.

Letzte Station: **Kiefersfelden**, Luftkurort an der Grenze zu Österreich. Mit seinem Dorftheater, dem ältesten in Deutschland, und den alljährlichen Ritterspielen im Juli und August ist der Ort weit über bayerische Grenzen hinaus bekannt geworden. Sehenswert ist auch das Blaahaus, die älteste bayerische Arbeitersiedlung, die 1696 erbaut wurde.

Ausflug in die Berge

Hochries (1.563 m): Bevor man die Bergbahn zur Hochries besteigt, sollte man sich noch ein wenig in **Samerberg** umschauen. Ort und Berg sind benannt nach den Samern, den Händlern, die hier vorbeizogen; ein Sam = 125 Kilogramm war übrigens lange Zeit eine geläufige Gewichtseinheit. Der heutige Ort besteht aus vier kleinen Gemeinden. Jede von ihnen hat noch ihre eigene Kirche, alle kleine Schmuckstücke, die von der langen Vergangenheit und dem Wohlstand der Orte zeugen.

Altenmarkt

DER CHIEMGAU

Nee, verehrte Gäste aus dem Norden, Osten und Westen: Nicht Prien oder Chieming sind die meistbesuchten Orte am Bayerischen Meer, sondern Seebruck. Gar nicht so schlecht als Ausgangspunkt, schon die alten Römer rauften sich mit der Urbevölkerung um diese Schlüsselstelle. Und sie benannten ihre Garnison nach dem krabbenschwänzigen Bedaius, einem Wassergott der Kelten, die sie vorher nach Art der Cäsaren niedergemacht hatten. Auf den mittlerweile weltbekannten Inseln im Chiemsee — Herren- und Frauenwörth, wie sie bei den Einheimischen immer noch heißen — wurden Zeichen gesetzt: von mächtigen Herzögen, einflußreichen Bischöfen, einem präpotenten Karolinger, einem romantischen Wittelsbacher, bundesrepublikanischen Verfassungsrechtlern und bayerischem Künstlervolk. Letzteres hat aus dem Chiemgau, der im Norden vom Inn-Salzachgau, im Osten vom Rupertiwinkel, im Süden von den Alpen und im Westen vom Inntal begrenzt wird, eine prall gefüllte Schatzkammer gefertigt. Die kleine Kirche in Urschalling, der Altar des Meisters von Rabenden gehören ebenso dazu wie Schloß Herrenchiemsee oder das Kloster Seeon, wo über Jahrhunderte hinweg die bayerische Volksmusik, die diesen Namen wirklich verdient, gepflegt wurde. Und die reich gesegnete Landschaft, ein harmonischer Dreiklang aus sattgrünen Feldern, sanften Hügeln und gewaltigen Bergen, hielt noch eine besondere Kostbarkeit parat: die Salzstöcke bei Bad Reichenhall. Das weiße Gold wurde mit der ersten Pipeline der Welt transportiert — eine Pionierleistung bayerischer Ingenieure. Zu dieser Kategorie zählt auch die Ringkanalisation rund um den Chiemsee, die für eine hervorragende Wasserqualität sorgt. Das wissen Abertausende von Freizeitsportlern, die sich auf oder in dem Chiemsee tummeln, ganz besonders zu schätzen.

An meine neue alte Heimat
Eine vertrackte Liebeserklärung

Wer den Chiemgau entdecken will, muß sich nicht gleich, gerade der Autobahn entronnen, ins Getümmel am Steg von Prien stürzen, um so schnell wie möglich Herren- und Fraueninsel abzuhaken; das machen schon die anderen, die vielen. Fahren oder gehen wir lieber, nur einen Steinwurf entfernt, zunächst einmal den sanften Hügel hinauf nach Urschalling. Dort, so meine ich zu spüren, ist ein heiterer, magischer Ort, der raunt, riecht und rockt. Eine zauberhafte, kleine romanische Kirche steht da, mit heidnisch inspiriertem Schalenstein und farbenprächtigen gotischen Fresken. Die hat ein genialer, vor Witz sprühender Meister vor etwa 700 Jahren geschaffen. In altbairisch-christlicher Nachbarschaft eine herrliche Boaz'n mit Efeuüberranktem Biergarten, wo ein grantiger Wirt ein rauhes Regiment führt. Der rote Zottelbart vom Simmerl signalisiert: Vorsicht, Kelte — bajuwarischer Uradel! Und rechts von Kirchl und Kneipe ein Fleck, von dem aus der Blick über den riesigen, sattblauen See, koboldhafte Hügel und die Zyklopen-Bergwelt streift.

Noch herrscht hier die selbstsichere Ruhe der Almbauern und Fischer, der Handwerker und Bootsbauer, die seit Jahrhunderten ihrem Geschäft nachgehen. Der eher wortkarge Menschenschlag hat sich den Sinn für Zeichen, die tief in die Vergangenheit weisen und weit in die Zukunft deuten, erhalten. Der Schalenstein von St. Jakob in Urschalling ist ein solcher Wegweiser: Wie ein Grals-Teller thront er auf einer Steinsäule im kleinen Kirchenschiff, kreisrund, von einem festen Wulst umschlossen, im Inneren eine Nabe, um die sich sechs gleichgroße Vertiefungen gruppieren — streng geometrisch angeordnet. Dadurch erscheint die Schale, in der die Gläubigen früher wohl Kerzenopfer darbrachten, gleichzeitig wie ein Rad. Wer dächte da nicht an Parzival, an die Ritter des sagenhaften Keltenkönigs Artus? Ist es nur ein Zufall, daß der Schöpfer des Schalensteins von Urschalling ein Zeitgenosse von Wolfram von Eschenbach war, der um 1200 das mittelhochdeutsche Epos vom naiven Jüngling verfaßte, der zum König des Grals reifte?

Nun, vielleicht ist es auch bloß die Wirkung des hochprozentigen Stamperls vom Zottelwirt nebenan, die mich zu solchen Gedankenflügen animiert. Aber beim Blick zur Decke geht's schon wieder rund. Es scheint mir, als läse ich in einem sakralen Comic, gezeichnet von bäuerlich-glaubensstarker Hand. Schwebt da doch im rötlich lodernden Freskenzyklus die schwarzumrandete Heilige Dreifaltigkeit, quasi mit Rückenwind, aus einem spitzen Winkel hinauf ins Zentrum — argwöhnisch, erschreckt, staunend beäugt von Abraham, der sich an die lateinische Inschrift »Abraham tres vidi unum orav« klammert. Das hätte ich anstelle des biblischen Stammvaters auch getan: drei gesehen, einen angebetet — wohl wissend, daß der Spruch vom heiligen Kirchenvater Augustinus stammt. Wirklich: So einfach, plastisch, aerodynamisch hätte ich mir des Rätsels Lösung vom Dreieinigen Gott auch nicht vorgestellt. Da wachsen aus einem Stamm (einer Knospe?) drei grazile Körper, auf denen rechts der Kopf von Gottvater, links der von Jesus Christus und in der

Mitte, ein wenig erhöht, die androgyn wirkenden Züge des Heiligen Geistes — eine höchst moderne Sicht des alten Meisters — zu erkennen sind; ein Mantel umhüllt die Gruppe, zwei Arme weisen nach innen. Das muß ein bodenständiger Kerl des 14. Jahrhunderts aufs Gewölbe geworfen haben! Der hatte es satt, die leibhaftige Trinität als abstraktes Dreieck, den Heiligen Geist ewig als Taube, das göttliche Geheimnis als tabuisierte Denksport-Nummer begreifen zu sollen. Sicherlich gehört die handfeste Interpretation des großen Unbekannten von Urschalling nicht zu den allergrößten Werken der darstellenden Kunst — aber der Mann hatte Saft, Mut und Humor.

Solchermaßen eingestimmt, schauen wir trotz der wabernden Benzinschwaden schon etwas milder auf das hektische Treiben der Bundesstraße 305, die sich zumindest ab Bernau mit Recht Deutsche Alpenstraße nennen kann, und auf den gräßlichen Bandwurm im Süden, die Autobahn München-Salzburg. Aber da war schon immer der Teufel los! Blicken wir kurz zurück: Es waren die alten Römer, die Herrscher der damaligen Welt, die die Heerstraßen anlegten; von Salzburg über Traunstein, den Chiemsee nördlich bei Seebruck (früher: Bedaium) und südlich bei Bernau mit Legionärspflaster umgabelnd, in einem Strang weiter bis zur Innbrücke bei Rosenheim, wo sich die Marschkolonnen trennten. Einmal Richtung Norden über Landshut gen Regensburg in die Oberpfalz, wo ein paar Jahrhunderte später die

Gewässerforscher am Klostersee

bayerischen Herzöge ihre Macht formierten; und Richtung Westen über Gauting,
wo 1.400 Jahre später KZ-Häftlinge während eines Gewaltmarsches verendeten, gen
Augsburg: die bayerisch-schwäbische Stadt des Religionsfriedens (1555), in der das
bluttriefende Zeitalter der Reformation beendet wurde, und der Geburtsort von
Bertold Brecht.

Ein Zuviel an schwerer, schwieriger Geschichte? Ach was: Im Angesicht der
grandiosen, bis zu 200 Millionen Jahre alten Felsen, die von den Salzburger Alpen
über den Hochfelln, den Hochgern bis hin zum Hausberg der Münchner, der Kampenwand, einen zackigen Charakterkamm bilden, bürstet sich so manche Laus leichter aus dem Fell. Und dann der See — von einem gigantischen Gletscher in die Voral-
penlandschaft gefräst: ein unwiderstehlicher Riese aus Eis und Geröll hub vor 15.000
Jahren ein Becken aus, das zehn Mal so groß war wie der heutige Chiemsee. Immerhin
mißt das bayerische Meer, wie geschaffen für gute Segler und erfahrene Surfer,
gegenwärtig runde 80 Quadratkilometer. Für Taucher und andere Leute, die den
Dingen gerne auf den Grund gehen: die tiefste Stelle liegt auf der Linie Chieming —
Gstadt, etwas näher zum Westufer hin. Ob dort, 73 Meter unter der Wasseroberflä-
che, der keltisch-römische Seegott Bedaius ruht? Vielleicht schüttelt er ja sein mit
Krebsscheren geschmücktes Haupt, wenn er das bunte Treiben da oben über sich
ergehen lassen muß. Einen guten Durchblick sollte er eigentlich haben, der um die
Zeitenwende Hochverehrte, gerade neuerdings: Die 1988 fertiggestellte Ringkanali-
sation, eine Meisterleistung europäischer Umwelt-Technologie, sorgt für eine 1a-
Wasserqualität im Chiemsee.

Übrigens hat der gewaltige Ur-See im Westen und Norden ein paar ausgesprochen hübsche, kleine, eigenwillige Schwestern: den romantischen Simssee und den
verträumten Hofstätter See beispielsweise, den dunkel schimmernden Pelhamer See
oder den wunderschönen, mit herrlichen Seerosen geschmückten Weiher beim Kloster Seeon. Die 1000 Jahre alte ehemalige Benediktinerabtei pflegte, bewahrte und
mehrte über die Jahrhunderte hinweg einen kristallklaren Schatz: die alpenländische
Volksmusik — um Himmels willen nicht zu verwechseln mit der abgeschmackten
Limonadensoße, welche sich heutzutage ungefiltert aus deutsch-österreichischen
TV-Röhren ergießt (davon werden wir noch ein Lied singen).

Zurück zur Natur. Einen Wimpernschlag vom Kloster entfernt findet sich ein
starkes Stück, das von einem jüngeren, noch begabteren Bruder des Fresko-Stars aus
Urschalling stammen könnte, der Schrein im Hochaltar von St. Jakob. Herrgott, was
hat dieser Chiemgau nur für Hand-Werker hervorgebracht! Ich kenne und liebe den
wunderbaren Isenheimer Altar von Mathias Grünewald in Colmar, meine Maman
stammt aus dem Elsaß, und ich weiß um die Hirnrissigkeit von Hitlisten über Kunstwerke — trotz und alledem: der Meister von Rabenden gehört für mich, wie sein
namhafterer Berufskollege und Zeitgenosse, zur Klasse der Super-Stars in der
Schnitzer-Gilde. Wieso? Deshalb: Wo gibt es ein solches Ensemble: Jakobus mit
Pilgerstab und Muschel, Simon Zelotes mit Säge, Judas Thaddäus mit Keule — alle
gewandet in goldschimmerndem Umhang, der Faltenwurf vom absoluten Designer

Fellhorn

abgesteckt, ziseliert die Adern, Knöchel, Zehen, Bärte, Gesichter; Figuren, so wundersam eigenartig wie fürchterlich prototypisch, so gewiß eigensinnig wie tumb weltläufig. Betrachten Sie nur einmal die Marterwerkzeuge von den so fromm dreinschauenden Herren links und rechts: eine fachmännisch gefräste Säge bei Vater Simon, eine schädelerweichende Morgenstern-Version beim Nachbarn Judas, in der Mitten der biblische Wanderer Jakob, dessen Gebeine im spanischen Wallfahrtsort Santiago de Compostela ruhen sollen. Der ewig dürstende Heilige ist wohl verdammt weite Wege gegangen. Davon hat der Meister von Rabenden um 1510 mit seinem Schnitzmesser auf einfühlsamste Weise Zeugnis abgelegt.

Nun endlich der Blick auf Herren- und Fraueninsel, von wo aus die Christianisierung Bayerns einen Anfang nahm, wo der militante Karolinger Ludwig der Deutsche die Idee des Gottesstaates durchexerzieren wollte, wo der Wittelsbacher Ludwig II., eine exzentrische Künstlernatur, eine unerfüllbare Sehnsucht zu stillen trachtete. Und wo der Grundgesetzentwurf der BRD ausgearbeitet wurde.

Ich schaue für meinen Teil nach Schnaitsee, wo ein Fernsehturm den höchsten Punkt im nördlichen Hinterland des Chiemsees markiert. In diesem stillen, schönen, freundlichen Dorf bin ich zu Hause, mit meiner Frau. Endlich — nach 20 Jahren Rheinland und 20 Jahren München.

Joachim Krings

Reif für die Inseln
Im Chiemsee

Bevor wir uns in die lange Schlange am Steg einreihen, werfen wir noch einen Blick auf die schönste Pfarrkirche am Ufer des Chiemsees, »Maria Himmelfahrt« in Prien. Der eigentlich spätgotische Bau aus dem 15. Jahrhundert wurde 300 Jahre später umgestaltet, wobei auch der große Johann Baptist Zimmermann mitgewirkt hat. Allerdings hat der Meister seinen beiden Söhnen und einigen Gehilfen hier freie Hand gelassen; lediglich der Entwurf des Deckenbildes, das die Seeschlacht von Lepanto darstellt, stammt von ihm. So fehlt der Ausführung der gewohnte Schwung, die duftige Pinselführung, die Zimmermann ausgezeichnet hat. Aber das Sujet — von schäumender Gischt umwogte Segelschiffe — gehörte zu seinem Repertoire; da konnten die Lehrlinge auf leuchtende Vorbilder zurückgreifen. Zudem scheint sich das Thema für einen Ort, der am See liegt, direkt anzubieten. Es gab aber noch einen triftigen Grund, hier den Triumph der christlichen Flotte über die der ungläubigen Türken festzuhalten: Zum Dank für den Sieg hatte der machtverliebte Papst Gregor XIII. im 16. Jahrhundert das »Rosenkranz-Fest« zu Ehren Mariens eingeführt; in Prien wurde die Mutter Gottes von einer »Rosenkranz-Bruderschaft«, die der Herrenchiemseer Probst 1639 gegründet hatte, besonders verehrt.

Setzen wir nun mit dem gut bevölkerten Schiff über nach Herrenchiemsee, auf die größte der drei Inseln im Herzen des Sees. Schon die Kelten trafen hier auf eine vorgeschichtliche Besiedelung, dann kamen irisch-kolumbianische Mönche im 7. Jahrhundert, die Agilolfinger folgten 100 Jahre später, und im 12. Jahrhundert gründete der Salzburger Bischof ein Augustiner Chorherrenstift. Vom Anlegesteg aus erreichen wir zuerst das »Alte Schloß«, heute ein Hotel, das im 17./18. Jahrhundert auf die Fundamente zerstörter Klosteranlagen gebaut wurde. Erhalten hat sich vom säkularisierten Stift noch das Langhaus der einstigen Domkirche, mit Deckenbildern eines Malers aus dem nahen Neubeuern (heute Teil der Brauerei) und der Bibliothekssaal im Ostflügel, für den Johann Baptist Zimmermann mit seinen Schülern Bemalung und Stuck lieferte. Im Kaisersaal und im Fürstenzimmer finden sich noch Beispiele für die im Barock so beliebte illusionistische Architekturmalerei, die eine Ahnung geben von dem Glanz dieses einst so mächtigen Klosters. An der südöstlichen Außenmauer befindet sich eine schlichte Tafel, die daran erinnert, daß hier im August 1948 der Verfassungskonvent getagt hat, jener Rat von Delegierten aus den elf westdeutschen Ländern, der den Vorentwurf für die spätere deutsche Verfassung erarbeitet hat.

Nach der Säkularisation war's auch um die Herreninsel recht still geworden; keiner wußte, was man mit ihr anfangen sollte. So kamen schließlich Holzhändler auf die Idee, wenigstens den dichten Baumbestand versilbern zu lassen. Doch das gefiel den traditionsbewußten, klugen Bauern der Umgebung ganz und gar nicht. Sie schickten eine Petition an König Ludwig II. und baten um Schutz vor den Spekulanten. Der Monarch fackelte nicht lange und erwarb das Eiland höchstpersönlich.

Denn er war besessen von einer monumentalen Idee: Hatte nicht sein Namensvetter, Ludwig XIV. von Frankreich, unweit von Paris ein so wunderschönes, prächtiges Schloß errichten lassen, wie es auf der ganzen Welt kein zweites gab? Wie wäre
es, wenn er, der Bayernkönig, den Sonnenkönig aus Frankreich übertreffen würde?
Lag die Insel nicht ebenso entfernt von seinem Machtzentrum München, mitten im
See, abgeschirmt vor lästigen Blicken? Ideal für ihn, dem fremde Menschen stets ein
Greuel waren. Die Bitte der Bauern war ein Wink des Himmels.

Schon zweimal hatte er sich in Versailles genauestens informiert, sein Architekt
Georg Dollmann hatte bereits Pläne entworfen — nun konnte es endlich losgehen!
1878 wurde der Grundstein gelegt, die Arbeiten gingen zügig voran, der Haupttrakt
war bald vollendet, die beiden Seitenflügel standen schon im Rohbau da — doch nun
wurden mal wieder die Gelder knapp. Zum Glück waren immerhin bereits die
Repräsentationsräume und die Privatgemächer des Königs im Obergeschoß von
Innenarchitekt Julius Hofmann nahezu fertiggestellt worden — dem originalen Vorbild natürlich genau nachempfunden, denn darauf legte der König allergrößten
Wert.

Was für ein Anachronismus, ausgerechnet in einer Zeit des aufstrebenden Bürgertums, der beginnenden Industrialisierung, der sich langsam ihrem Ende zuneigen-

Schloß Herrenchiemsee, das bayerische Versailles

den Ära der Monarchie, gerade nun die grandiose Machtentfaltung des absolutistischen Herrschers par excellence imitieren zu wollen! Doch für den Märchenkönig, das Leben um ihn herum souverän mißachtend, galt die Formel des verschwenderischen Franzosen — L'état c'est moi (Ich bin der Staat) — noch in seiner vollen Bedeutung. Die prunkvollen ›chambres de parade‹ (Paradierzimmer) waren denn auch schon zu ihrer Erbauungszeit überflüssig und sind nie ihrem veralteten Sinn entsprechend genutzt worden. Höhepunkt der gigantischen Glanzentfaltung ist die fast hundert Meter lange Spiegelgalerie. Sie übertraf damit das Versailler Vorbild nicht nur vom Ausmaß her, sondern auch an Pracht, denn hier wurde der goldene Stuck nicht nur aufgemalt, sondern vollplastisch ausgeführt.

Merkwürdig modern wirkt dagegen die schlichte Glasdach-Konstruktion über dem üppig ausgestatteten Treppenhaus. In den vergleichsweise intim anmutenden Wohnräumen des Königs befindet sich — wie im Schloß Linderhof — ein versenkbares ›Tischlein-deck-dich‹-Arrangement. Imposant sind natürlich auch die Gartenanlagen mit dem Latona-Brunnen in der Mitte, der ebenfalls dem Versailler Vorbild nachempfunden wurde. Im angeschlossenen Museum kann man sich ein wenig tiefer in die Gedankenwelt dieses tragischen, hochbegabten musischen Menschen einfühlen, der das Land, über das er herrschte von Gottes Gnaden, nie wirklich angenommen hat. Gleichwohl wurde der scheue, hochgewachsene, schöne Wittelsbacher wie kein anderer König vom bayerischen Volk geliebt; eine schwärmerische Verehrung lebt bis heute fort.

Drüben auf Frauenwörth, wie die Nachbarinsel früher genannt wurde, ist es viel schlichter geblieben. Ihre Geschichte ist jedoch mindestens so interessant wie die von Herrenwörth. Als im 8. Jahrhundert unter Tassilo III., jenem Bayernherzog, der später von dem Frankenkaiser Karl dem Großen auf Grund einer Intrige gefangengenommen und verbannt wurde, ein Kloster nach dem anderen gegründet wurde, da schien auch die kleine Chiemseeinsel der geeignete Ort für ein Nonnenstift zu sein. Berühmt geworden ist vor allem die Äbtissin Irmengard, Tochter der Welfenfürstin Hemma und König Ludwig des Deutschen, eines grausamen, herrschsüchtigen Mannes, der mit aller Gewalt die fundamentalistische Idee eines Gottesstaates auf Erden durchpeitschen wollte. Irmengard, Urenkelin von Karl dem Großen, war vom Charakter her wohl das genaue Gegenteil ihres militanten Vaters. Sie soll die Armen so aufopfernd betreut haben, daß sie selig gesprochen wurde; bis heute wird sie von den Gläubigen im Chiemgau hoch verehrt. Das zeigt sich besonders in der Irmengardkapelle des Münsters. Man betritt es durch ein wahrhaft furchterregendes Portal: wilde Fratzen und Ungetüme sollten bösen Geistern den Garaus machen (ein Hinweis auf das heidnische Erbe, das die Machtpolitiker im Vatikan und ihre regionalen Stellvertreter schon immer geschickt zu nutzen wußten). Innen wurde der einst klare, strenge Raum durch spätere Zutaten, wie das spätgotische Netzgewölbe und die barocken Altäre, ein wenig entstellt. Durch den Chorumgang aus der Mitte des 12. Jahrhunderts gelangt man zur über und über mit Kerzen, Votivbildern und naivem Zierrat geschmückten Irmengardkapelle. Nur 34 Jahre alt ist die von einer

Erbkrankheit befallene, mildtätige Königstochter geworden, und doch gelang es ihr, in dieser kurzen Zeitspanne eine der bedeutendsten karolingischen Klosteranlagen in Süddeutschland zu errichten, deren Fundamentreste unlängst von Archäologen entdeckt wurden.

Im Zuge dieser Ausgrabungen stieß man auch auf jahrhundertelang hinter Bauschutt verborgen gebliebene Fresken, oben, zwischen Dach und gotischem Gewölbe. Schon in den zwanziger Jahren waren an den Bogenlaibungen um den Altarraum Wandbilder gefunden worden, die aus hochromanischer Zeit stammen. Leider sind sie für den normalen Besucher nicht sichtbar und wären, selbst wenn man das Gewölbe über dem Altarraum aufreißen würde, so weit weg, daß man ein Fernglas bräuchte, um sie genau betrachten zu können. So hat man Kopien dieser Fragmente einer einzigartigen Gesamtkomposition der Salzburger Schule in das Torhallenmuseum gegenüber gebracht. Die etwa zwei Meter hohen Darstellungen von Christus und seinen Propheten waren vermutlich auf Maria, die Patronin der Kirche, bezogen. Die charaktervollen Gesichter, die rotgefaßten, langfaltigen Gewänder, die majestätischen Körperhaltungen vermitteln einen nachhaltigen Eindruck von jener Zeit, als das Benediktinerinnen-Kloster ein geistiger Mittelpunkt des Voralpenlandes gewesen ist.

Von der ältesten Anlage ist heute noch die Michaelskirche nördlich des Münsters sowie der Torbau daneben erhalten. Einige Fresken wie die Engelsbilder an der Apsiswand, die aus dem 9. Jahrhundert stammen, muten in ihrer linearen Klarheit fast modern an. Ungarn haben zu Beginn des 10. Jahrhunderts die anderen Stiftsbauten zerstört, doch zur Jahrtausendwende wurde mit der zweiten Anlage begonnen, von der sich noch der achteckige Turm erhalten hat. Seine Zwiebelhaube bekam er erst ein paar Jahrhunderte später aufgesetzt — sie ist übrigens eine der ersten in Bayern gewesen.

Ebenso wie nebenan wurde es nach der Säkularisation still auf Frauenwörth. Die Klostergebäude fanden keinen Käufer, und so blieben einige Nonnen mit Erlaubnis des Königs in einem Seitentrakt wohnen. Das idyllische kleine Fischer- und Handwerkerdorf am Ende der Insel hatte zwar im Dienste des Klosters gestanden, doch seine Bewohner fanden schnell wieder Anschluß. Als der berühmte Maler Max Haushofer mit ein paar Künstlerfreunden 1828 auf die Insel zog und — wie die Liebe fällt — die Tochter des Lindenwirts heiratete, brach für die alten Frauenwörther Familien eine neue Zeit an. Die Einheimischen und das Künstlervölkchen — Dichter, Freiluftmaler und Bildhauer — kamen gut miteinander zurecht; Szenen aus dem bunten Inselleben sind in die Kunst- und Literaturgeschichte eingegangen.

Die Anhänglichkeit so manches Zugereisten ging sogar so weit, daß er von dem Fleck selbst nach dem Tode nicht lassen wollte. Auf dem kleinen Friedhof ruht neben Angehörigen der Fischer-, Handwerker- und Wirtsfamilien der Insel einträchtig eine Reihe von Malern, Musikern, Literaten und Universitätsprofessoren aus dem bayerischen und preußischen Pantheon.

Susanne Strohmeyer

Die erste Pipeline der Welt
Eine Geschichte von 1619

Die Entstehung der oberbayerischen Salzlager reicht weit in die Erdgeschichte zurück. Vor rund 250 Millionen Jahren war der Bereich der nördlichen Kalkalpen bis in den Chiemgau vom Mittelmeer bedeckt. Bodenerhebungen im Süden führten zur Ausbildung einer in West-Ost-Richtung langgestreckten Mulde, in der das vom Meer abgeschnittene Wasser verdunstete und das Salz zurückblieb. Es tritt in dickflüssiger Form, der sogenannten ›Sole‹, aus dem Boden — ein fürstliches Geschenk der Natur, galt doch das Salz über Jahrhunderte hinweg als eines der wertvollsten Güter.

Also machte man sich schon in vorgeschichtlicher Zeit daran, den Schatz zu heben. Die erste urkundliche Erwähnung ist aus dem Jahre 682: Damals schenkte der Bayernherzog Theodo dem Bischof Rupert 20 der 60 Sudpfannen, mit denen der aus dem Berg zutage geförderte Rohstoff in Reichenhall in kostbares Salz verwandelt wurde. Fast tausend Jahre lang gingen die Ledereimer, gefüllt mit Sole, über eine Menschenkette, von Hand zu Hand, nach oben — eine äußerst mühevolle Arbeit. Erst im 15. Jahrhundert kamen allmählich einfache mechanische Hilfsmittel zum Einsatz.

Waren es anfangs meist die Klöster, die sich der Salzgewinnung widmeten, so taten dies später unternehmerisch denkende Bürger; heute hat der bayerische Staat

Zur Salzgewinnung braucht man's heute nicht

das gesamte Salinenwesen übernommen. Bayern besaß zwar nur in seinem südöstlichen Winkel einen Anteil am ostalpinen Salzgebirge, doch die Gewinnung und der Handel mit dem Gewürz entwickelten sich zu einem der bedeutendsten Wirtschaftsfaktoren.

Über Jahrtausende hinweg war Holz der alleinige Energieträger bei der Erzeugung von Salz aus Sole. Da zum Gewinnen des Salzes etwa die dreifache Menge Wasser in den großen Sudpfannen zum Verdampfen gebracht werden mußte, war der Holzverbrauch enorm. Der jährliche Spitzenbedarf allein bei der Saline Reichenhall betrug bis zu 60.000 Klafter; das entspricht etwa 180.000 Raummetern Holz.

Das Holz aus den umliegenden Wäldern kam zum großen Teil auf dem Wasserweg vom Hiebort zum Verbrauchsort. Dieser als Trift bezeichnete Transportweg war lange Zeit die einfachste, billigste und wegen fehlender Landwege im gebirgigen Gelände einzig mögliche Art des Holztransportes.

Wegen mangelnder Wasserführung mußten die Gebirgsbäche aufgestaut werden. Diese ›Klausen‹ funktionierten wie Schleusen: Sie regulierten das Wasser und schufen damit die Möglichkeit, das Holz zutal zu schwemmen. Am Zielort waren große Anlagen in Form von Rechen notwendig, um die Holzstämme aus dem Wasser zu bergen. Die Stämme durften nicht länger als drei Schuh — etwa 90 Zentimeter — sein; damit wurden die Schäden am Ufer in Grenzen gehalten. Erst der zunehmende Bau von Forststraßen und die wachsende Bedeutung der Eisenbahn brachten die Trift im 20. Jahrhundert zum Erliegen. Die Triftbauten sind heute größtenteils verfallen.

Der Raubbau an den Wäldern in der Gegend um Reichenhall führte zu Beginn des 17. Jahrhunderts dazu, daß dort der Energieträger Holz nicht mehr in ausreichendem Maße zur Verfügung stand. Man entschloß sich, die Saline ins waldreiche Trauntal zu verlegen, nach Traunstein. Am 6. August 1619 erreichte der »gnadenreiche Salzbrunnen« erstmals den neuen Standort — ein Datum, das eine technische Pionierleistung ersten Ranges markiert: Noch nie war es bis dahin gelungen, eine Flüssigkeit über einen solchen Höhenunterschied hinweg zu transportieren. Die 31 Kilometer lange Soleleitung mußte von Reichenhall aus auf den ersten 14 Kilometern bis Inzell eine Steigung von 250 Metern überwinden.

Das Meisterwerk gelang nach unsäglichen Mühen: Hans und Simon Reiffenstuel, Vater und Sohn, konstruierten und bauten sieben Salzwasser-Hebeanlagen, deren sieben Meter hohe Wasserräder von den Bergbächen angetrieben wurden. Rund 250 Jahre, bevor die Amerikaner im Jahre 1861 eine relativ kurze, ganze 9,6 Kilometer lange Ölleitung zusammenstückelten und damit den internationalen Wortschatz um den Begriff ›Pipeline‹ bereicherten, hatten die Bayern ihre Leitung gelegt, bestehend aus 9.000 Holzrohren von je vier Meter Länge. Sie wurde schlicht ›Soleleitung‹ oder auch ›Salzwasserleitung‹ genannt und errang trotz dieser für fremde Ohren wenig eingängigen Bezeichnungen Weltruhm.

Nach weiteren 200 Jahren konnten auch im Bereich Traunstein die Wälder nicht mehr so schnell nachwachsen, wie sie geschlagen wurden. Deshalb errichtete man

1810 eine weitere Saline in Rosenheim, wo umfangreiche Waldungen genutzt werden konnten. Die aus 24.000 Holzrohren, den sogenannten ›Deicheln‹, bestehende zweite Soleleitung trassierte Georg Reichenbach entlang der Chiemgau-Berge südlich des Chiemsees, wobei 80 Stege und Brücken mit Spannweiten bis zu 146 Metern gebaut wurden.

Das dumpfe Pochen der Solepumpen im Chiemgau verstummte 1958. Mit dem Aufkommen neuer Handelsbeziehungen und Energieträger war das Schicksal der Rosenheimer Saline besiegelt. Über viele Jahrhunderte hinweg war das Salinenwesen der Motor der wirtschaftlichen Entwicklung gewesen. Es trug nicht nur wesentlich zur Entwicklung von Städten bei, sondern setzte auch Impulse bei der Schaffung von Verkehrswegen zu Wasser und zu Lande. Und natürlich ist auch viel vom kulturellen Reichtum des Chiemgaus auf die blühende Salzindustrie zurückzuführen.

Die alten Leitungen und Gebäude zwischen Bad Reichenhall und Rosenheim verfielen zusehends, als die Anlagen der einstigen Großindustrie nicht mehr gebraucht wurden. Erst in unseren Tagen besann man sich wieder auf den Wert der noch beste-

Kurpark in Bad Reichenhall

henden Denkmäler aus der versunkenen Epoche. Die drei Landkreise Berchtesgadener Land, Traunstein und Rosenheim erneuerten die alten Wege entlang der ehemaligen Leitung und richteten sie als Spazierwege her.

Auch einige alte salinarische Gebäude wurden wieder instandgesetzt, zum Beispiel der Solehochspeicher, den man vom Café Zwing bei Inzell aus gut erreichen kann. Das restaurierte, ehemalige Brunnhaus ›Klaushäusl‹ bei Grassau beherbergt dazu ein höchst interessantes Museum. Einer der beliebtesten Spazierwege verläuft zwischen Siegsdorf und Hammer, wo in zahlreichen Unterstellhäuschen ehemalige Soleleitungsrohre untergebracht sind — Überreste der ersten Pipeline der Welt.

Christian Soika

Vom Duft alpenländischer Musik
Ums Kloster Seeon

Man stelle sich das vor: Das herzige Mariandl und das fesche Peterle schluchzen im Verein mit der pfundigen Blechhütt'n-Combo vor den Kameras des Bayerischen Fernsehens den Postkutsch'n-Hit aus Finsternwalde. Da schnellt Max I., der Streibl-Präsident aus Oberammergau, wütend vom weiß-blauen Ehren-Canapée hoch, stoppt mit republikanischer Geste die Live-Übertragung seines Haussenders und fordert Unerhörtes: »I mecht a g'scheite Musi ham!« Super-Impresario Schreierlein bricht stantepede in Zähren aus, Duo plus Combo fallen auf die Knie, fini.

Das gibt's nicht? Richtig, nicht mehr, leider. Aber stellen wir uns doch einmal einen Nachmittag im Herbst 1777 vor: Kurfürst Max Joseph III. zieht nach einer Hofjagd mit stattlichem Gefolge in die Benediktiner-Abtei zu Seeon ein. Sein Vorauskommando, in erster Linie die Köche, hat bereits für den Gourmet, der, wenn's sich ergab, auch Gourmand war, Unterfutter herbeigeschafft — Wildbret, Früchte, Flüssiges (darauf kommen wir noch zurück). Nachdem Seine Majestät den Hofrichter von Obing, zwei Amtsleute von Kling und das Glockengeläut zu seinen Ehren über sich hat ergehen lassen, genießt er, nebst Gemahlin auf einem rotsamtenen Schemel in seiner Suite thronend, die Tafelfreuden, in gebührendem Abstand von den Prälaten aus Seeon und Baumburg. Da schmettern plötzlich — im Speisesaal(!) — Trompeter und Paukenschläger, eigens aus Rosenheim herbeigekarrt, einen ohrenbetäubenden Tusch, gefolgt von Fanfarenstößen der durchdringenden Art. Durchlaucht sind entsetzt: Max Joseph III. gebietet dem nervtötenden Aufzug kategorisch Einhalt. Die Donnervögel verstummen, finitum.

Und da endet auch schon der melancholische Vergleich zwischen Monarchie und Telekratie. Ach, verbürgt ist es; Pater Widl, ein glaubwürdiger Chronist aus Seeon, sei unser Zeuge: Die Patres setzten sogleich »vor den Höchsten Herrschaften« ihr etwa zwölf Instrumente umfassendes Kammerorchester in Szene — und musizierten, was das Zeug hielt. Es muß ein wahrhaft königlicher Ohrenschmaus gewesen sein! Jedenfalls ließ sich der Kurfürst nicht lumpen und spendierte den monastischen Musici sechs Maß Burgunderwein (nach heutiger Rechnung ein bisserl mehr als zwölf Liter)!

Sollen wir, nur einmal noch, eine historische Parallele ziehen? Bitteschön: Der Wittelsbacher, ein kunstsinniger Mensch, wußte immer, wo die Musik spielt — im Gegensatz zu manchen seiner Nachfahren in regie. Und sie, die echt bayerischen Volksweisen, erklangen vielleicht nie duftiger, heiterer, zauberhafter als in der romanischen Basilika, die heute noch in ihrem Wappen das Blatt einer Seerose führt. Hand aufs Herz: Eine geschwungene Ranke erhebt sich auf weißem Grund, vor ihr neigt sich nieder das rote Blatt der Blüte, die auf dem Wasser schwebt — swingt das nicht?

Der Genius loci trat zum ersten Mal in Gestalt von Pater Johannes Werlin (1588-1666) in Erscheinung. Der Humanist gründete ein eigenes Orchester mit großer Besetzung: Violen, Lauten, Harfen, Flöten, Fagotts, Zinken und Posaunen; er dirigierte den Chor, komponierte, verfaßte eine Musiktheorie und stellte eine einzigartige Sammlung von beinahe 3.000 weltlichen und geistlichen Melodien zusammen, der er den Namen »Rhytmorum varietas« (Die Vielfalt der Rhythmen) gab. Neben zeitgenössischen Kunstliedern, Tönen der Meistersinger und Soldatenliedern aus dem Dreißigjährigen Krieg bildeten Volksweisen aus dem 15. und 16. Jahrhundert den Schwerpunkt. Werlin beschränkte sich jedoch nicht auf das bloße Abschreiben der gesammelten Werke, sondern beseitigte ihm überflüssig erscheinende Verzierungen und unterwarf die Gesänge einem strikten metrischen Maß. Das gewaltige Opus ist zu einem gewichtigen Teil bis heute erhalten geblieben; sechs dicke Bände davon lagen lange Zeit in der Handschriftenabteilung der Bayerischen Staatsbibliothek in München. Jetzt kehren sie wieder an den Ort ihres Entstehens zurück.

Der Ruf des Klosters Seeon als Hochburg von Volks- und sakraler Musik zog auch Leopold Mozart und seinen Sohn Wolfgang Amadeus an. Als der Zehnjährige im März 1767 den damaligen Abt Augustin Sedlmayr bei Tisch klagen hörte, dem Kloster mangele es an Offertorien für das bevorstehende Stiftungsfest des Heiligen Benediktus, sauste das kleine Genie bei der erstbesten Gelegenheit aus dem Speisesaal, lehnte sich auf die Fensterbrüstung, zückte Bleistift und Papier und schrieb im Handumdrehen eine freie Motette für Soli und Chor, ein barockes Stück voll sprudelnder Einfälle. Fünf Jahre später komponierte er ein zweites Werk für das Kloster Seeon, genauer: für seinen väterlichen Freund Pater Johannes von Haasy, einem ebenso witzigen wie jähzornigen Feuerkopf. Dabei handelt es sich um ein Offertorium zum Fest von Johannes dem Täufer. Der Salzburger Wunderknabe schickte sein Werk per Post zum Namenstag des Paters. Der Gag bei der Geschichte: Wolfgang Amadeus pflegte dem Geistlichen zur Begrüßung um den Hals zu fallen, seine Wangen zu streicheln und eine selbsterfundene Melodie auf den Kinderreim »Mei Hanserl, liebs Hanserl, liebs Hasi« zu singen. Exakt diese Melodie taucht in dem Offertorium bei den Textstellen »Johannes Baptista« mehrmals auf.

Ein königlicher Ohrenschmaus?

Die Erinnerung an den kunsthistorischen Scherz verdanken wir übrigens Max Keller, der 1780 als Gesangsschüler ins Kloster gekommen war und später als Orgelvirtuose brillierte. Dieser Keller hielt stets eine besonders bekömmliche Verbindung zu seinem Lehrmeister Michael Haydn, dem Salzburger Kapellmeister und Bruder des berühmten Joseph Haydn: Max Keller versorgte seinen Mentor nämlich regelmäßig mit dem vom Kloster gebrauten, wohl äußerst schmackhaften Seeoner Bier, ebenso wie Leopold Mozart. Man sieht: Die Herren Künstler waren den leiblichen Genüssen durchaus nicht abhold.

Das verführt mich zu einem kulinarischen Gedankenspiel: Wäre es nicht schön, sich vorzustellen, wie Wolfgang Amadeus am 23. September 1777 bei seiner Einkehr im Gasthaus zur Post in Frabertsham die aufgeschmolz'ne Mettensupp'n geschlemmt hat? Ich darf versichern, daß ich weiß, wovon ich rede. Denn die Brotsuppe in dieser meiner Stammkneipe mundet besser als jeder Kaviar-Kompott. Chefin Anneliese Rosenberger, aus traditionsreicher Wirtsfamilie stammend, kennt das Originalrezept: Pro Person fünf dünne Scheiben dunkles Brot, eine Leberwurst mit heißer Fleischbrühe, eine halbe Zwiebel in Schweinefett geröstet, dazu eine Messerspitze Majoran. Ob sich Mozart nach seinem letzten Besuch des Klosters Seeon im Jahre 1780 auf seinem Weg nach München, wo er die Oper Idomeneo schuf, noch einmal solchermaßen gestärkt hat, weiß ich nicht. Aber ich hab' so ein Gefühl.

Sicher ist jedoch, daß der Münchner Generalintendant August Everding, ein Majordomus der schönen Künste und ein Hans Dampf in allen lukrativen Kultur-Gassen unserer Jet-Welt, in dieser Hinsicht meinen Geschmack teilt. Ab und an gibt er sich, von seinem nahen Wohnsitz in Truchtlaching kommend, samt Großfamilie in der »Post« die Ehre — im Angesicht seines gerahmten Konterfeis tafelnd.

Nein nein, damit schließt sich nicht der Kreis. Verknüpfen wir die surreale Anfangsszene lieber mit der Nennung von einigen guten Namen, die für eine lebendige Tradition im Sinne des musikliebenden Klosters Seeon stehen: der Traunsteiner Dreigesang zum Beispiel, die Trostberger Sängerinnen, die Hochberger Soatnmusi (Saitenmusik) oder die Grassauer Scherzlgeiger — allesamt hervorragende Vertreter echter bayerischer Volksmusik.

Die Musik kommt

PS: Gegenwärtig rüstet der bayerische Staat mit 60 Millionen das Kleinod für die fällige 1000-Jahr-Feier im Jahre 1994 auf. Möge niemand die Nase rümpfen, auch wenn die ehrwürdige, schwarze Benediktinertracht durch gebügelte Maßanzüge der schwarzen Kleiderständer aus Politik und Wirtschaft in den Schatten gestellt wird. Erstens wird ein Kulturdenkmal erhalten, zweitens wurde durch das neue Promi-Center eine weitaus üblere Alternative verhindert: Fast hätte sich eine amerikanische Jugendsekte das Kloster unter ihren schmutzigen Nagel gerissen. Das wäre gewiß eine Todsünde gewesen! Und drittens klingt bei dem einen oder anderen Besucher des alten Bauwerks vielleicht eine Saite an, welche an längst Verlorenes rührt. Schlag nach bei Pater Werlin.

Joachim Krings

Von Menschen, Mäusen und Musik
Schloß Amerang

So richtig ins Schwärmen gerät der Herr Baron, wenn er über die große Waldmaus, auch Gelbhalsmaus genannt, redet: »Sie gehört zu den schönsten Mäusearten, die es in Europa gibt. Sie sind fast so groß wie Ratten, haben hervorragende Ohren, schwarze Augen, einen dunklen Aalstrich auf dem Rücken, einen schneeweißen Bauch und einen gelben Hals.« Und daß auf Schloß Amerang, das seit mindestens 700 Jahren seiner Familie gehört, die in schöner Regelmäßigkeit aufkreuzenden Nager eingefangen werden müssen, gehört zu seinen Pflichten. Schließlich ist Krafft Freiherr von Crailsheim, 70 Jahre jung, nicht nur passionierter Land- und Forstwirt, Dackel- und Fischzüchter, Gastronom, Autor wissenschaftlicher Werke und Museumsleiter, sondern auch Konzertdirektor. Mit Speck fängt man Mäuse; mit klassischer Musik rettet man ein uraltes Schloß vor dem Verfall.

Der Konzertbesucher kommt ins Schwärmen, wenn er, vorbei am ehemaligem Stallgebäude, Richterhaus und der ›Prügellinde‹ — im Revolutionsjahr 1848 gepflanzt zur Erinnerung an die Aufhebung der Prügelstrafe — über die frühere Zugbrücke, durch den gewaltigen Torbogen und eine dumpfe, wuchtige Gewölbehalle, endlich den hellen, feingliedrigen Loggienhof betritt. Der trapezförmige, dreigeschossige Arkadenhof aus der Renaissance ist der größte seiner Art nördlich der Alpen; der schönste allemal. Wer ein Auge dafür hat, erkennt die anmutige, federleichte Handschrift eines hellhörigen Baumeisters. Wer ein Ohr hat für den Klang der Sphären, verstummt. Und wer seine fünf Sinne beisammen hat, streckt die Waffen des Alltags und genießt. Die Konzerte, die hier in den Sommermonaten bei Kerzenlicht zur Abendstunde für Menschen und Mäuse gegeben werden, sind einfach wundervoll...

»Von der Musik hab' ich wenig Ahnung«, sagt der weißhaarige, in grüner Strickjacke und beiger Trachten-Lederhose gewandete Land-Edelmann; ein augenzwinkerndes Lächeln, das Stakkato-Tippen seiner verhornten Fingerkuppen auf dem schweren Holztisch im Büro, unterstreichen die Ironie. Eigentlich würde er viel lieber darüber fachsimpeln, warum er Nackthafer, Nacktgerste, Dinkel und andere, selten gewordene Getreidearten erzeugt. Auf welche Weise er dem Baumsterben in seinen 300 Hektar großen Wäldern entgegengetreten ist. Und darüber schimpfen, daß keiner seiner drei Söhne »etwas Gescheites« studieren will, nämlich die Landwirtschaft — so, wie er, sein Vater, Groß- und Urgroßvater, das auch getan haben, und zwar an der berühmten Fakultät in Weihenstephan.

Aber dann lehnt er sich halt doch zurück, krault zwei seiner Dackel und erzählt vom ersten Konzert auf Schloß Amerang: »Ich weiß noch gut, es war der 12. Juni 1965, sieben Uhr abends, und noch immer rührte sich kaum etwas. Plötzlich, Schlag halb acht — es war ein strahlender Samstag im sonst so nassen Jahr — strömten 240 Gäste in den Schloßhof. Da wußten wir: Es hat geklappt! Es haut hin mit den Konzerten!« Immer noch ist ihm die ungeheure Anspannung anzumerken: Würde es ihm, dem Nachfahren der Layminger (1310—1520), einem bedeutsamen, ortsansässigen Geschlecht, das viele Turniervögte in Bayern stellte, der mächtigen Scaliger (1497-1598), einst Herren von Verona und Vicenza, ihm, dem direkten Sproß der reichen Grafen von Lamberg (1600—1821) aus Niederösterreich und der Reichsfreiherrn von Crailsheim (1821 bis heute), die aus fränkisch-protestantischem Adel kommen, gelingen, das Schloß, den Sitz dieser großen Familie, zu erhalten? Ausgerechnet mit Musik, der Kunst, der brotlosen?

»In Bayern gibt es über 40.000 Baudenkmäler, die auf staatliche Hilfe warten, wenn ihre Substanz erhalten werden soll«, erklärt der Baron. Daß Zuschüsse von dieser Seite nur ein Tropfen auf den alten Stein sind, liegt auf der Hand. So profane, kostenträchtige Dinge wie Kanalisation, sanitäre Anlagen und Gewölbe-Restaurierungen müssen aus eigener Tasche bestritten werden; staatliche Gelder gibt es nur, um die auseinanderberstenden Mauern auf ein solides Fundament zu stellen. Und die Einnahmen aus der Land- und Forstwirtschaft reichen nur für die laufenden Kosten aus. Da erinnerte sich Krafft Freiherr von Crailsheim — der Vorname ›Krafft‹ ist seit altersher überaus beliebt in der Familie — an die Idee seiner kunstsinnigen Mutter, in dem akustisch so einmalig angelegten Hof doch einmal Konzerte zu veranstalten. Gedacht, getan. »Trotz der vielen Experten, die uns alle gewarnt hatten, scheinbar zurecht. Denn obwohl wir fast 1.000 Programme verschickt hatten — heute sind es über 25.000 —, lief der Kartenvorverkauf miserabel, von telefonischen Vorbestellungen ganz zu schweigen. Alles deutete auf ein Fiasko hin.«

Seit der bestandenen Feuerprobe an dem herrlichen Juniabend des Jahres 1965 gingen knapp 400 Konzerte über die Freilichtbühne im Loggienhof von Schloß Amerang (gegen den Regen, der im Alpenvorland ebenso heftig wie überraschend niederprasselt, sind Musiker wie Publikum mittlerweile durch eine Plane gefeit). Vor allem Künstler aus Salzburg und München — Amerang liegt genau in der Mitte der beiden kulturellen Pole —, aus Budapest und Wien bestreiten seither das klassische Programm, das nunmehr von Kennern und Liebhabern aus aller Welt zu den musikalischen Höhepunkten zwischen Inn und Salzach gezählt wird. Gute 11.000 Eintrittskarten wurden 1991 verkauft.

Natürlich ist der Baron ein wenig stolz darauf, in diesem Bereich unüberhörbare Akzente gesetzt zu haben. Aber den Zusammenhang, die Geschichte, den Sinn des Ganzen, verliert er dabei nicht aus den Augen. »Die Musik ist ein Erlebnis, dem unser stimmungsvoller Arkadenhof einen ganz besonderen Glanz verleiht. Die Kunst trägt den Namen des Schlosses in alle Welt hinaus. Das hilft mir, meine

Auch vor dem Bauernhausmuseum in Amerang wird gespielt

Lebensaufgabe zu erfüllen — das Werk der Vorväter für die Generationen nach uns zu bewahren.«

Der Land- und Forstwirt, Umweltschützer und Unternehmer Crailsheim horcht dem Satz des Konzertdirektors von Schloß Amerang nach, steht auf, streift die Ärmel hoch und setzt, wohl an die Adresse seiner Betriebswirtschaft studierenden Söhne gerichtet, »die sich die Finger nicht schmutzig machen wollen«, hinzu: »Wie ein Uhrwerk paßt hier alles zusammen. Denken wir nur an die Hühner, die Abfälle vom Haushalt oder der Gastronomie verwerten. Ihre Eier werden an die Gäste verkauft, die unsere Konzerte besuchen oder an den Schloßführungen teilnehmen. Wenn ich meine Waldarbeiter nicht hätte, könnte ich die Konzerte nicht bei jedem Wetter veranstalten, weil ja notfalls die Plane aufgehängt werden muß. Und wenn ich die Gastronomie nicht hätte, könnte ich mir das Personal nicht leisten, das für die Instandhaltung des Schlosses notwendig ist. Es greift alles ineinander.«

Der Wald und der Acker, das Schloß und das Geld, der Edelmann und seine Nachkommen, die Musik und die Zukunft — wie mögen Europas schönste Mäuse wohl darüber denken?

Joachim Krings

Städte und Stationen

Bernau

545 m, 5.400 E., 1.940 B., 160 C., Bhf., schöner Ortsteil Hittenkirchen, Barockbau »Alter Wirt«.

Angeln, Bauerntheater, Fahrradverleih, Freibad, Golf, Hallenbad, Pferdekutschen, Reiten, Segeln, Squash, Tennis, geführte Wanderungen, Windsurfen;
Eislaufen, Eisstockschießen, Skischulen.
Information: Kur- und Verkehrsamt, 8214 Bernau a. Chiemsee, Tel. 08051/7218.

Chieming-Ising

532 m, 3.500 E., 2.000 B., 230 C., Pferdemuseum, Gutsgasthof »Zum Goldenen Pflug«, bäuerliche Geräte und Raritäten, indianische Kultur, tgl. außer Mo ab 11.00 Uhr (Tel. 08667/790); Altarsteine der ehem. Kelten- und Römersiedlungen in der Pfarrkirche Mariä Himmelfahrt.

Angeln, Bauerntheater, Fahrradverleih, Freibad, Golf, Pferdekutschen, Reiten, Segeln, Squash, Tennis, geführte Wanderungen, Windsurfen; Eislaufen.

Information: Verkehrsamt, 8224 Chieming, Tel. 08664/245.

Grabenstätt

528 m, 3.400 E., 150 C., Römermuseum, Ausstellung örtl. Funde (Tel. 08661/749 und 242); Kirche St. Johannes; Loretokirche in Marwang, der Innenraum der 1648 erbauten Doppelkirche stellt die Nachbildung der Wohnung der hl. Familie von Nazareth dar, Votivtafeln aus mehr als drei Jahrhunderten (Tel. 08661/202).

Angeln, Bauerntheater, Freibad, Fahrradverleih, Reiten, Schießen, Tennis, geführte Wanderungen, Windsurfen; Eislaufen.
Information: Verkehrsamt, 8221 Grabenstätt, Tel. 08661/1600

Gstadt

538 m, 1.000 E., 45 C., »Malerwinkel«.

Angeln, Segeln, Fahrradverleih, Sommerstockbahn, Tennis, Windsurfen; Drachenfliegen.

Information: Verkehrsamt, 8211 Gstadt, Tel. 08054/339 und 442.

Inzell

693 m, 3.000 E., 5.300 B.

Eislaufzentrum, Bauerntheater, Drachenfliegen, Fahrradverleih, Freibad, Hallenbad, Tennis, geführte Wanderungen;
Eislaufen, Eisstockschießen, Kunsteisstadion, Rodelbahnen, geführte Skitouren, Skischulen, Wintersportgeräteverleih.
Information: Verkehrsverein, 8221 Inzell, Tel. 0865/862.

Marquartstein

545 m, 3.000 E., 1.050 B., Ausflug zur Schnappenkapelle mit herrlichem Blick.

Drachenfliegen, Fahrradverleih, Tennis, geführte Wanderungen;
Hochplattenbahn-Sessellift (600-1.050 m), 8.30-17.00 Uhr; Eisstockschießen, Rodelbahnen, Skischulen.
Information: Verkehrsamt, 8215 Marquartstein, Tel. 08641/8236.

Prien

520-560 m, 8.800 E., 4.100 B., 300 C., Bhf., einziger Kneipp-Kurort Oberbayerns, Heimatmuseum, Friedhofweg 1, Bauernhaus v. 1837, Trachtenzimmer, Fischerei, Hinterglasbilder (Tel. 08051/69050); Galerie im Alten Rathaus, Rathausstr. 22, Gemälde, Gouachen, Aquarelle, Zeichnungen (Tel. 08031/17081).

Angeln, Bauerntheater, Fahrradverleih, Freibad, Golf, Hallenbad, Pferdekutschen, Reiten, Segeln, Squash, Tennis, geführte Wanderungen, Windsurfen.
Information: Kurverwaltung, 8210 Prien a. Chiemsee, Tel. 08051/3031.

Reit im Winkl

695 m, 3.500 E., 4.800 B., 360 C., Bayerns höchstes Dorf.

Fahrradverleih, Freibad, Golf, Hallenbad, Reiten, Tennis, geführte Wanderungen;
Eislaufen, Eisstockschießen, Rodelbahnen, Skikinderschule, geführte Skitouren, Skischulen, Wintersportgeräteverleih.
Information: Verkehrsamt, 8216 Reit im Winkl, Tel. 08640/80020.

Ruhpolding

690 m, 7.000 E., 6.500 B., 220 C., Bhf., Holzknechtmuseum, Dokumentation der urspr. Arbeitsweise, Ruhpolding-Laubau (Tel. 08663/639); Bartholomäus-Schmucker-Heimatmuseum, Schloßstr. 2, Möbel, Hinterglasbilder, Trachten, Votivbilder (Tel. 08663/1722); Museum für bäuerliche und sakrale Kunst, größte Sammlung von Paramenten und Brokatstoffen Europas (Tel. 08705/1245); Glockenschmiede, hist. Hammerschmiede v. 1646 (Tel. 08663/639); Pfarrkirche St. Georg, Barock und Rokoko, eine der schönsten Landkirchen Bayerns, rom. Madonna (Tel. 08663/1766);
Rauschbergbahn (700-1.634 m), 9.00-17.00 Uhr; Rauschberg-Südhang-Bahn (109-1.630 m), nur im Winter, 9.00-16.00 Uhr, Unternbergbahn, (900-1.450 m), 9.00-17.00 Uhr.

Angeln, Bauerntheater, Drachenfliegen, Fahrradverleih, Freibad, Hallenbad, Klettergarten, Pferdekutschen, Reiten, Sommerstockbahn, Tennis, geführte Wanderungen;
Eislaufen, Eisstockschießen, Rodelbahnen, Skikindergarten, geführte Skitouren, Skischulen, Tennis, Wintersportgeräteverleih.
Information: Kurverwaltung, 8222 Ruhpolding, Tel. 08663/1268.

Seebruck

551 m, 4.000 E., 769 B., 100 C., Römerhaus Bedaium (Tel. 08667/7133).

Fahrradverleih, Freibad, Reiten, Segeln, Squash, Tennis, Windsurfen; Eislaufen, Eisstockschießen, Hallenbad, Kunsteisstadion.
Information: Verkehrsamt, 8221 Seebruck, Tel. 08667/7133.

Übersee-Feldwies

520-590 m, 3.800 E., 1.800 B., 400 C., Bhf., Exter-Kunsthaus (Tel. 08642/6460).

Angeln, Bauerntheater, Drachenfliegen, Fahrradverleih, Reiten, Schießen, Segeln, Tennis, geführte Wanderungen, Windsurfen;
Eisstockschießen, Skischulen.
Information: Verkehrsamt, 8212 Übersee, Tel. 08642/295.

Touren und Tips

Rund um den Chiemsee

Ob per Auto oder mit dem Fahrrad — ein Fahrt um das 14 km lange und 11 km breite »Bayerische Meer« lohnt sich: Wir starten in **Prien**, dem einzigen Kneippkurort in Oberbayern. Die über 800jährige Geschichte des Ortes ist immer gegenwärtig — jedenfalls im Heimatmuseum, das auf einem der ältesten Anwesen, im einstigen »Pichllehen«, untergebracht ist.

Wer jetzt schon von Auto oder Fahrrad genug hat, sollte am Bahnhof in die Chiemseebahn, eine Schmalspur-Dampfbahn aus dem Jahre 1887, umsteigen und zum Chiemsee-Hafen Stock zockeln. Dort wartet in den warmen Monaten die weiß-blaue Flotte, um Besucher zu den berühmten Chiemsee-Inseln zu schippern. Ein besonderes Erlebnis: die Fahrt mit dem Raddampfer »Ludwig Feßler«.

Für die anderen geht es weiter nach **Urschalling** (s. S. 198), dann nach **Bernau**. Der Ort liegt am Schnittpunkt von Chiemsee und Alpen. Nach Osten erstrecken sich weite naturgeschützte Moorgebiete (bayer.: Filze), die zum Wandern einladen. Sehenswert in Bernau ist der »Alte Wirt«, in dem schon 1504 Kaiser Maximilian I. nächtigte. Der heutige pralle Barockbau stammt aus dem Jahre 1697. Ein lohnender Abstecher: der Ortsteil Hittenkirchen, 1986 Sieger im Wettbewerb »Unser Dorf soll schöner werden«. Von der Gedächtniskapelle aus hat man einen traumhaften Blick über den See.

Unser nächstes Ziel: **Übersee-Feldwies**. Schon von weitem grüßt der schmale Turm der neugotischen Kirche St.Nikolaus (Innenausstattung von Waldemar Kolmsberger, einem bekannten Kirchenmaler). Von der Anhöhe Westerbuchberg hat man eine herrliche Fernsicht. Hier steht auch, umgeben von einem Friedhof, die Kirche St. Peter und Paul mit ihren bekannten Wandfresken. Besonders interessant: ein Wandbild, das einen Schreinaltar darstellt. Es sollte wohl den echten Altar ersetzen, für den das Geld nicht reichte.

Zurück zum See: Am 5.Mai 1845 startete der erste Chiemsee-Dampfer von Übersee aus in Richtung Herreninsel und Frauenwörth. Wir fahren am See weiter nach **Chieming**. An die einstige Kelten- und Römersiedlung erinnern nur noch drei Altarsteine, die dem keltisch-römischen Gott Bedaius geweiht waren. In der Chieminger Pfarrkirche Mariä Himmelfahrt kann man sie bewundern. Das ehemalige Schloß »Neuchieming« ist heute in Privatbesitz. Kultureller Mittelpunkt des Urlaubsortes ist das »Denglhamer Anwesen«, ein restauriertes Bauernhaus aus dem letzten Jahrhundert.

Auf dem Weg nach **Seebruck** lohnt sich ein Abstecher nach **Stöttham** und **Ising**. In der spätgotischen Kirche in Stöttham wurde 1968 bei Renovierungsarbeiten ein Wandbild aus dem frühen 16. Jh. entdeckt. Von der gotischen Ausstattung des Baus ist leider nur noch der Altar mit seinem Figurenschmuck zu sehen: Vor einigen Jahren wurde die Kirche ausgeraubt. Sehenswert in Ising: die Wallfahrtskirche Mariä Himmelfahrt, ein spätgotischer Bau mit Rokoko-Ausstattung. Rokoko in Bayern — das ist eine Seltenheit. Für Pferdefreunde gibt es in Ising etwas Besonderes: ein Pferdemuseum. Geboten wird alles rund um Roß und Reiter. In **Seebruck** wird der See zum Fluß: Der Chiemsee ergießt sich in die Alz und fließt gen Nordwesten zum Inn. Wer die alte Römersiedlung Seebruck besucht, sollte sich Zeit nehmen für das Römermuseum.

Wer darauf verzichtet, dem Lauf der Alz ein Stück zu folgen, fährt weiter den Chiemsee entlang bis nach **Gstadt**. Der Ort gilt als »Malerwinkel des Chiemsees«. Zu Recht, denn der traumhaft schöne Blick reicht weit über den See bis hinüber zu den Alpen. Bevor wir endgültig nach Prien zurückkehren, legen wir noch eine kleine Pause in **Rimsting** ein. Dort, wo heute die Pfarrkirche steht, stand schon vor 800 Jahren ein Gotteshaus. Der Hochaltar und die Kanzel waren zunächst etwas zu groß für die Kirche — sie waren ursprünglich für Herrenchiemsee geschaffen worden und mußten nach dem Verkauf an die Rimstinger erst einmal zurechtgestutzt werden. Ungewöhnlich ist die Geschichte der Koloman-Kapelle, im Volksmund »Löffelkapelle«. Ein Gottesdienst hat hier nie stattgefunden. Trotzdem pilgerten die Menschen hierher, um dem heiligen Koloman selbstgemachte Holzlöffel zu bringen. Der heutige Bau stammt aus dem Jahre 1956, weil die Kirche, die ursprünglich mitten im Dorf stand, einer Straße weichen mußte.

Per Pedes durch den Chiemgau

Haben Sie zwei Wochen Urlaub und gesunde Füße? Dann erobern Sie doch mal den Chiemgau zu Fuß! Knapp 300 Kilometer in 14 Tagen — das macht pro Tag etwa sechs Stunden Fußmarsch. Da bleibt nicht nur Zeit für die Sehenswürdigkeiten. Man ist auch abends noch frisch genug.

Erster Tag: Bergen — Grabenstätt — Chieming — Seebruck. 23 Kilometer.

Zweiter Tag: Seebruck — Truchtlaching — Rabenden — Klosterseeon — Roitham. 20 Kilometer.

Dritter Tag: Roitham — Malerwinkel — Gstadt — Rimsting. 21 Kilometer.

Vierter Tag: Rimsting — Stock — Harras. 9 Kilometer. Gelegenheit zur Schifffahrt nach Herrenchiemsee und Frauenchiemsee.

Fünfter Tag: Harras — Rottau — Piesenhausener Hochalmen — Grassau. 26 Kilometer.

Sechster Tag: Grassau — Marquartstein — Unterwössen — Oberwössen — Hutzenalm — Reit im Winkl. 19 Kilometer.

Siebter Tag: Reit im Winkl — Seegatterl — Ruhpolding. 25 Kilometer.

Achter Tag: Ruhpolding — Brand — Urschlau — Engelstein — Bergen — Bernhaupten. 26 Kilometer.

Neunter Tag: Bernhaupten — Traunstein — Egerdach — St.Leonhard — Waging. 21 Kilometer.

Zehnter Tag: Waging — Petting — Seehaus (über Heideweg). 18 Kilometer.

Elfter Tag: Seehaus — Teisendorf — Höglwörth — Raschenberg — Neukirchen. 24 Kilometer.

Zwölfter Tag: Neukirchen — Stoisseralm — Farnbichlalm — Inzell — Schmelz. 19 Kilometer.

13. Tag: Schmelz — Kaitlalm — Ruhpolding. 19 Kilometer.

14. Tag: Ruhpolding — Maria Eck — Bründlingalm — Bergen. 23 Kilometer.

Sehenswürdigkeiten unterwegs

Bergen: Kaum zu glauben, daß in diesem idyllischen Ferienort am Fuße des Hochfelln (1.670 m) jahrhundertelang Eisenerz abgebaut wurde. Nur noch der gußeiserne Dorfbrunnen und der Gasthof »Zum Eisenhammer« erinnern an diese Vergangenheit. Geschmiedetes Eisen findet der Besucher auch noch in der Pfarrkirche: An einer Kette ist jener Stein befestigt, den der legendäre Tannhäuser nach einer Bußfahrt hier abgelegt haben soll.

Wer Zeit hat für einen Abstecher auf den **Hochfelln** (mit der Seilbahn!) kann die herrliche Aussicht über den Chiemgau von der höchstgelegenen Bergkapelle aus genießen. Das Holzkreuz stammt übrigens aus einer Oberammergauer Schnitzerei.

Grabenstätt: Infolge mehrerer Brände im vergangenen Jahrhundert hat der kleine Ort an der Mündung der Tiroler Ache in den Chiemsee viel von seinem historischen Kern verloren. Doch einige Bauwerke erinnern noch daran, daß das Dorf sich einst großer Beliebtheit bei bayerischen Adeligen erfreute. Im alten Schloß sind heute Rathaus, Fremdenverkehrsamt und ein Brauhaus untergebracht.

Ältestes Bauwerk: die 1.100 Jahre alte Johanniskirche mit ihren gotischen Fresken.

Seebruck, Klosterseeon, Gstadt, Rimsting: (s. S. 198, 209, 219)

Rabenden: (s. S. 200)

Marquartstein: Seit Jahrhunderten zieht der kleine Ort am Fuße des **Hochgern** (1.744 m) Gäste an, der prominenteste war wohl Richard Strauß, der hier seine Opern »Salome« und »Elektra« schrieb. Die alte Burg kann leider nur von außen besichtigt werden. Doch vorbeigehen lohnt sich: Der Blick von der 1100 Meter hoch gelegenen Schnappenkapelle auf den Chiemsee ist einen Ausflug wert.

Unterwössen: In seiner Pfarrkirche hat der beliebte Ferienort ein interessantes Deckengemälde zu bieten: Der Maler Ignaz Baldauff hat im Jahre 1781 die Ankunft von drei spanischen Schiffen im nordafrikanischen Oran festgehalten. Das Gemälde erinnert an die Befreiung christlicher Gefangener aus den Händen der Heiden im Jahre 1732. Daß dieses Motiv ausgerechnet in einer oberbayerischen Kirche zu finden ist, hängt damit zusammen, daß in den frühen Zeiten des Christentums immer wieder Hunnen und Awaren ins Achental eingedrungen waren.

Reit im Winkl: Wer kennt es nicht, Bayerns höchst gelegenes Dorf an der Grenze zu Tirol? Gold-Rosi hat es und die Winklmoos-Alm berühmt gemacht. In früheren Jahrhunderten lebten die Menschen hier von dem Holz, das sie an die Eisenverhüttungswerke in Unterwössen verkauften.

Ruhpolding: (s. S. 221)

Waging, Petting, Neukirchen: (s. S. 236)

Teisendorf: Ortschaft am Teisenberg, umgeben von Moor- und Heidelandschaft. Ein Paradies für Naturfreunde! Interessant für Kunstliebhaber: die Rokoko-Kapelle St.Anna, erbaut 1756.

Ausflug in die Berge

Kampenwand (1.669 m): Auf dem Weg dorthin lohnt sich ein Halt in **Aschau**. Hier locken nicht nur fünf Kirchen aus drei Jahrhunderten, sehenswert ist auch Schloß Hohenaschau, eine der imposantesten Burganlagen in Oberbayern. Ein Teil des Mauerwerks stammt noch aus dem 12. Jh., die Ausstattung der Gebäude vornehmlich aus dem 17. Jh. Sehenswert: der Preysingsaal (frühes italienisches Barock) und die barocke Schloßkapelle. Im ehemaligen Mesnerhaus ist heute das Prientalmuseum untergebracht.

Rauschberg (1.645m): Einer der schönsten Aussichtsberge im Chiemgau ist über **Ruhpolding** zu erreichen. Der berühmte Urlaubsort an der Weißen Traun ist einen Besuch wert. Die Pfarrkirche St. Georg, auf den ersten Blick eher ein schlichter Bau, gilt als eine der schönsten Dorfkirchen in Oberbayern. Erbaut in der Mitte des 18. Jahrhunderts, verfügt sie über eine reiche Innenausstattung. Das wertvollste Stück: die »Ruhpoldinger Madonna«, eine geschnitzte Marienfigur aus dem 13. Jh., die jahrelang in einer Kapelle im nahen Zell verstaubte, bis man vor einigen Jahren ihren wahren Wert erkannte. Unter dicken Farbschichten verbarg sich ein Meisterwerk, das wahrscheinlich von einem Künstler aus dem Salzburger Raum geschaffen worden war. Nicht weit weg von Ruhpolding: **Inzell**, das Eislauf-Zentrum Bayerns. Bis zu Beginn unseres Jahrhunderts wurden hier noch Blei und Zink abgebaut. Doch nicht nur wegen seiner Bodenschätze war Inzell schon im Mittelalter bekannt. Die hohen geistlichen Herren aus Salzburg gingen hier zur Jagd. Bis 1803 war der Ort eine Klosterhofmark. Wo einst die Klosterhofmarkstaverne stand, steht heute das Hotel »Post«.

Hochgern (1.744 m): Auf dem Weg dorthin lohnt sich ein Halt in **Marquartstein** und **Unterwössen** (s. S. 220)

Hochfelln (1.670 m): Wer zum Hochfelln will, sollte auch Bergen nicht vergessen (s. S. 220).

Außerdem sehenswert: die Wallfahrtskirche »Maria Eck« bei **Siegsdorf**. Nach der Säkularisation sollte die 1641 erbaute Kirche abgerissen werden. Zehn Jahre lang kämpften die Menschen um den Erhalt der Kirche, dann konnte sie neu geweiht werden. Seit 1891 wohnen Franziskaner-Mönche in dem dazu gehörenden Kloster.

Wallfahrtskirche Weilendorf

DER RUPERTIWINKEL

Eigentlich kaum zu glauben: Bis zum Anfang unseres Jahrhunderts war der Waginger See, der wärmste Oberbayerns und gewiß einer der schönsten, für die nationale und internationale Freizeitgesellschaft ein weißer Fleck auf der Landkarte. Das hat sich mittlerweile gründlich geändert, und trotzdem — immer noch scheint über dem verträumten Landstrich zwischen dem Inn im Norden, der Salzach im Osten, dem Berchtesgadener Land im Süden und dem Chiemgau im Westen ein Hauch von Melancholie zu schweben. Ob das mit der Amputation von 1810 zusammenhängt? Damals wurde der Rupertiwinkel, dessen Name schon auf sein Kraftzentrum verweist (der heilige Rupert ist der Patron des Salzburger Landes), auseinandergerissen: Der östliche Teil wurde den Habsburgern zugeschlagen, der westliche den Wittelsbachern. Am deutlichsten wird die Zäsur in der Grenzstadt Laufen, deren romantische Gassen und enge Winkel auf eine nostalgische Weise nach ihrem Partner jenseits des Flusses zu rufen scheinen; schließlich gehörten die beiden 1200 Jahre lang zusammen. Als auf der Salzach der lukrative Transport und schwunghafte Handel mit dem Salz zum Erliegen kamen, erstarrte auch Tittmoning — ein Glücksfall für Freunde historisch gewachsener Stadtkerne. So wurde der Ort bewahrt vor der zerstörerischen Bau- und Renovierwut neureicher Parvenus. Erhalten hat sich auch der Zauber von Anger, das Ludwig I. — der König, der wegen seiner Affäre mit der mondänen Lola Montez abdanken mußte — geschmackssicher zum schönsten Dorf Oberbayerns erklärt hatte. Und die verwunschene Lage des Klosters Höglwörth am gleichnamigen, kleinen See hatte ebenfalls ihr Gutes: Der rundum rasende Dreißigjährige Krieg fand nicht die Zeit, das architektonische Juwel zu zerstören, und später wurde es schlicht vergessen. Wie schön für uns Heutige.

Im Dornröschenschlaf
Tittmoning

Der Rupertiwinkel ist der südöstlichste Teil Bayerns, doch sein Name weist auf andere Wurzeln hin: Der heilige Rupert ist der Patron des Salzburger Landes. Rund 1.200 Jahre lang gehörte das Gebiet, das die Gerichtsbezirke Teisendorf, Waging, Laufen und Tittmoning umfaßte, zur Grundherrschaft der Salzburger Bischöfe; die Grafschaft Traungau kam später durch Erbschaft hinzu. Sie drückten dem ein wenig melancholisch-verträumt wirkenden Landstrich zwischen Salzach und Traun ihren unverwechselbaren Stempel auf. Ein Ende fand ihre Herrschaft im Jahre 1800, als die französische Armee unter General Moreau durchzog; vor dessen Streitmacht floh Fürsterzbischof Hieronymus Colloredo nach Wien. Er war der letzte Priester auf dem Salzburger Thron, denn 1803, mit dem Reichsdeputationshauptschluß, wie das scheußliche Bandwurm-Wort heißt, wurden die geistlichen Fürstentümer ein- für allemal abgeschafft. Zwei Jahre lang residierte dann der Habsburger Großherzog Ferdinand von Toskana in Salzburg; ihm waren als Ersatz für den Verlust seines italienischen Großherzogtums die säkularisierten Hochstifte Eichstätt, Würzburg und Passau, die Fürstpropstei Berchtesgaden sowie Salzburg zugesprochen worden. Bayerisch wurde der Rupertiwinkel erst 1810 auf Grund des Wiener Vertrages, und sechs Jahre später wurde als Grenze zwischen der Habsburger und der Wittelsbacher Krone die Saalach-Salzach-Linie festgelegt, die auch heute noch die Bundesrepublik von Österreich trennt.

Lebendig wird die hier im Zeitraffer dargestellte Geschichte bei einem Gang durch Tittmoning, das noch immer in einem Dornröschen-Schlaf zu liegen scheint. Die Burg, die sich über die Stadt erhebt, beherbergt seit 1811 ein aufschlußreiches Museum. Eines seiner Glanzstücke ist ein wunderschöner, mehrfarbiger, römischer Mosaikboden, der 1974 vor der Tittmoninger Stiftskirche gefunden worden war. Schon 60 Jahre vorher waren im Bereich des Kanonikerhauses zahlreiche Bodenmosaiken ausgegraben worden, die ornamentale Motive und bunten Blumenschmuck zeigten. Ein heute verschollener Okeanus — Ursprungsort der antiken Götter — bildete das medaillonartige Zentrum. Diese Funde wiesen darauf hin, daß dort im 2./3. Jahrhundert ein prächtiger römischer Gutshof (villa rusticana) betrieben worden war, von dem aus das fruchtbare Land kultiviert und die wichtige Verkehrsverbindung Iuvavum-Batavis (Salzburg-Passau) gesichert wurden.

Den romantischen Burghof errichteten die Salzburger Bischöfe im 13. Jahrhundert zum Schutz vor dem ungestümen Wittelsbacher Nachbarn. Die Stadt wurde so angelegt, daß Transport und Lagerung des Salzes gewährleistet waren; schließlich war der Handel mit dem Gewürz der Quell des Reichtums. Im 17. Jahrhundert wurde die Burg dann als Jagdschloß und Sommerresidenz umgestaltet — der Prälatenstock legt davon Zeugnis ab. Das mächtigste, alles andere überragende Gebäude ist jedoch der Getreidekasten, in dem die Abgaben der Bewohner eingesammelt wurden. Der zugehörige Scheibensaal ist einer der schönsten bäuerlich-profanen

Noch immer im Dornröschenschlaf

Innenräume südöstlich von München. Die Wohnhäuser rund um die Brunnen-Baumgruppe sind, ebenso wie die Kapelle St. Michael, nach einem Brand im Jahre 1854 gebaut worden. Seinen größten Zauber entfaltet der ruhige, beschauliche Ort an lauen Sommerabenden, wenn hier bei Kerzenschein Konzerte aufgeführt werden.

Nach einem herrlichen Blick vom ›Paraplui‹, wie der Ausguck genannt wird, auf die grandiosen Salzburger Alpen führt der Weg hinunter in die Stadt, die seit Jahrhunderten von einer 2.000 Meter langen Mauer umgürtet wird. Das bis zu acht Meter hohe, zweischalige Tuffquader-Werk macht selbst heute noch einen trutzigen, vertrauenerweckenden Eindruck. Nächste Station ist das Gotteshaus St. Lorenz, das seit 1189 Pfarrkirche und seit 1633 Kirche des Kollegiatstifts ist. Ein Brand vernichtete 1815 den spätgotischen Hallenbau; von der ursprünglichen Substanz sind nur noch die unter dem Chor liegende Krypta, wo die Stiftsherren ruhen, und Teile des Turms erhalten. Das Langhaus wurde wieder als weiträumiger Saalbau aufgebaut. Besonders wertvoll sind zwei Gemälde im Chor, die von Cosmas Damian Asam stammen; ursprünglich waren sie für die Korbinianskapelle in Weihenstephan gedacht.

Einheitlicher in ihrem Gesamtbild wirkt die Allerheiligen-Kirche, ehedem Klosterkirche der Augustiner-Eremiten; Erzbischof Maximilian Gandolph von Kuenburg hat sie 1682 gestiftet. Großzügig, licht, von feinen Rahmenstuckfeldern geschmückt — so bietet sie sich dem Betrachter dar. Der Hochaltar, gestaltet von Christoph Lederwasch im Jahre 1686, ist ein bedeutendes Werk des Salzburger Barocks.

Zurück zum trapezförmigen Stadtplatz, der noch heute ahnen läßt, welcher Wohlstand hier einst geherrscht haben muß. Die Bürgerhäuser sind im typischen Inn-Salzach-Stil erbaut, vorwiegend dreigeschossig, mit hohen Vorschußmauern, hinter denen sich die Grabendächer verbergen. Diese Bauweise zeugt nicht nur vom guten Geschmack der Architekten, sie dient auch als Feuerschutz.

Wer noch ein Rokoko-Juwel besonderer Art, das von dem Tittmoninger Bildhauer Johann Georg Itzelfeldner geschliffen wurde, besichtigen möchte, der mache sich auf den wunderschönen Spazierweg zur Wallfahrtskirche Maria-Ponlach. Dort kann er dem Himmel dafür danken, daß mit dem Erliegen der Salzach-Schiffahrt der wirtschaftliche Stillstand von Tittmoning besiegelt war. Denn nur deshalb konnte sein gewachsenes Stadtbild weitgehend vor der Zerstörung durch nachdrängende, neureiche Bauherren bewahrt werden.

Hedwig Amann

Laufen an der Salzach, längst amputiert

Eine Stadt an der Grenze
Laufen

Die Keimzelle von Laufen ist eingehüllt in eine langgezogene Flußschleife der Salzach: Sie gewährte den Menschen Schutz und sorgte über lange Jahre hinweg für Reichtum. Denn bis 1773 verengte ein mächtiger Felsen das Flußbett, wodurch eine gefährliche Stromschnelle entstand. Das Hindernis zwang die Schiffer, ihre Fracht — vorwiegend kostbares Salz — oberhalb des Felsens zu entladen; unterhalb konnte die Fahrt dann auf größeren Schiffen wieder aufgenommen werden. So entstand rund um den Stapelplatz eine Siedlung, die sich zu einer Salzbörse, einem schwunghaften Handelszentrum entwickelte. Da gab es die ›Erbaus-Fergen‹ — das waren die Flößer und Schiffer, die das Salz von Hallein nach Laufen brachten, und die ›Erbnauf-Fergen‹, die es von Laufen weiter nach Passau transportierten, wo es für die Donauländer umgeschlagen wurde.

Doch anders als Tittmoning bildet Laufen heute keine städtebauliche Einheit mehr; es ist amputiert, durchschnitten von einer aus politischen Gründen gezogenen Grenze. Dies wird erschreckend deutlich an der ehemaligen Hauptachse der Altstadt, die nun Rottmayrstraße heißt — sie führt ins Nichts. Wo über Jahrhunderte hinweg ein Flußübergang bestand, an den auf der gegenüberliegenden Seite noch eine Johann-Nepomuk-Statue erinnert, stößt der Besucher heute an den Hochwasser-Damm. An der Nordost-Ecke des beinahe quadratischen Marktplatzes führt seit 1903 eine große Eisenbahnbrücke über die Salzach hinüber in den früheren Vorort Oberndorf, der seit der Grenzziehung von 1816 zu Österreich gehört. Aber in der Stunde der Not halfen noch einmal beide Seiten zusammen: 1899 riß ein verheerendes Hochwasser den gesamten Ort mit sich, woraufhin Kaiser Franz I. von Österreich und Prinzregent Luitpold von Bayern gemeinsam den Wiederaufbau der Brücke und des Dorfes finanzierten. Übrigens wird in aller Welt ein Lied gesungen, das der Lehrer Franz Xaver Gruber nach dem Text seines Freundes, des Pfarrvikars Joseph Mohr aus Oberndorf, geschrieben hat: »Stille Nacht, Heilige Nacht«. Es erklang zum ersten Mal Weihnachten 1818 in der kleinen Kirche des Ortes, und die Schiffer der Salzach waren genauso ergriffen von den einfachen Weisen wie Millionen von Menschen, die sie nach ihnen hörten und sangen.

Auf der malerischen Rottmayrstraße gelangt der Besucher zur Pfarr- und Stiftskirche, die nun im Abseits liegt, früher im Herzen des Gemeinwesens stand: ein imponierendes Bauwerk, das 1350 vollendet wurde. Diese älteste gotische Hallenkirche im bayerisch-salzburgischen Gebiet ist Ausdruck eines neuen, kühnen Gedankens: Nicht mehr die mittelalterliche Mystik, das theatrum sacrum, bestimmt das Innere, sondern ein klar umrissener, übersichtlicher, heller Raum, der das Selbstbewußtsein des aufstrebenden, eigenständigen Bürgertums eindrucksvoll in Szene setzt. Hundert Jahre später hatte sich dieser Gestaltungswille im gesamten süddeutschen Raum durchgesetzt. Außen beeindruckt der Bau durch seine glatten, schmucklosen, mit Nagelfluh-Quadern verblendeten Mauerflächen. Das steile

Satteldach wird vom schlanken Turm überragt. Der Turm ist im Innenraum in den Grundriß miteinbezogen; in seinem äußeren Erscheinungsbild aber markiert seine romanische Formensprache deutlich die Westfassade.

Um die Kirche zieht sich ein Arkadengang, der, etwa 1500 begonnen, auf die Michaelskirche, das Beinhaus übergreift. Dieser ›Kreuzgang‹ war zum Schutze der Grabmäler erbaut worden, die unmittelbar im Kirchenbereich den Schiffspatriziern, Bürgern und Geistlichen der Stadt als letzte Ruhestätte dienten. So bildet der Bereich der Toten eine Art Pufferzone zwischen der betriebsamen Stadt und dem Kultraum. Zugleich weist er auf die Enge der Landzunge hin, die eine weitläufige Friedhofsanlage nicht gestattet.

Leider ist der gotische Hochaltar bei der Barockisierung der Kirche zerstört worden; eine kulturhistorische Sünde, die auch andernorts zu jener Zeit begangen wurde. Bemerkenswert ist der rechte Seitenaltar, der sogenannte Schifferaltar. Das Altarblatt von Johann Michael Rottmayr zeigt — wie könnte es anders sein in altem Salzburger Kulturland — den heiligen Rupert. Dargestellt ist er als Greis, in der Salzach-Landschaft verweilend, im Hintergrund der Dürrenberg, der Hohe Göll und eine Zille auf dem Fluß. Eine malerische Liebeserklärung an seine Heimat; der Künstler wurde 1654 in Laufen geboren und führte das Werk im Auftrag der Schifferzunft aus. Die ›Fergen‹, deren Wappen im Giebel zu sehen ist, hatten hier ihre Betstühle, geschmückt mit Zunftzeichen und Leuchtern. Auf dem Bogenbild im Eingangsbereich der Kirche hat Rottmayr seinen Eltern ein Denkmal gesetzt. Die Heiligen an ihrem Grab erinnern an die Berufe der beiden: die hl. Cäcilie an die Mutter, die als Malerin, der hl. Lukas an den Vater, der als Stiftsorganist tätig war.

Natürlich hatten auch die Landesherren in dieser einstmals wohlhabenden Stadt ein standesgemäßes Quartier. Das erzbischöfliche Schloß, wohl von dem berühmten italienischen Baumeister Vicenzo Scamozzi errichtet, zeugt noch heute von ihrer Prachtentfaltung. Ihre Macht ist längst dahin, doch der eigenartige Charme jener Zeit hat sich bis in die romantischen Gassen und engen Winkel der Stadt erhalten.

Hedwig Amann

Bescheidenheit ist eine Zier
Kloster Höglwörth

In einer zauberhaften Umgebung — die Salzburger Alpen umfangen den Ort wie eine auf Distanz gehaltene, grandiose Kulisse — liegt das Kloster Höglwörth, dessen Mauern sich im Wasser des Sees spiegeln. Der Reichtum der Landschaft steht in argem Widerspruch zur Wertschätzung, die die geistlichen Herren dem Kloster angedeihen ließen. Es war das kleinste und ärmste aller salzburgischen Stifte, wohl auch seiner verwunschenen Lage wegen. Doch gerade diese Bescheidenheit hat sich, wie wir gleich sehen werden, segensreich ausgewirkt.

Gegründet wurde Höglwörth als Augustiner-Chorherren-Stift von Erzbischof Konrad im Jahre 1125, und bis zu seiner Auflösung blieb das Kloster eng an das Salzburger Domkapitel gebunden. So stand allein dem dortigen Erzbischof das Recht zu, den Propst zu ernennen. Die Klammer ist im Kirchenraum spürbar: Er wurde 1689 geweiht — das frühere Gotteshaus war baufällig geworden —, jedoch erst 60 Jahre später mit Stukkaturen ausgestattet. Sie stammen von Benedikt Zöpf, der auch St. Peter in Salzburg sein Rokokogewand gab. Gerade diese Stukkaturen, die kraftlose, gleichsam ins Kraut geschossene Rocaillen darstellen, zeigen, daß der Glanz des Rokoko verblaßt, der Geist der Aufklärung angebrochen war. Dem entsprechen die rationalen, säulenlosen Architekturen der Seitenaltäre und marmorne Mensen, die wie antike Sarkophage gestaltet sind. Nur 50 Jahre später, 1803, fegte die Säkularisation die gewachsenen kirchlichen Strukturen in Bayern hinweg. Die Klöster wurden aufgelöst, die Ausstattungen verkauft, verschleudert, zerstört. Diesem Schicksal entging Höglwörth, weil dort der Raubzug nicht lohnte.

Allerdings war der damalige Propst Gilbert Grab seiner Aufgabe in diesen schweren Zeiten nicht gewachsen. Dem Halloodri, seinen Mitbrüdern in moralischer Hin-

Am Kloster wird das Land bestellt

Für König Ludwig I. das schönste Dorf

sicht wahrlich kein leuchtendes Vorbild, gelang es nicht, die klösterliche Einheit und Verwaltung aufrecht zu erhalten. Einmalig in der monastischen Geschichte des Erzbistums: Propst Gilbert ersuchte höchstpersönlich den bayerischen König um Auflösung des Stifts; der kam dem Wunsch 1817 nach und unterschrieb das Aufhebungsdekret.

Von jenen bewegenden Ereignissen spürt der Besucher natürlich nichts mehr. Heute ist die Kirche eine Filiale der Pfarrei Anger, die Gebäude befinden sich in Privatbesitz (aber nicht in den Händen der Nachkommen jenes Propstes). Die Gemeinde Anger, nach einem reizvollen Spaziergang um den idyllischen See schon bald erreichbar, hatte es König Ludwig I. von Bayern besonders angetan. Er verlieh dem Ort das Prädikat ›Schönstes Dorf Oberbayerns‹. Damit bewies der Monarch, der später über seine Affäre mit der mondänen Lola Montez stolpern sollte, auch Sinn für landschaftliche Perlen. Denn Anger besticht nicht durch pompöse Bauwerke, sondern kraft seines geraden, schlichten, dörflichen Charakters, der immer noch den Besucher, der ein Gefühl dafür hat, in seinen Bann schlägt.

Hedwig Amann

Da schau her!
Bundwerk

Im waldreichen, südöstlichen Oberbayern, wo sich der Chiemgau, der Rupertiwinkel und das Öttinger Land berühren, hat die alte Zunft der Zimmerleute ein markantes Zeugnis höchster Handwerkskunst geschaffen: Bundwerk, das die Städel vieler Bauernhöfe ziert. Ihre Blütezeit erlebte diese dekorative Holzbalken-Architektur um die Mitte des 19. Jahrhunderts. Sie ist ein Ausdruck bäuerlicher Lebensfreude, die gerne herzeigt, wie sich gediegener Wohlstand mit unverkrampftem Sinn für Kunst und Kultur zu einer Demonstration des ureigenen Wertgefühls ergänzen.

Das naive Nebeneinander von Motiven und Elementen aus den verschiedensten Stilrichtungen bäuerlicher, bürgerlicher und religiöser Kultur macht den faszinierenden Reiz des Bundwerks aus: Wappenhaltende Löwen stützen eine Monstranz, Pinienzapfen wuchern unter phantasievoll ausgestalteten Kapitellen, Fabelwesen, furchteinflößende Dämonen und Fratzen aus den Tiefen der Volksmythologie stehen Heiligen aus dem Kosmos des Christentums gleichberechtigt gegenüber. Meisterhafte Laubsäge-Kalligraphien bilden mit derben, klobigen Axt-Arbeiten ebenso eine Einheit wie reifste neugotische Ausformungen mit unbeholfenen Spielereien. Mit den teilweise grellen Malereien und den eingearbeiteten Sinnsprüchen stellen die Bundwerkstädel farbige Denkmäler einer selbstbewußten Region dar.

Zu diesen handwerklich-künstlerischen Höchstleistungen trugen wesentlich drei Faktoren bei: zunächst eine ausgereifte Zimmermanns-Technik, zweitens der Wille, mit prestigeträchtigen Dekorationen zu zeigen, wie weit man es wirtschaftlich gebracht hat, und schließlich der Ehrgeiz, nicht hinter der großstädtisch-münchnerischen Prachtentfaltung zurückzustehen.

Natürlich sind die Landwirte, die heute noch einen Bundwerkstadel besitzen, stolz auf ihren ererbten Schatz, doch davon allein können sie nicht leben. Sie müssen den Stadel, der früher ausschließlich als Speicher diente, nun wirtschaftlich anders nutzen: als Maschinenhalle, Rinderstall, Silo oder als Bootsgarage, die saisonal vermietet werden kann. Wer ein Bundwerk renovieren oder ein neues in Auftrag geben will, muß tief in die Tasche greifen. Nicht das Material, das Holz, sondern die teuren Arbeitsstunden schlagen schwer zu Buche — wie damals. Auch früher konnten sich nur die reicheren Bauern diesen Schmuck leisten. Und daß im 19. Jahrhundert der eine Bauer den anderen durch ein noch schöneres, bunteres und wertvolleres Bundwerk übertrumpfen wollte, ja, daß in einzelnen Dörfern ein regelrechter Wettbewerb um die eindrucksvollste, teuerste, herrschaftlichste Gestaltung der Stadeln entbrannt zu sein scheint — wer wollte heute darüber die Nase rümpfen?

Es steckte wohl ein tieferer Sinn dahinter: Die Bauern wußten sehr genau, was das Viehfutter, das Ernte- und Saatgut für sie bedeutete — es war die Grundlage ihrer Existenz und ihres Wohlstandes. Und für die Ausgestaltung dieser ihrer Schatzkammern war ihnen das Beste, was Zimmerleute und Maler leisten konnten, gerade gut genug.

Wer sich ein Bild davon machen will, möge sich auf die ›Bundwerkstraße‹ zwischen Trostberg und Tittmoning begeben, wo Städel gleichsam wie an einer Perlenkette aufgereiht sind. Beginnen wir im Westen, in Armutsham bei Trostberg. Der überaus reich gestaltete Bundwerkstadel ist von hohem künstlerischem Rang. Ins Auge fallend sind die Kapitelle mit ihren unbekümmerten Anleihen aus dem Formenschatz der Antike, die Sinnsprüche an den Tennentor-Bögen sowie die Stalltore mit ihrer vielteiligen Kassetierung — alles grellbunt bemalt. Weiter geht es in östlicher Richtung, zum Ort Tyrlbrunn, wo gleich mehrere Bauernhöfe mit prächtigen Bundwerkstädeln ausgestattet sind. Bei Haus Nr. 17 fasziniert der Stadel durch besonders phantasievolle und reiche Ausgestaltung. Fischähnliche Fabelwesen mit gekringelten Leibern und lanzenartigen Schwanzspitzen finden sich da ebenso wie die häufig auftauchenden, zu einer 8 verschlungenen Schlangendarstellungen. In Freutsmoos, Hauptstraße Nr. 10, steht eines der großartigsten Zeugnisse der Bundwerk-Architektur: das Reststück eines ehemaligen Vierseithofes. Es stammt aus dem Jahre 1849, wie eine herrliche, bunt bemalte Filigranarbeit an der Giebelseite zeigt. Ein kurzer Abstecher in südliche Richtung führt zum Weiler Heilham. Der kürzlich restaurierte, außergewöhnlich kostbare Stadel spiegelt die überquellende Phantasie des Erbauers wider. So halten dort über dem Tennentor gekrönte Löwen ein Medaillon, das eine Madonna zeigt. Zurückgekehrt auf die Ausgangsstraße Richtung Tittmoning, erwartet den Besucher in Meggenthal eine imposante Vierseitanlage, die rundherum großflächig mit Bundwerk versehen ist. Am Ende der Perlenkette, nahe Tittmoning, eines der bedeutendsten Beispiele der Hauslandschaft: der Hof in Biering. Was dort, ebenso wie an dem zugehörigen, 1847 errichteten Stadel an handwerklicher Kunst und hauskundlichen Besonderheiten zu bewundern ist, zählt zum Faszinierendsten, was Zimmerleute in dieser touristisch noch wenig erschlossenen Landschaft geschaffen haben.

Christian Soika

Süßer die Kassen nie klingeln…
Pracht und Andacht

Genaugenommen sind es ja zwei, nämlich einmal der Waginger und dann der Tachinger See; sei's drum: der wärmste und einer der schönsten in Bayern ist er allemal. Bis 1867 war der Waginger See noch um einiges größer, wurde dann aber abgesenkt, um den Bauern mehr Land zu verschaffen; auch das erhöhte seine Temperatur. Seitdem liegt die Landzunge frei, über die nun eine enge Holzbrücke führt.

Pardon, wenn ich den hübschen, in der Saison ein wenig überstrapazierten Fremdenverkehrsort Waging links liegenlasse und die Schritte zu einem Aussichtspunkt

Familienausflug zum Waginger See

an der Nordspitze lenke — die Kirche St. Koloman. Ihr Namenspatron war ein irischer Pilger, der 1012 eine Wallfahrt ins Heilige Land unternahm, in Stockerau gefangen, als Spion angeklagt, grausamsten Folterungen unterzogen und an einem Baum aufgehängt wurde. Wunderbarerweise erwies sich jedoch später seine Unschuld, er fand ein ehrenvolles Begräbnis im Kloster Melk, und im 15./16. Jahrhundert galt er als Heiliger, der in Tengling besonders verehrt wurde. Die nach ihm benannte Kirche, ein wenig abseits gelegen, dürfte um 1500 entstanden sein und entwickelte sich schnell zu einem Wallfahrtsort. Als im opulenten Zeitalter des Barock andere Heilige in den Vordergrund rückten, geriet Tengling auf die lange Bank — ein gütiges Schicksal, denn so entging die gotische Kirche der damals beinahe obligatorischen Barockisierung.

Erfreuen wir uns also am Hochaltar des Malers und Schnitzers Gordian Guckh. Ein reicher Mann war er, eine schillernde Persönlichkeit, die zeitweilig als Bürgermeister von Laufen amtierte. Die filigrane Verzierung, die den gesamten Altar umspinnt, zeugt von der Blütezeit, in der die Goldschmiede- Kunst im 16. Jahrhundert gerade im Rupertiwinkel stand. Die Verbindung zwischen noch gotischer, etwas eckiger, kantiger Gestaltungsweise und der Zentralperspektive, den Natur- und Landschaftsmotiven aus der aufkeimenden Renaissance, machen Reiz und Wert der Arbeit von Gordian Guckh aus.

Machen wir am Schluß unserer Reise durch den Rupertiwinkel Station am Wonneberg, südlich von Waging. Nur eine Handvoll Häuser scharen sich um den barocken Zwiebelturm von St. Leonhard. Vor allem in der Mitte des 15. Jahrhunderts trafen sich Bauern der näheren und weiteren Umgebung hier, um den Patron ihres Viehs gnädig zu stimmen. Das ließ die Kasse klingeln, eine neue Kirche wurde errichtet, größer, schöner als die vorherige natürlich, aber dann riß plötzlich der Strom ab, das Geld wurde knapp, und Meister Gordian Gluckh mußte dreißig Jahre auf die Bezahlung für den von ihm geschaffenen Altar warten; der wohlhabende Künstler konnte es verkraften.

Gegen Ende des 16. Jahrhunderts setzte sich der Zug der Wallfahrer noch einmal in Bewegung, stärker als früher sogar, so daß die Kirche von hervorragenden Malern geschmückt werden konnte. Dies geschah zwischen 1631 und 1634, zu einer Zeit, als ringsumher der Dreißigjährige Krieg wütete, salzburgisches Gebiet aber eine Oase der Friedens blieb. Dies ist ein Verdienst der Erzbischöfe, die sich und ihren Untertanen durch eine äußerst geschickte Politik den rasenden Kriegsteufel vom Halse halten konnten.

Die herrliche Malerei in hellen, leuchtenden Farben ist wahrscheinlich das Werk von Künstlern, die auch den Dom in Salzburg in neuem Glanz erstrahlen ließen. Mit sicherer Hand paßten sie die Gestalten in das spätgotische Netzrippen-Gewölbe ein. An den Wänden im Chor werden der Schutzpatron St. Leonhard und die Auferstehung Christi thematisiert, das Gewölbe darüber zeigt acht Engel mit Leidenswerkzeugen und den Kreuzweg Christi. Gerade die Passionsstationen sind kompositorisch und perspektivisch von außerordentlicher Güte.

Die Stichkappen bleiben weiblichen Heiligen vorbehalten, während der männliche Heiligenhimmel im Langhaus-Gewölbe Platz gefunden hat. Die Galerie der bischöflichen Heiligen imponiert zwar durch Quantität, doch leider wirken sie in ihrer Aneinanderreihung ein wenig stereotyp. Die leichte Schwäche wird mehr als wettgemacht durch den Gesamtausdruck: St. Leonhard stellt in der Verbindung seiner Architektur mit dem Freskenschmuck und der übrigen Ausstattung ein Kunstwerk von hohem Rang dar.

Die zur Schau gestellte Pracht — ganz ungewöhnlich für eine Landkirche — läßt ahnen, welch großes Vermögen die Wallfahrt der Kirche einbrachte. Die noch vorhandenen Archivalien belegen, daß St. Leonhard im 17. Jahrhundert eine Art Bank für die umliegenden Siedlungen gewesen ist. Die eingezahlten Gelder wurden zu einem Zinssatz von etwa vier Prozent verliehen, was dem grassierenden Unwesen der Wucherei einen Riegel vorschob, den Einlegern ein hübsches Sümmchen einbrachte, und zum Teil zur Verbesserung der Kirchen-, Schul- und Pfarrhausbauten verwendet wurde. Nicht zuletzt wurden natürlich die Kassen der Salzburger Hofkammer gefüllt, frei nach dem selbstgestrickten Motto: ›Gib dem Bischof, was des Bischofs ist‹...

Hedwig Amann

Städte und Stationen

Altötting

403 m, 10.800 E., 2.000 B., Bhf., »Panorama«, Riesenrundgemälde (1.200 m²) Kreuzigung Christi, Gebhard-Fugel-Weg (Tel. 08671/ 6934); »Die Schau«, 500 Jahre Wallfahrt nach Altötting, 17 Raumbilder mit 5.000 plastischen Figuren, Kapellplatz 18 (Tel. 08671/6934); Wallfahrts- und Heimatmuseum, vorgeschichtl. Funde, Kultur-, Stadt- und Wallfahrtsgeschichte, Kapellplatz 4 (Tel. 08671/5166); »Die uralt haylig Capelln«, weltberühmtes Gnadenbild der Schwarzen Madonna, hier sind die Herzen der bayerischen Könige beigesetzt (Tel. 08671/5166); Stiftspfarrkirche, spätgotische Hallenkirche, Kreuzgang (Tel. 08671/ 6262).

Fahrradverleih, Freibad, Hallenbad, Reiten, Segelfliegen, geführte Wanderungen; Eislaufen, Eisstockschießen, Squash, Tennis.

Information: Verkehrsbüro, Kapellplatz 2a, 8262 Altötting, Tel. 08671/8068.

Bad Reichenhall

470-1.614 m, 20.000 E., 9.500 B., Bhf., Quellenbau, Geschichte der Sole- und Salzgewinnung (Tel. 08651/700237); Heimatmuseum, früheste Siedlungsgeschichte, komplett eingerichtete Almhütte (Tel. 08651/700237); Faschingsorden-Museum, über 7.000 Exponate (Tel. 08651/1346); ehem. Augustiner Chorherrenstift mit dem Münster St. Zeno, romanischer Kreuzgang mit dem Steinbild Barbarossas (Tel. 08651/4889); Predigtstuhl-Seilbahn (470-1.614 m), 9.00-18.00 Uhr.

Angeln, Fahrradverleih, Freibad, Klettergarten, Reiten, Squash, Tennis, geführte Wanderungen; Eislaufen, Eisstockschießen, Hallenbad, Kunsteisstadion, Skikindergarten, geführte Skitouren, Skischulen.

Information: Kur- und Verkehrsverein, 8230 Bad Reichenhall, Tel. 08651/3003.

Waging am See

466 m, 5.000 E., 3.000 B., 1.000 C., Bhf., Vogelmuseum, 330 Vogel- und sonstige Tierpräparate (Tel. 08651/9485).

Fahrradverleih, Freibad, Segeln, Sommerstockbahn, Tennis, geführte Wanderungen, Windsurfen; Eislaufen, Eisstockschießen.

Information: Fremdenverkehrsverband Waginger See, 8221 Waging am See, Tel. 08651/ 313.

Touren und Tips

Ausflug zum Waginger See

Nordöstlich vom Chiemsee liegt Oberbayerns wärmstes Gewässer: der Waginger See. Ein Paradies nicht nur für Wassersportler, auch Wanderfreunde kommen hier auf ihre Kosten: Da der See durch eine Brücke geteilt ist, kann man ihn gemütlich in zwei Tagen umrunden. Der erste Weg führt durch die traumhafte Landschaft im Norden. Hier trägt der See noch seinen ursprünglichen Namen: Tachinger See.

Zur zweiten Tour starten wir in **Waging am See**. Mitten im alten Ortskern erhebt sich die Pfarrkirche St. Martin, die seit ihrer Entstehung um 1610 mehrmals umgebaut wurde. So sitzt auf dem gotischen Turm eine riesige Zwiebel, im Innern der Kirche vereinigen sich Barock und Rokoko zu seltener Harmonie. Ebenfalls sehenswert: die Schloßkapelle von Schloß Gessenberg, eine Nachbildung der Altöttinger Gnadenkapelle. Naturfreunde sollten sich einmal im Waginger Vogelmuseum umschauen, in dem mehr als 300 präparierte Vogelarten ausgestellt sind.

Von Waging aus geht es nach **Petting**. Der kleine Ort am Südufer des Sees grenzt an das Naturschutzgebiet **Schönramer Filz,** ein Moorgebiet mit herrlichen Wanderwegen. Petting lag im Mittelalter — wie Waging — an der Unteren Salzstraße. Aus dieser Zeit stammt noch das Schloß Seehaus am Weidsee, die alte Burg der Fürsten von Thann. Besonders sehenswert: die gotische Schloßkapelle.

Am Ostufer des Sees liegt die Gemeinde **Lampoding.** Alljährliche Attraktion dort im Ortsteil Hof: das Dampfdreschen mit einer alten Dampfmaschine. Daß Lampoding in früheren Jahrhunderten ein bedeutender Ort war, zeigt ein Gemälde an der Außenseite des Chores der St. Ägidius-Kirche: Hier sieht man das Schloß der Edlen von Lampoding, die im hohen Mittelalter im Dienst der Salzburger Bischöfe standen. Das Schloß wurde im letzten Jahrhundert abgerissen. Der Weg zurück nach Waging führt über die Brücke, die den Nordteil vom Südteil des Sees trennt.

Bad Reichenhall

Das Zauberwort in der alten Salinenstadt heißt Salz. Den Solequellen verdankt der Ort alles: jahrhundertelangen Reichtum, kulturelle Blüte und eine gesunde Zukunft als Heil- und Kurbad, auch wenn die Blümschen Reformen selbst hier ein paar Schleifspuren hinterlassen haben. Doch keine Bange, noch nagen die gut 30 Kurärzte, die Hoteliers und Pensionsbesitzer nicht am Hungertuch — auf die ungebrochene Heil- und Anziehungskraft der Sole ist eben Verlaß. Der summende Betrieb im supermodernen, 1988 eröffneten Kurgast-Zentrum, in dem neben einem Theater auch eine kleine Spielbank Platz gefunden hat, beweist dies nachhaltig.

Freilich kann der Gast auch anderweitig etwas für Körper und Geist tun: So führt ein gut beschildertes Wanderwege-Netz zu den schönsten Punkten im Talkessel, und wer will, kann hoch hinaus — mit der Predigstuhlbahn in die

Berchtesgadener Alpen. Im Ort selbst führen alle Wege zum Kloster St. Zeno, das Bayerns größte romanische Kirche beherbergt. Der berühmte Kreuzgang, am besten während des sonntäglichen Gottesdienstes in Augenschein zu nehmen, imponiert nicht nur durch seine stattlichen Ausmaße. Die um den Kreuzgang gruppierten Räume lassen noch erahnen, wie das Kloster — 1136 gegründet von Erzbischof Konrad I. von Salzburg — ursprünglich ausgesehen hat. Die Säkularisation (1803) brachte auch hier einen Einschnitt, doch schon 50 Jahre später setzten die Englischen Fräulein die monastische Tradition fort.

Ein Blick ins Heimatmuseum kann übrigens nicht schaden: Ausgestellte Funde belegen, daß das Gebiet von Reichenhall (ursprünglich: »hala majore«) schon in der Stein- und Bronzezeit besiedelt wurde und die keltisch-illyrischen Ur-Bajuwaren bereits wußten, daß mit einer gescheiten Sudpfanne echt Kohle zu machen war.

Altötting

Die ketzerische Frage mag erlaubt sein: Welche Frauen hat der polnische Papst am liebsten? Ganz klar: Die Schwarze Madonna von Tschenstochau — wohl auch wegen der heimatlichen Gefühle — und die Schwarze Muttergottes von Altötting. Zu ihr pilgerte der Heilige Vater bei seinem zweiten Besuch, den er der Bundesrepublik abstattete. Damit erwies er, wie jährlich mehr als eine Million Gläubige, einem Gnadenbild seine Reverenz, das um 1300 geschaffen wurde. Es ist ein Schnitzwerk, ursprünglich bunt, und steht in einem der ältesten Sakralbauten von Deutschland (erbaut im 7. Jh. als Taufkapelle). Eine Beschreibung des magischen Ortes erscheint mir unangebracht — man muß die Atmosphäre in sich aufnehmen, die ungeheure Wucht der naiv-rustikalen, packend-mystischen, so umwerfend anrührenden Kraft spüren, die von einem inbrünstigen Glauben ausgehen kann. Hier schlägt in der Tat, auch wenn es sich für aufgeklärte Geister schlicht kitschig anhören mag, das Herz Bayerns; übrigens ist die vielgebrauchte Metapher ein wenig makaber, denn in der Gnadenkapelle ruhen die konservierten Herzen vieler Wittelsbacher.

Aber Altötting ist weder mit dem polnischen Wallfahrtsort noch gar mit Lourdes in den französischen Pyrenäen zu vergleichen: Hier erwartet niemand die sofortige Heilung von Gebrechen oder die wundersame Erlösung von weltlicher Niedertracht. Die bayerischen Pilger pflegen seit Jahrhunderten in Ruhe zu beten, zu danken und zu bitten eingedenk der tief verwurzelten, bäuerlichen Erfahrung, daß alles seine Zeit braucht: das Säen und das Ernten, das Leben und die Auferstehung. Daß sich diese höchst komplizierte Einsicht auf so elementare Art ausdrücken kann — dafür steht Altötting. Über den Rummel rundum breiten wir den Mantel des Schweigens aus.

Königssee mit Malerwinkel, was sonst?

DAS BERCHTESGADENER LAND

Ist es möglich, daß sich Segen in Fluch verwandelt, rauschhafte Schönheit zur würgenden Geißel wird? Die Gefahr besteht, leider. Wer den märchenhaft-mythischen Königssee zwischen Ende Juni und Anfang September aufsuchen will, muß sich, vor allem an Wochenenden, auf den Alptraum endloser, stinkender Blechkarawanen gefaßt machen. Also bitte, wenn's gar nicht anders geht als zur Stoßzeit-Saison: an den Werktagen — sonst ist alle Herrlichkeit zum Teufel. Und das wäre wirklich totschad', denn der eiskalte Smaragd, eingefaßt in eine massiv-furiose Bergwelt, gehört zum Feinsten, was der Planet Erde zu bieten hat. Alexander von Humboldt, der gescheite, weitgereiste preußische Wissenschaftler, hatte das frühzeitig erkannt. Eine seiner progressiven Ideen hat die Bayerische Staatsregierung, sehr viel früher als andere, umgesetzt: 1921 wies sie ein 21.000 Hektar großes Areal als Naturschutzgebiet aus, das, unter noch strengeren Schutzauflagen, 1978 zum Nationalpark Berchtesgadener Land erklärt wurde. So kann sich auch König Watzmann in größerer Ruhe überlegen, warum er, seine Frau und ihre vier Kinder zu Stein erstarren mußten. Zwar gibt er auf den Trompetenstoß des Schiffers hin sein siebenfaches, gewinnträchtiges Echo zum besten. Doch der sagenhafte, grausame Potentat fordert immer noch seine Opfer: zum Beispiel an der gefährlichen Ostwand, die sich nicht ungestraft von unbedarften Bergfuzzis herausfordern läßt. Auch die Wanderung vom Südende des schaurig-schönen Felskessels am Obersee bis in die Funtensee-Tauern hinauf, dem Ausgangspunkt zum Steinernen Meer, sollte sich nur zumuten, wer ausgesprochen tritt- und wetterfest ist. Aber da oben, auf 1630 Meter Höhe, ist die Freiheit wohl grenzenlos: endlich allein mit der Natur, über den Wolken der Zwei- bis x-Takter.

Von Fürst zu Fels
Der sagenhafte Watzmann

Groß und mächtig ragt der Watzmann mit seinen 2.713 Metern über den Königssee hinaus — ein gewaltiges Steinmassiv, majestätisch und furchteinflößend zugleich. Zu allen Zeiten hat er die Phantasie der Künstler angeregt und im Volksglauben tiefe Spuren eingegraben. Um seine Entstehung rankt sich eine Sage, die diesen Empfindungen Ausdruck verleiht:

Ein König herrschte einst gewalttätig über sein Volk. Er verachtete das Gute, liebte nur die Jagd, und seine Untertanen zitterten, wenn sie den Lärm der Hörner, das Gebell der Hunde und das Stampfen der Rosse hörten. Bei Tag und Nacht brauste die wilde Jagd durch Wälder und Klüfte, verfolgte das Wild und vernichtete die Saat. Eines Tages erschien der König mit seinem Troß auf einer Waldtrift, wo eine Herde weidete. Vor der Hütte saß die Hirtin, ihr schlafendes Kind im Arm. Da warfen sich des Königs Rüden auf den Hirtenhund und die Frau. Der König kam heran und lachte. Als der herbeigeeilte Hirte auf die jaulende Meute einschlug, hetzte der König rasend vor Wut die Hunde auf den Hirten, der wie sein Weib und sein Kind von der Meute zerrissen wurde. Im Todeskampf verfluchte die Hirtin den grausamen Herrscher. Da erhob sich ein dumpfes Brausen, und die Hunde stürzten sich auf den König und seine Familie, deren Leiber schließlich zu marmorkaltem Fels erstarrten.

Selbst über die Jahrhunderte hinweg scheint der Fluch der Hirtin nicht allzuviel von seiner Wirkung verloren zu haben. Heutzutage trampeln Karawanen von Rucksack-Touristen auf dem Rücken seiner Sippschaft herum, um letztendlich ihm, dem versteinerten König, auf dem Kopf herumzutanzen. Doch noch hat die Herrscherfamilie ihren Schrecken nicht ganz verloren: Immer wieder stürzen unzureichend ausgerüstete, unerfahrene Hobby-Kletterer in die Tiefe; besonders gefährlich sind die Südkanten am dritten Watzmannkind und am Mühlsturzhorn (Schwierigkeitsgrad VI).

Wer den Aufstieg dennoch wagen will, macht sich am besten von der Ramsau aus auf den Weg. Von dort führt ein Pfad über die Wimbachklamm hinauf zur Stubenalm, weiter zur Mitterkaseralm und über die Falzalm zum Watzmann-Haus. Vorsicht: Das hört sich flott an, dauert aber selbst für gute Bergwanderer vier schweißtriefende Stunden. Und das ist erst die Hälfte, denn nun steht die Wand da, die wirklich nur Bergfexen eine Herausforderung sein sollte. Natürlich ist es ein starkes Gefühl, den Watzmann erklommen zu haben, doch wer die eigentliche Faszination der Bergwelt erleben möchte, sollte einen der umliegenden, weniger frequentierten Berge besteigen. Auch die — bitte! — sind nicht mit naivem Klettergeist zu bezwingen; da gehört, wie überall im Gebirge, Erfahrung, ein sicherer Tritt, die richtige Ausrüstung und ein ruhiges Gemüt dazu. Von dort aus einen Blick auf das ewige Eis zu werfen, ist nur denen vergönnt, die sich ihn erarbeitet haben.

Eine herrliche Route führt von St. Bartholomä aus über die Holzstube und den Bärengraben zum Funtensee, zurück in Richtung Halsköpfl über den Grün- und

Blick vom Gipfelkreuz des 1304 m hohen Grünsteins auf den Watzmann und seine Kinder

den Schwarzsee. Doch bitte keine Eile an den Tag legen! Wer ein Zelt im Gepäck hat, kann ungestört einen Sonnenaufgang an einem der klaren, einsamen Bergseen genießen — ein ganz unvergleichliches Erlebnis, das für die geschäftige Hektik unten im Tal mehr als entschädigt. Natürlich kann man auch in den teilweise bewirtschafteten Berghütten übernachten, die bislang noch vom Massentourismus ausgespart geblieben sind. Um freilich nicht am Ende eines anstrengenden Wandertages vor verschlossenen Türen zu stehen, sollte man sich vorab beim Alpenverein oder in der Kurverwaltung Berchtesgaden kundig machen.

Der höchste Punkt des Bergreiches — hinter dem Steinernen Meer, das seinen Namen wegen der fossilen Überbleibsel trägt, die aus der ehemaligen Unterwasser-Welt stammen — ist der Hochkönig. Er mißt 2.942 Meter. Dieser König ist übrigens mit dem sagenhaften, grausamen Watzmann weder verwandt noch verschwägert, thront er doch bereits auf österreichischem Hoheitsgebiet. Und da geht es, auch was die Mythen betrifft, kommoder zu als in bayerischen Breiten und Höhen.

Karin Wimmer

Eine schöne Geschichte
Oder eine Sage

Wen wundert's, daß die Abgeschiedenheit der Bergwelt ein fruchtbarer Nährboden für Mythen und Märchen ist? Die gewaltige Naturkulisse, das Gefühl der Unentrinnbarkeit, rufen nach einem Ausdruck, einem Ausweg in gleichnishaften Geschichten; ohne sie wäre der Mensch verloren. Da geht es nicht um historisch exakte Aufarbeitung, sondern um Verzweiflung und Hoffnung, Tod und Wiederkehr. Das Schicksal von Helden und Schurken, die in der Welt da draußen Großes und Schreckliches geleistet und angerichtet haben, wird verwoben mit ureigenen Erfahrungen, Phantasien, Bildern.

Davon zeugt eine Sage über Kaiser Friedrich I. (althochdeutsch aus ›fridu‹ = Friede und ›rihhi‹ = mächtig), besser bekannt unter dem volkstümlichen Namen Rotbart, lateinisch Barbarossa. Der tatkräftige Stauferkönig, der das römische Imperium wieder zu seinem früheren Glanz führen wollte und während des dritten Kreuzzuges in dem kleinen Fluß Saleph (heute Göksu, Türkei) am 10. Juni 1190 ertrank, lebt in vielerlei Gestalten weiter. Die deutschen Romantiker ließen ihn im Kyffhäuser auf eine triumphale Wiederkehr hoffen, die Araber, denen er übel mitgespielt hatte, schmückten zwei ihrer besonders kriegerischen Fürsten mit dem unvergeßlichen Markenzeichen Barbarossa. Die Menschen im Berchtesgadener Land siedeln den unsterblichen Monarchen in einer ihrer Höhlen an, wo er bis heute ausharrt.

Hier geht folgende Sage: »Die Marmorgewölbe des Untersberges umschließen den gebannten Kaiser Friedrich, sein Hoflager und seine Heerscharen; in langen Zügen wallen die vertriebenen Mönche von Berchtesgaden (Bergmännlein) in ihren Gewändern durch Erdklüfte unter den Seen und Flüssen nach den benachbarten Kirchen und feiern in St. Bartholomä, in Grödig, im Münster Berchtesgadens und im hohen Dom der Hauptstadt (Salzburg) zur Mitternachtsstunde unter Glockenklang und Orgelton den Gottesdienst. Kriegerische Musik und Waffengeklirr schallen — besonders bei nahendem Krieg — aus des Berges Höhlen; wilde Ritter und Knappen durchstürmen, dem Landvolk zum Schrecken und sich zur Pein, auf feurigen Rossen, in glühenden Panzern, mit sprühenden Waffen, die benachbarten Gefilde.

Sie eilen mit scheidender Nacht wieder in den Berg zurück, dessen eherne Pforte zwischen den eingestürzten Öfen (Felsklüften) beim Hallturm hinter den Trümmern der Burg Planen dem Wanderer nur selten und augenblicklich sichtbar wird. Hier harren die Gebannten unter Gebet und guten Werken ihrer Erlösung und jenes furchtbaren Tages, da Unglauben und Gewalt den höchsten Grad erreichen und die Völker sich wie im Wirbelwind aneinanderdrängen werden, um auf der weiten Ebene von Wals die Völkerschlacht zu schlagen, in der Kaiser Friedrich mit seinen Heeren der guten Sache den Sieg erringt.«

Die alten Berchtesgadener schwören Stein und Bein, daß die Bergmännlein, befehligt von Barbarossa, in all den Jahrhunderten immer wieder aus ihrem felsigen Königsschloß hervorkamen, um Armen und Bedürftigen zu helfen. Die Jäger,

Maria Gern mit Untersberg

Fischer, Bauern und Handwerker der Gegend, die nie von dem Schatz profitieren konnten, der in Gestalt von Salz und Erz im Berg verborgen war (da bediente sich die hohe Geistlichkeit in vollen Zügen), arbeiteten hart, vertrauten auf Gott, vertrieben mit tatkräftiger Unterstützung der Erdmännchen Dämonen und anderes G'schwerl und sorgten so dafür, daß der Tag der Apokalypse noch nicht angebrochen ist.

Ob Barbarossa mitsamt seinen Schildknappen allerdings die Invasion der mit arabischem Öl angetriebenen Blechkarawanen wird stoppen können, steht in den Sternen.

Joachim Krings / Karin Wimmer

Tausend Mal berührt
Bayerisches Urgestein

Die Trommler des Fremdenverkehrs haben ausnahmsweise recht: Ja, das Berchtesgadener Land ist »ein Paradies auf Erden, gekrönt durch die Herrschaft des mächtigen Königs Watzmann«. Und es stimmt auch, daß »Naturschönheiten, weltbekannte Sehenswürdigkeiten und die lebendige Brauchtumspflege den unverwechselbaren Charakter dieser Region und der hier lebenden Menschen dokumentieren«. Nur — »unberührt«, wie sie hinzusetzen, sind die Schönheiten weiß Gott nicht mehr; die Springflut der Touristen verschont nichts und niemanden. Aber dafür haben die Werbemanager in ihren Prospekten wenigstens auf die Lokalisierung einer makabren Sensation verzichtet, die vor allem amerikanische Sightseer magisch anzieht: Hitlers Berghof, wo der Gröfaz (wie der fabelhafte Kurt Tucholsky den ›Größten Feldherrn aller Zeiten‹ bezeichnete) gerne mit der armseligen Eva Braun und den gleichfarbigen Kanaillen seiner kriminellen Vereinigung kampiert hat. Die Absteige ist trotzdem überlaufen.

Doch was kann das mit Naturwundern so verschwenderisch beschenkte Land dafür, daß eine Ratten-Rotte dort für kurze Zeit Unterschlupf gesucht hat? Forget it, friends! Die Geschichte und Besiedelung der Region reicht weit in heidnische Zeiten zurück. Erst sehr viel später schliff sich das Markenzeichen ›Berchtesgaden‹ ein. Es leitet sich ab von einem Mann namens Perther, der um das Jahr 1000 herum dort sein Domizil (mittelhochdeutsch: Gaden) aufgeschlagen haben soll. Schon 100 Jahre später gründeten Irmgard und ihr Sohn Berengar vom Stift Rottenbuch den Markt Berchtesgaden; das ist urkundlich belegt. Der erste Propst, Eberwin, verließ die damals noch recht unwirtliche Gegend sehr bald und breitete sich in Baumburg an der Alz aus.

Trotzdem wurde schon 1108 mit dem Bau der ersten Stiftskirche begonnen. Dann ging es Schlag auf Schlag: 1142 unterstellten sich die stets kräftig zupackenden Päpste

Berchtesgaden

den Stift als Eigenkloster, 1159 verlieh Kaiser Barbarossa den Augustinermönchen die Forsthoheit sowie die Schürfrechte für Salz und Erz. Besonders die Salzgewinnung sorgte für eine solide wirtschaftliche Grundlage und einen gesunden Wohlstand, von dem die gesamte Umgebung über die Jahrhunderte hindurch profitierte; ein Besuch des mächtigen Salzstockes gehört eigentlich zum Pflichtprogramm eines Besuchers. 1559 avancierten die Pröpste zu Reichsfürsten, die selbstverständlich alle aus dem Hause Wittelsbach kamen; mit ihnen ist das Land im ganzen gut gefahren.

Das Herzstück des Marktes Berchtesgaden bilden nach wie vor seine Stiftskirche und das ehemalige Augustinerchorherrenstift — das spätere Schloß, in dem heute unter anderem die bedeutende Kunstsammlung von Kronprinz Rupprecht von Bayern zu sehen ist. Die Stiftskirche wurde zwischen 1283 und 1303 gotisch umgestaltet, ihr Chor ist das älteste Denkmal der Frühgotik in Altbayern. Im Innenraum beeindruckt neben der Ausstattung ein spätromanisches Kreuzrippengewölbe mit dicken Wulstrippen und Knospen-Kapitellen als Stützen. Der barocke Hochaltar wurde nach dem Dreißigjährigen Krieg, zwischen 1663 und 1669, von Bartholomäus van Opstal geschaffen.

Und wie um zu zeigen, daß nun endlich die Lebensfreude wieder den ihr gebührenden Platz einnimmt, wurden die Heiligen Florian und Georg oben am Altar aufgestellt; die beiden galten seit jeher als Fürsprecher der Gemeinde. Auf das Wappen der weltlichen Patrone, allen voran die Wittelsbacher, wurde natürlich auch nicht verzichtet.

Eine kunsthistorische Besonderheit ist das linke Altarbild, das den Heiligen Dominikus zeigt, wie er einen Rosenkranz empfängt. Es ist zwar nicht von hohem künstlerischen Rang, doch die Signatur weist aus, daß es 1657 von Joachim von Sandrart geschaffen wurde, dem Gründer der ersten deutschen Kunstakademie in Nürnberg und Autor des Buches ›Teutsche Academie der edlen Bau-, Bild- und Mahlerey-Künste‹. Durch den größtenteils spätromanischen Kreuzgang gelangt der Besucher dann zum Schloß der Wittelsbacher.

Übrigens ist das Berchtesgadener Land erst 1809 dem Königreich Bayern zugesprochen worden. Nach dem Reichsdeputationshauptschluß (1803), dem Anfang vom Ende des ›Heiligen Römischen Reiches Deutscher Nation‹, fiel es dem habsburger Erzherzog Ferdinand und damit 1806 dem Vielvölkerstaat Österreich zu. Doch es war, ist und wird immer eines bleiben: bayerisches Urgestein.

Joachim Krings / Karin Wimmer

Wehe, wenn sie losgelassen
Dann ist es Brauchtum

Seit sich einschaltquotenfixierte Fernsehmacher und allzu flotte Werbefritzen daran gemacht haben, das Brauchtum für ihre Zwecke zu mißbrauchen, ist es leider vielerorts in Mißkredit geraten. So rückte der tiefere Sinn der tradierten Verhaltensmuster in den Hintergrund. Um in der Not wie in der Freude nicht das Maß zu verlieren, handelten die Menschen früher nach festgefügten Regeln, die ihnen halfen, die jeweilige Situation zu meistern; das Brauchtum bestand also aus einer Vielzahl von ›Gebrauchsanweisungen‹.

Untrennbar verbunden mit dem Berchtesgadener Land ist das alljährliche Weihnachtsschießen, das erstmals 1666 urkundlich erwähnt wird. Es kündigt unüberhörbar ein besonders freudiges Ereignis an, wie auch die hohen kirchlichen Festtage wie Fronleichnam oder Pfingsten mit Böllerschüssen avisiert werden. Und wenn ein geachtetes Mitglied der Dorfgemeinschaft zu Grabe getragen wurde, ertönte ebenfalls ein Salut. Zwar wurde der Gebrauch von Vorderladern 1835 nach einem tödlichen Unfall durch eine königliche Verordnung offiziell verboten, doch niemand scherte sich darum. Dafür war der Umgang mit der Waffe im Volk viel zu tief verwurzelt. Obwohl die Jagd über Jahrhunderte hinweg als ein Privileg der Mächtigen galt, setzten sich Wildschützen immer wieder darüber hinweg. Auch wenn sie meist am Galgen endeten — ihres Mutes wegen wurden sie geachtet und im Geheimen bewundert. In Liedern und Sagen leben sie fort.

Mit der Jagd hängt auch das »Buttnmanndl-Laufen« zusammen, das traditionell am ersten Adventssonntag im Loipl oder am zweiten Advent in Winkl veranstaltet

Vielfältig ist das Brauchtum, die Totenbretter gehören dazu

wird. Die »Manndl« sind Geister wilder Tiere, die das Böse bestrafen und vertreiben — eigentlich ein bedrohlich wirkendes Schauspiel, das vordergründig nur wenig mit der besinnlichen Vorweihnachtszeit gemein hat. An die Seite des Heiligen Nikolaus' treten das »Nikoloweibl« (ein als Frau verkleideter Mann) sowie zwölf »Buttnmanndl«. Die Männer sind in langes, ausgedroschenes Stroh gehüllt, tragen ein zottiges Tierfell, haben hölzerne Masken über den Kopf gezogen und um den Bauch schwere Kuhglocken, die Buttn, gekettet. In diesem Aufzug geistern sie durch die Straßen und machen einen Höllenlärm.

Ihre Aufgabe besteht darin, nach dem Besuch vom Nikolaus »die Stube auszuräumen«. Das bedeutet: diesmal bekommen die Erwachsenen die Reisigrute zu spüren, während die Kinder verschont bleiben. Die »Buttnmanndl« beginnen ihren furchterregenden Lauf nach Einbruch der Dämmerung und einem gemeinsamen Gebet. Doch die Zwölf müssen achtgeben, daß sich nicht, wie die Überlieferung weiß, heimlich ein Dreizehnter hinzugesellt — niemand anderer als der leibhaftige Satan, hier auch »Krampus« oder »Ganggerl« genannt. Vor dieser ungebetenen Begleitung schützen Gebet und das Weihwasser-Sprengen der Bäuerinnen an der Haustür.

Der Gast, der sich das Treiben nicht entgehen lassen will, möge daran denken, daß die »Buttnmanndl« niemanden, der ihnen nach Einbruch der Dämmerung begegnet, mit ihren Reisigruten verschonen.

Karin Wimmer

Im Schoße Mariens
Wallfahrtziel

Natürlich haben die Wallfahrer, die auch heute noch in beträchtlicher Zahl zum barocken Kircherl Maria Gern pilgern, die Mutter Gottes fest ins Herz geschlossen. Doch der Namensteil ›Gern‹ geht zurück auf das Wort ›geren‹, und das bedeutet ›Dreieck‹; die frommen Männer und Frauen suchen also den Schoß Mariens auf.

Wer sich von Berchtesgaden aus auf den Weg macht, hält sich an den Lauf des Flüßchens Gern, das sich durch ein idyllisches Tal schlängelt. Schritt für Schritt nähert man sich so der sagenumwobenen Gebirgswelt des Untersbergs. Unvermittelt taucht auf einem Wiesenplateau, dem Reitbichl, das helle, einladende Kirchlein auf, das in seiner heutigen Form im Auftrag des Stiftes Berchtesgaden zwischen 1708 und 1710 erbaut wurde. Es ist freilich schon das dritte Gotteshaus dort, denn die Augustinermönche errichteten im Zuge der Gegenreformation, als die Marienverehrung besonders hoch im Kurs stand, rund um das prächtige Gnadenbild der Gottesmutter mit dem Jesukind in schneller Folge zwei Betstätten; schließlich stellten die Wallfahrer eine nicht unerhebliche Einnahmequelle dar, und der Zulauf erhöhte sich ständig.

Am auffälligsten ist die schindelgedeckte, pralle Zwiebel, die auf dem Turm an der Südseite thront; sie wurde übrigens erst 1724 draufgesetzt. Durch die hohen, rechteckigen Fenster und die ovalen Öffnungen strömt so viel Licht in den Innenraum, daß der opulente Deckenschmuck, der schöne Hochaltar und die wertvollen Bilder zu jeder Tageszeit bestens zu betrachten sind.

Den schönsten Blick über die herrliche Landschaft kann man von der nahelegenen Kneifelspitze (1.189 Meter hoch) aus genießen: im Norden die langgezogene Felskulisse des Untersberges, im Süden herrscht Seine Majestät, der Watzmann, über den Berchtesgadener Talkessel.

Karin Wimmer

Eine Heimsuchung
Am Königssee

Wer die Schönheit und Faszination des Königssees erleben möchte — und wer wollte das nicht —, der sollte ihn nicht unbedingt zwischen Juli und September ansteuern. Allein in den drei Sommermonaten wird der fjordartige, von schroff abfallenden Felswänden eingerahmte Alpensee von 500.000 Touristen heimgesucht. Und das bedeutet, besonders an Wochenenden, Chaos pur: verstopfte Anfahrtswege, überquellende Parkplätze, endlose Schlangen vor den Kartenhäuschen, Geraufe um die

Ruderboote, Geschiebe auf den Schiffen, Gedränge auf dem Wasser — ein Alptraum.

Wie eine Halluzination wirkt da die Beschreibung eines schwärmerischen Geistes, der um 1900 den Königssee, nach einer beschaulichen Rundfahrt durch das Berchtesgadener Land, zum ersten Mal sah: »Aber noch bleibt uns das Schönste, das dieser unvergleichliche Erdenwinkel umschließt, zu genießen vorbehalten, der Königssee, dieser einzigartige, smaragdgrüne See, der schönste der deutschen Alpenwelt, doch das Bild ergreifendster Einsamkeit und Erhabenheit.« Der Reise-

Selten sind solche Sommertage

Am Hörndlgipfel

schriftsteller fährt fort: »Das Großartigste an dem Königssee sind seine Ufer. Gigantischen himmelhohen Mauern gleich, steigen sie fast senkrecht aus der tiefgrünen Flut des Sees zur schwindelnden Höhe von über 2.000 Meter empor. Nirgends entdeckt das Auge Weg und Steg, die aus diesem grandiosen Felskerker hinausführen. Nur schlanke, schwarzgrüne Tannen und Fichten klettern an diesen furchtbaren Wänden empor, satte Moose und Farne nisten in den Spalten des starren Gesteins.«

Nun, es ist keine Boshaftigkeit, lieber Leser, daß ich diese Stelle zitiere. Aber so muß es hier wirklich einmal gewesen sein — einsam, wild-romantisch, die Natur im Gleichgewicht, der Mensch als Zaungast. Aber diese Zeiten sind unwiederbringlich vorbei, und wenn wir nicht alle miteinander aufpassen, geht die ganze Pracht und Herrlichkeit zum Teufel.

Bevor es soweit ist, und lange kann's nicht mehr dauern, machen wir uns halt auch mit dem Schiff auf. Vorbei an den immer noch unzugänglichen Felsen und der kleinen Insel Christlieger sehen wir, auf der rechten Seite gegenüber, den »Malerwinkel«

und die steil abfallende Falkenstein-Wand. Dort erinnert eine Gedenktafel an eine Katastrophe im Jahre 1688, die 60 Wallfahrer das Leben kostete. Die fromme Gesellschaft hatte, von Maria Alm aus dem Steinernen Meer kommend, auf der Überfahrt nach Königssee Schiffbruch erlitten. Die von einem furchtbaren Gewittersturm aufgepeitschte See wurde zu ihrem Grab. Kurz nach dem herabstürzenden Königsbach greift der Bootsführer, von den Fahrgästen meist schon ungeduldig erwartet, endlich zu seiner Trompete — das berühmte siebenfache Echo erschallt.

Das Schiff legt, wenn gewünscht, in Kessel an. Von dort aus führt ein Fußweg (zehn Minuten) hinauf zur Gotzenalpe, die einen herrlichen Ausblick auf den See freigibt. In St. Bartholomä, früher auch Seeboden oder Hirschau genannt, steigen die meisten Fahrgäste aus. Die Halbinsel zu Füßen der berüchtigten, 1.800 Meter hohen Ostwand des Watzmann, ist ein kultischer Ort. Lange bewahrten die Einheimischen, wie auch in anderen Seitentälern des Gebirges, ihre heidnischen Bräuche. Dort, wo 1134 die »Basilica Chunigersee« errichtet wurde, war früher ein »Fieberbrunnen«, an dem der römische Quellkult gepflegt wurde. Heute steht da die Kapelle, die zum Wahrzeichen des Berchtesgadener Landes geworden ist. Der Bau in Kleeblatt-Form wurde 1697 begonnen, als Vorbild diente angeblich der Salzburger Dom. 1710 verzierte ein Meister aus Salzburg das Innere mit Stuck.

Der Königssee ist übrigens nicht, wie viele meinen, nach dem romantischen Wittelsbacher Ludwig II. benannt; seinen Namen erhielt der Alpensee von einem Großgrundbesitzer »Chuniger«, der erstmals im 12. Jahrhundert urkundlich erwähnt wird. Ihm diente, wie seinen fürstpröpstlichen Nachfolgern, das Gewässer als privater Haussee. In der Gegend waren meist nur Fischer, Jäger und Hirten ansässig, die in der unwirtlichen Gegend ihr Brot verdienten. Die Oberen frönten dort ihrem Vergnügen, dem Fischen und dem Jagen; für die geistlichen Herrschaften eine willkommene Gelegenheit, ihre Ordenskleider gegen eine bequemere Tracht zu tauschen.

Nun wer Zeit und Kondition mitbringt, sollte ein paar Abstecher wagen: von St. Bartholomä zum äußersten Südende des Königssees (Anlegestation Saletalm, 602 Meter über dem Meeresspiegel) zum Obersee (612 m), der durch eine Endmoräne aus der Eiszeit abgetrennt wurde und zu dem ein bequemer Fußweg führt. Von da ab wird's schwierig, das Gelände ist nur für trittsichere, schwindelfreie Bergwanderer zu empfehlen: über die Fischunkenalm in Richtung der beiden Teufelshörner am 470 Meter hinunterdonnernden Wasserfall des Röthbachs vorbei, hinter der Seilstattwand durch, um das Halsköpfl herum, zum Schwarzsee; dorthin führt auch ein direkter Pfad von der Saletalm über die Sagereckwand — aber der ist sehr steil. Der Schwarzsee ist der erste der drei kleinen Seen, die, Richtung Südwesten wie an einer Schnur aufgereiht, den Aufstieg in die Funtensee-Tauern säumen: auf 1.475 Metern Höhe der zauberhafte Grünsee, endlich, bei 1.630 Metern, der Funtensee. Von hier aus gelangt man zum Steinernen Meer, einem verkarsteten Hochplateau, das zum größten Teil zu den Salzburger Kalkalpen gehört.

Der Blick ist unbeschreiblich, die Ruhe auch.

Joachim Krings / Karin Wimmer

Ein Reservat für die Natur
Seit 1921 unter Schutz

Ein wirklich gescheiter Preuße, Alexander von Humboldt, zählte das Berchtesgadener Land zum Schönsten, was der Planet Erde zu bieten hat. Der weitgereiste Wissenschaftler verband schon damals, zu Beginn des 19. Jahrhunderts, seine Erkenntnis mit der Forderung, diesen Garten Eden sich selbst zu überlassen, um ihn dem Würgegriff des Menschen zu entziehen. Die Nordamerikaner gingen mit gutem Beispiel voran: 1872 gründeten sie den Yellowstone National Park, ein riesiges, 9.000 Quadratkilometer umfassendes Naturreservat in den Rocky Mountains. Eine Pionierleistung, die in Bayern Schule machte, gerade noch rechtzeitig: 1921 entstand am Rand der nördlichen Salzburger Kalkalpen ein 21.000 Hektar großes Naturschutzgebiet, das wie eine Pfeilspitze hinein nach Österreich zielt. Dem immer stärker aufkommenden Tourismus, angeregt durch die zahllosen Ausflüge des bayerischen Königs samt Jagdgesellschaft und Rattenschwanz, mußte ein Riegel vorgeschoben werden.

Die Sommerfrischler brachten zwar reichlich Geld in die sehr arme Bergbauernwelt, der neue Erwerbszweig wuchs auch prächtig, aber die Natur kam immer mehr unter die Räder. Schon bald mußte man um die Alpenflora fürchten, die seltenen Pflanzen vor der Dampfwalze schützen. Der Slogan der damaligen Naturschützer hieß: »Kein Edelweiß für die Liebste und keine Silberdistel am Hut.«

Der nette Spruch konnte das geballte Kapital nicht aufhalten, Investitionen der Tourismus-Industrie gefährdeten bald sogar das Wasser, die Tiere, die Substanz; Bergbahnen drohten, gastronomische Großbetriebe, Trampelpfade der Zerstörung. In den fünfziger Jahren wurden die Verbote verschärft, im Jahre 1978 setzte sich der damalige bayerische Umweltminister Max Streibl — der erste seines Faches in Deutschland — mit der Ausweisung des Nationalparks Berchtesgadener Land ein Denkmal. Auch hier sollte, wie im Yellowstone Park, »kein Schuß mehr fallen, keine Pflanze mehr ausgerissen und kein Tier mehr getötet werden«.

Damit wird wenigstens dieser Region ein grausames Schicksal — hoffentlich — erspart. Denn für die bayerische Bergwelt insgesamt gilt: Schwefeloxide aus der Industrie und Stickoxide aus den Autos lassen heute 80 Prozent des Waldbestandes dahinsiechen; Stürme haben da ein leichtes Spiel. Problem Nummer zwei ist die Bodenerosion. Die Vegetation in den Ballungsgebieten des Tourismus ist fast vollständig vernichtet, und die Devise heißt: neue Wanderwege, neue Pisten, neue Hütten. Die Baustelle Alpen ist ganzjährig in Betrieb. Einen Hektar neu zu begrünen, kostet nach Meinung von Experten mindestens 30.000 Mark.

Hinzu kommt der Wildverbiß. Noch immer gibt es zu viele »Bambis« in den Alpen. Die Jäger schießen weniger ab als notwendig wäre. Die Folge: 60 bis 80 Prozent der mühsam angepflanzten Jungbäume werden, da sie nicht durch Zäune geschützt sind, verspeist. Dies wiederum bedeutet: Der Wald kann Lawinen nicht mehr aufhalten, teure Versperrungen müssen her.

Für Alexander von Humboldt das schönste, was der Planet Erde zu bieten hat

Aber für die schönste Zeit des Jahres ist dem Menschen ja nichts zu teuer. Skifahren im Winter, Bergwandern im Sommer, die Kassen klingeln. Wenn jeden Winter 20.000 bis 30.000 Planierraupen unterwegs sind — und ihre Zahl steigt —, dann wächst im Sommer kein Gras mehr. Überall entstehen Ferienwohnungen, Hotels, Straßen, Parkhäuser, Zweitwohnsitze. Das Gewerbegebiet Alpen floriert, 70 bis 80 Prozent seiner Bewohner leben vom Fremdenverkehr.

Wie schön, daß es da noch den Nationalpark Berchtesgadener Land gibt.

Joachim Krings/Karin Wimmer

Städte und Stationen

Berchtesgadener Land

480-1.170 m, 25.000 E., 24.500 B., 140 C., Bhf., Salzbergwerk mit Salzmuseum, Bergwerkstr. 83, Mai-Okt. 8.30-17.00 Uhr, Okt.-Apr. 12.30-15.30 Uhr (Tel. 08652/4061); Schloß, Schloßplatz 2 (Tel. 08652/2085); Heimatmuseum im Schloß Adelsheim, Schroffenbergallee 6, Schnitzwerke, Holzwaren, Spanschachteln (Tel. 08652/4410); Jenner Kabinenseilbahn (630-1.800 m), 8.00-17.30 Uhr, Obersalzberg Kabinenseilbahn (530-1.020 m), 9.00-17.30 Uhr, Hirscheck Sesselbahn (1.030-1.391 m), 9.00-17.00 Uhr.

Angeln, Bauerntheater, Fahrradverleih, Golf, Hallenbad, Kegeln, Sommerstockbahn, Tennis, geführte Wanderungen, 7 Touren durch den Nationalpark (Prospekt bei Kurdirektion, Königsseer Str. (Tel. 08652/5011);

Eislaufen, Eisstockschießen, Hallenbad, Kunsteisstadion, Rodelbahnen, Skikindergarten, geführte Skitouren, Tennis, Wintersportgeräteverleih.

Information Berchtesgadener Land: (Markt Berchtesgaden, Bischofswiesen, Marktschellenberg, Schönau am Königssee, Ramsau): Kurdirektion, 8240 Berchtesgaden, Tel. 08652/5011.

Touren und Tips

Berchtesgaden

Also: An den vielen Malern, die hier ihren Pinsel schwangen, liegt es bestimmt nicht, daß jedermann Berchtesgaden und Umgebung als »Bilderbuch-Land-schaft« bezeichnet. Die Wahrheit lautet: Der Ort ist einfach wunderschön, wenn er nicht gerade von Gästen überquillt.

Kann es sein, daß der unbekannte Meister, der um 1600 die Fassade vom ehemaligen Gasthaus ›Zum Hirschen‹ in der Metzgergasse schmückte, seiner Zeit um ein gutes Stück voraus war? Er stellte den Menschen, das touristische Herdentier, nämlich als Affen dar und verkündete, weniger fromm als frank und frei: »Gwalld will Recht han.« Oder war der Spruch eine subtile Anspielung auf den herzhaften Umgang zwischen den Salzburger Bischöfen und den bayerischen Herzögen, die sich um die reichen Waldungen und die kostbaren Salinen stritten wie die Kesselflicker? Wie dem auch sei: Der Sieger schreibt die Geschichte und stellt sie aus — auf dem Marktplatz thront, per Sockel erhöht, der Wittelsbacher Löwe. Und im Kloster, Keimzelle der lange währenden, von den Päpsten in Rom virtuos ausgeübten Herrschaft, zeigen heute die Wittelsbacher in dreißig Räumen her, was sie stark gemacht hat: die Kunst des Kriegshandwerks und die Waffen der Kunst. Die Wucht der romanischen Basilika, die Schönheit des gotischen Chorgestühls und die überbordenden Barockaltäre zeugen freilich von der Kraft, die Altbayern mit den südlichen Nachbarn seit jeher verbindet: der Berge versetzende Gestaltungswille des christlichen Glaubens.

Ramsau

Das malerisch gelegene Gebirgsdorf erlebte seine Blütezeit schon im Mittelalter, als die Salzhändler vom Berchtesgadener Land in den Pinzgau zogen. Im Mittelpunkt des Ortes steht die Pfarrkirche St. Sebastian und St. Fabian. 200 Jahre lang wurde an diesem Gotteshaus mit seiner auffallend schönen Laternenkuppelhaube gebaut. Sehenswert auch die Apostelfiguren und die Figur Jesu, die bereits um 1420 entstanden, der Taufstein aus dem Jahre 1650 und die Altäre, die Mitte des 18. Jhs. hinzukamen. Wer einen Spaziergang durch den sog. Zauberwald macht, kommt zum zauberhaften Hintersee mit der kleinen Kapelle St. Anton.

Marktschellenberg

Der Kurort zwischen Berchtesgaden und Salzburg war schon in keltischer Zeit besiedelt. Sein Aufblühen verdankt der Ort dem Salz, das hier seit dem 12. Jh. abgebaut wurde. Kunstfreunde zieht es vor allem nach Ettenberg. Die kleine Barockkirche Mariä Heimsuchung, erbaut 1724 von Peter Schaffner aus Berchtesgaden, gilt als ein Meisterwerk von Natur und Mensch. Sie zu beschreiben, fällt schwer — man muß sie einfach gesehen haben.

Ganz in der Nähe, am Eingang zur Almbachklamm: die letzte Kugelmühle Deutschlands. Als »Untersberger Murmeln« sind die kleinen Kugeln weithin bekannt. Ebenfalls einen Besuch wert: die Untersberger Eishöhle, die größte für Besucher zugängliche Eishöhle in Deutschland.

Ein Besuch im Berchtesgadener Land ohne eine Stippvisitie im **Salzberg-werk** ist wie ein Besuch des Königssees ohne Bootsfahrt. Es ist von der Marktgemeinde aus mit dem Bahnbus, dem Postbus oder auch mit dem Privatwagen leicht (B 305) zu erreichen. Besichtigungen sind vom 1. Mai bis 15. Oktober täglich von 8 bis 17 Uhr möglich, vom 16. Oktober bis 30. April nur werktags zwischen 13 bis 16 Uhr. Die Gäste werden in eine Schutzkleidung gesteckt, die den alten Bergmannstrachten ähnelt. Mit einer Rutschpartie gelangt man an die tiefste Stelle des heute zugänglichen Teils des Stollens. Dort wird per Film die Arbeit eines Bergmanns anschaulich vorgeführt. Nach einem Blick ins Museum geht es — wiederum über eine Rutsche — auf große Fahrt: mit dem Floß über den Salzsee.

Weniger salzhaltig ist die Luft bei der malerisch gelegenen Wallfahrtskirche Maria Gern, nördlich von Berchtesgaden am sagenumwobenen Untersberg gelegen (s. S. 248). Einen der schönsten Panoramablicke über die wundervolle Gegend kann man von der Scharitzkehl-Alm (zu erreichen über die B 319) genießen. Von hier aus, in unmittelbarer Nähe zur österreichischen Grenze, schaut man auf eine paradiesisch anmutende, wildromantische Landschaft. Und wer mag, kann sich dort gleich ordentlich stärken für weitere Ausflüge auf eigene Faust.

Oberbayern-Info

Fremdenverkehrs-Verbände

Davon können andere Feriengebiete in Deutschland nur träumen: In Oberbayern werden pro Jahr etwa 35 Millionen Übernachtungen gebucht. Und seitdem die Preise in Österreich spürbar angezogen haben und die Touristen aus der ehemaligen DDR sich erst einmal bei uns umschauen wollen, steigen die Zahlen weiter. Deshalb ist es angebracht, sich an kompetenter Stelle zu erkundigen, wo wann was frei ist. Die Fremdenverkehrsämter sind dafür die besten Ansprechpartner. Wir nennen Ihnen Anschrift und Telefonnummer sowie die wichtigsten Orte, über die Sie nähere Auskünfte erfragen können:

Münchner Umland / Städte

Fremdenverkehrsverband München-Oberbayern, Sonnenstraße 10, Postfach 200929, 8000 München 2, Tel: 089/597347.
Nähere Auskünfte über z.B.: Freising, Moosburg, Erding, Ebersberg, Fürstenfeldbruck, Dachau, Wasserburg, Ingolstadt, Landsberg.

Berchtesgadener Land

Kurdirektion Berchtesgadener Land, Postfach 2240, Königsseer Straße 2, 8240 Berchtesgaden, Tel: 08652/63300.
Auskünfte über (z.B.): Berchtesgaden, Bischofswiesen, Marktschellenberg, Ramsau, Schönau am Königssee.

Chiemgau

Verkehrsverband Chiemgau, Ludwig-Thoma-Straße 2, 8220 Traunstein, Tel: 0861/58223.
Auskünfte über (z.B.): Prien, Bernau, Grassau, Marquartstein, Reit im Winkl, Ruhpolding, Bergen, Traunstein, Seebruck, Altenmarkt, Amerang.

Fünf-Seen-Land

Fremdenverkehrsverband Starnberger Fünf-Seen-Land, Postfach 1607, 130 Starnberg, Tel: 08151/15911 u. 13274.

Auskünfte über (z.B.): Starnberg, Tutzing, Feldafing, Seeshaupt, Ambach, Berg, Herrsching, Andechs, Dießen, Utting, Schondorf, Raisting, Weßling, Seefeld, Hechendorf.

Isartal

Landratsamt Bad Tölz-Wolfratshausen, Postfach 1360, 8170 Bad Tölz, Tel: 08041/505−238.
Auskünfte über (z.B.): Bad Tölz, Wolfratshausen, Icking, Dietramszell, Geretsried, Wakkersberg, Lenggries.

Landsberg und Umgebung

Fremdenverkehrsverband Ammersee-Lech, Von-Kühlmann-Straße 15, 8910 Landsberg/Lech, Tel: 08191/47177.
Auskünfte über (z.B.): Landsberg, Romantische Straße

Miesbach

Fremdenverkehrsverband Wendelstein, Bahnhofstr. 5, 8201 Bad Feinbach, Tel: 08066/1444.
Kuramt Schliersee, Postfach 146, 8162 Schliersee, Tel: 08026/4069.
Auskünfte über (z.B.): Miesbach, Schliersee-Gebiet, Fischbachau, Wendelsteingebiet, Bad Feilnbach.

Pfaffenwinkel

Fremdenverkehrsverband Pfaffenwinkel, Schloßplatz 1, Postfach 40, 8920 Schongau, Tel: 08861/7773 u. 211117.
Auskunft über (z.B.): Weilheim, Schongau, Peißenberg, Wessobrunn, Peiting. Rottenbuch, Steingaden, Wildsteig, Romantische Straße.

Rosenheimer Land

Tourist-Information, Wittelsbacher Straße 53, 8200 Rosenheim, Tel: 08031/392440.
Auskünfte über (z.B.): Rosenheim, Bad Aibling, Bruckmühl, Schechen, Bad Endorf, Simsee, Rott am Inn, Wasserburg, Amerang, Eiselfing, Griesstätt.

Rupertiwinkel

Fremdenverkehrsverband Rupertiwinkel, Postfach 2119, 8228 Freilassing, Tel: 08654/2312 oder 2084.
Kur- und Verkehrsverein, Wittelsbacher Straße 15, 8230 Bad Reichenhall, Tel: 08651/3003.
Auskünfte über (z.B.): Freilassaing, Laufen, Tittmoning, Höglwörth, Anger, Taching, Waging.

Tegernseer Tal

Fremdenverkehrsgemeinschaft Tegernseer Tal, Haus des Gastes, Hauptstraße 2, 8180 Tegernsee Tel: 08022/1801—40.
Auskünfte über (z.B.): Tegernsee, Rottach-Egern, Kreuth, Bad Wiessee, Gmund.

Werdenfelser Land

Fremdenverkehr Werdenfelser Land, Kurverwaltung, Postfach 1562, 8100 Garmisch-Partenkirchen, Tel: 08821/1800.
Auskunft über (z.B.): Mittenwald, Garmisch-Partenkirchen, Oberammergau, Ettal, Oberau, Krün, Graswangtal (Linderhof).

Festtagskalender

Wer wüßte es nicht: Die Bayern feiern für ihr Leben gern, jahraus, jahrein. Und sie mögen es sehr, wenn möglichst viele gemütlich beieinander sind — das schließt Gäste selbstverständlich ein. Jeder Ort hat seine speziellen Feste, die immer rechtzeitig und groß angekündigt werden, ob im örtlichen Lokalblatt oder auf Plakaten. Ein paar überregionale Festivitäten nennen wir hier:

Januar:
Neujahrsschießen in Berchtesgaden
Schnaberlrennen in Gaißach
Dreikönigssingen in vielen Gemeinden

Februar:
Kirchenfeste an Maria Lichtmeß
Faschingstreiben, besonders bunt in Mittenwald und Garmisch
Hörnerschlitten-Rennen bei Berchtesgaden

März:
Faschingsbälle
Josefi-Feiern mit Starkbier-Anstich
Bartwettbewerb in Garmisch

April:
Georgi-Ritte, z.B. in Traunstein mit Schwertertanz am Abend
Passionssingen
Isartaler Sängertreffen in Krün (GAP)

Mai:
Maibock-Anstich, Beginn Weißbier-Saison
Landesmusikfest in Garmisch-Partenkirchen
Prozessionen am Himmelfahrtstag

Juni:
König-Ludwig-Feier in Berg am Starnberger See
Kaltenberger Ritterspiele
Roßtag in Gotzing bei Weyarn (Lkrs. Miesbach)

Juli:
Tutzinger Fischerhochzeit
Ritterspiele in Kiefersfelden
Goaßlschnoizn in Miesbach

August:
Wies'n-Beginn in Rosenheim (letzter Samstag des Monats)
Älteste Münchner Wallfahrt (Marienkirche Ramersdorf)
Trachtenzug mit Fahnenweihe in Traunstein

September:
Almabtrieb in Schliersee
Schießen der Gebirgsschützen-Kompanien in Kreuth u. Tölz
Georgiritt in Rupolding

Oktober:
Kirta-Singen in Unterammergau
Jahrtag der Holzhacker und Flößer in Lenggries
Schützenball in Rosenheim

November:
Buttmandl-Laufen im Berchtesgadener Land
Altöttinger Adventssingen
Leonhardiritt (6.11.) in Bad Tölz

Dezember:
Stephanifeier der Schützen in Garmisch-Partenkirchen
Weihnachtsschießen in Berchtesgaden
Schmied von Kochel-Gedenkfeier der Trachtler in München

Kuren

Welche Art von Kur für Sie wo am besten ist, darüber sollten Sie zunächst einmal mit Ihrem Arzt sprechen. In Oberbayern stehen insgesamt 18 Heilbäder und/oder Kneippkurorte zur Verfügung. Wenn Sie Genaueres wissen wollen, schreiben Sie an die jeweiligen Kurverwaltungen in 8202 Bad Aibling, 8117 Bayersoien, 8232 Bayerisch Gmünd, 8163 Bayrischzell, 8240 Berchtesgaden, 8207 Bad Endorf, 8201 Bad Feilnbach, 8100 Garmisch-Partenkirchen, 8173 Bad Heilbrunn, 8112 Bad Kohlgrub, 8185 Kreuth, 8110 Murnau, 8210 Prien am Chiemsee, 8230 Bad Reichenhall, 8183 Rottach Egern, 8180 Tegernsee, 8170 Bad Tölz, 8182 Bad Wiessee. Die zentrale Informationsstelle ist: Bayerischer Heilbäder-Verband, Postfach 2240, 8730 Bad Kissingen, Tel: 0971/80480.

Sport

Angeln

Überall in Oberbayern gibt es fischreiche Gewässer. In Isar und Loisach, Inn und Salzach, Amper, Mangfall, Alz und Lech beißen Forellen und Schleien, Weißfische und Hechte. Die Seen sind reich an Renken und Zander, Karpfen, Schleien, Forellen oder Aalen. Doch einfach die Rute auspacken und fischen läuft nicht — nur mit Angelschein und Erlaubnis bleibt das Vergnügen ohne Nachspiel. Die Verkehrsämter der umliegenden Gemeinden sind für die Anglerordnung zuständig. Einen guten Überblick über alle fischreichen Reviere erhält der Petrijünger beim Fremdenverkehrsverein München-Oberbayern Sonnenstraße 10, 8000 München 2, Tel: 089/597347.

Golf

Schwerpunkt des Golfgeschehens ist da, wo das Geld vermutet wird, nämlich im Landkreis Starnberg, und dort, wo es immer stärker hinfließt: in die Nähe des neuen Großflughafens (Eichenried). Derzeit gibt es 30 Courts in Oberbayern, weitere sind im Bau. Die besten Informationen über den Golfsport (Betonung liegt auf der zweiten Silbe) sind beim deutschen Golfer Nr. 1, Bernhard Langer, zu erhalten, der eine eigene Akademie ins Leben gerufen hat (sein Trainer leitet sie). Die Anschrift: Margarethenhof Golf und Country Club, Gut Steinberg, 8184 Gmund, Tel: 08022/74031.

Jagd

Das ist so eine Sache, die vielleicht viele mögen, einige können und nur wenige dürfen. Nähere Auskünfte erteilt der Landesjagdverband Bayern, Luisenstraße 25, 8000 München 2, Tel: 089/598401.

Radeln

Oberbayern ist ein Paradies für Pedal-Ritter. Überall gibt es Radwege, die örtlichen Verkehrsvereine bieten jede Menge Tourenvorschläge an. Es ist auch kein Problem, sich einen Drahtesel zu mieten oder ihn per S-Bahn mit ans Ausflugsziel zu nehmen. Auskunft: Die örtlichen Verkehrsvereine.

Reiten

Hoch zu Roß durch's Bayernland — nichts leichter als das für den, der's (sich leisten) kann. Gegenwärtig gibt es etwa 60 Reitschulen, Reitställe oder Reiteranlagen, die meisten von ihnen sind im Chiemgau sowie im Fünf-Seen-Land. Genaue Informationen hält der Fremdenverkehrsverband München-Oberbayern bereit.

Wintersport-Gebiete

Es gibt hier alles en masse — für Zwergerl und Senioren, Anfänger und Könner, Bedächtige und Draufgänger, Ruhesuchende und Turbos, ob für Rodler, Skifahrer, Schlittschuhläufer, Eisstockschützen, Pferdeschlittenfahrer, Skispringer, Drachenflieger, Eishockey-Freaks, Eiskunstfans, Skilangläufer oder Wanderer. Die Skigebiete sind so hervorragend erschlossen, daß es den Naturschützern schon langsam stinkt, wenn immer noch mehr für den Tourismus hergerichtet wird. Aber bitte, die Winter-Enthusiasten lassen sich's nicht verdrießen auf den 315 Abfahrtspisten, knapp 1900 Kilometern gespurter Langlauf-Loipen, 70 Rodelbahnen, 130 Eisstockplätzen und 70 Rodelpisten. Es gibt 49 ausgewiesene Skigebiete, 362 Schlepplifte, 39 Sessellifte und 60 Skischulen und und und. Hier ein Überblick über die bekanntesten Wintersportgebiete: Unter den Telefon-Nummern können Sie sich erkundigen übers Wetter, den Pisten- und Loipen-Zustand, über die Kosten für Skipässe, Verbundpässe etc:

Berchtesgadener Land

Tel.: 08652/63009
Bad Reichenhall: 08651/3003

Chiemgau

Tel.: 0861/58223
Salzachtal (Waginger See): 08681/313
Alz- und Trauntal: 08074/1400
Winklmoosalm: 08640/80020
Reit im Winkl: 08640/80021
Untersberg/Rauschberg: 08663/1268
Inzell: 08665/862
Hochfelln: 08662/8511 u. 8321
Marquartstein: 08641/7216
Schleching: 08649/220
Unterwössen: 08641/8205
Oberwössen: 08640/8750
Kampenwand: 08052/4411

Isar-/Loisachtal

Tel.: 08041/505−238
Blomberg: 08041/70071
Herzogstand: 08851/338
Brauneck: 08042/2977
Lenggries: 08042/8910
Jachenau: 08043/368

Pfaffenwinkel

Tel.: 08861/77733 oder 211117

Rupertiwinkel

Tel.: 08654/2312 oder 2084

Tegernseer Tal

Tel.: 08022/180140
Bad Wiessee: 08022/86030
Gmund: 08022/7055
Kreuth: 08029/1819
Rottach-Egern: 08022/671341

Wendelstein/Sudelfeld

Tel.: 08034/515
Kiefersfelden/Mühlbach: 08033/8490 und 69394
Oberaudorf: 08033/30120
Samerberg/Hochries: 08032/8404
Spitzingsee/Schliersee: 08026/4069 und 71226
Fischbachau: 08028/876 u. 2072

Werdenfelser Land

Tel.: 08823/33981
Dammkar (Mittenwald): 08823/8480
Skigebiet Wank: 0821/96600
Zugspitzgebiet: 08821/2909
Ammertal: 08822/1021

Jugendherbergen

Jugendherbergen gibt es in großer Zahl in Oberbayern, auch in kleineren Orten. Adressen, Telefonnummern und Informationen über Preise, Verpflegung etc. sind zu erfahren unter Deutsches Jugendherbergswerk, Mauerkircherstraße 5, 8000 München 80, Tel: 089/987451.

Urlaub auf dem Bauernhof

Ein Angebot, das immer besser ankommt, weil es preiswert, persönlich und — vor allem — gut für Familien mit Kindern ist. Einen Katalog »Urlaub auf dem Bauernhof« mit 1.800 Adressen erhält man bei: Bayerischer Sparkassen- und Giroverband, Karolingerplatz München, 8000 München 2, Tel: 089/21730.

Camping

Es gibt über 80 Campingplätze in Oberbayern, die durchwegs gut ausgestattet sind und in reizvoller Landschaft liegen; einige von ihnen sind sogar während des Winters (im folgenden Verzeichnis mit »W« gekennzeichnet) geöffnet. Auskünfte allgemeiner Natur erhalten Sie bei: Deutscher Camping Club (DCC), Mandlstraße 28, 8000 München 40, Tel: 089/33 40 21. Oder bei: ADAC-Hauptverwaltung, Camping-Referat, Am Westpark 8, 8000 München 70, Tel: 089/76 76 63 05.

Hier die Anschriften und Telefonnummern der offiziellen Plätze (alphabetisch geordnet):

8229 Ainring: Campingplatz Berger, Tel: 08654/8487

8213 Aschau i.ch.: Am Moor (W), Tel: 08052/4513

8207 Bad Endorf: Hintersee, Tel: 08053/9349

8201 Bad Feinbach: Tenda-Park (W), Tel: 08066/533

8170 Bad Tölz-Arzbach: Arzbach (W), Tel: 08042/8408

8170 Bad Tölz-Stallau: Stallauer Weiher (W), Tel: 08041/8121

8240 Berchtesgaden: Allweglehen (W), Tel: 08652/2396

8221 Bergen: Wagnerhof (W), Tel: 08662/8557

8214 Bernau: Chiemsee-Süd, Tel: 08051/7540

8242 Bischofswiesen: Winkl (W), Tel: 08652/8164

8224 Chieming: Möwenplatz, Tel: 08664/361 oder 653

8224 Chieming: Kupferschmiede, Tel: 08667/446 oder 240

8224 Chieming-Stöttham: Seehäusl (W), Tel: 08664/303

8918 Dießen a. Ammersee: St. Alban, Tel: 08807/7305

8165 Fischbachau: Wolfsee-Ferienland (W), Tel: 08028/868

8165 Fischbachau: Glockenalm-Aurach, Tel: 08028/553

8184 Gmund a. Tegernsee: Sonnleiten, Tel: 08022/4437

8221 Grabenstätt: Sportecke, Tel: 08664/500 und 552

8104 Grainau: Zugspitze (W), Tel: 08821/3180

8211 Gstadt-Gollenshausen: Anner, Tel: 08054/7492

8036 Herrsching-Mühlfeld: Camping, Tel: 08152/1206

8127 Iffeldorf: Fohnsee (W), Tel: 08801/708 oder 08856/7874

8070 Ingolstadt: Auwaldsee, Tel: 0841/68911

8084 Inning-Buch: Camping, Tel: 08143/427

8229 Kirchanschöring: Gut Horn (W), Tel: 08681/227

8113 Kochel a. See: Kesselberg, Tel: 08851/464

8113 Kochel a. See: Renken, Tel: 08851/5776

8197 Königsdorf: Waldcamping (W), Tel: 08171/81580

8185 Kreuth: Wallberg (W), Tel: 08022/5371

8108 Krün: Tennsee (W), Tel: 08825/170

8910 Landsberg: Romantik am Lech (W), Tel: 08191/47505

8229 Laufen: Abtsdorfer See, Tel: 08682/7044

8172 Lenggries: Isar-Camping (W), Tel: 08042/8361

8102 Mittenwald: Isarhorn (W), Tel: 08823/5216

8000 München 60: Langwieder See, Tel: 089/8141566

8000 München 60: Obermenzing, Tel: 089/112235

8000 München 70: Thalkirchen, Tel: 089/7231707

8193 Münsing-Ambach: Camping (W), Tel: 08177/546

8193 Münsing St. Heinrich: Camping, Tel: 08801/802

8110 Murnau a. Staffelsee, Halbinsel Burg, Tel: 08841/9870

8203 Oberaudorf: Luegsteinsee (W), Tel: 08033/1521

8218 Oberwössen: Litzelau (W), Tel: 08640/8704

8123 Peißenberg: Ammertal (W), Tel: 08803/2797

8221 Petting: Hainz a. See, Tel: 08686/287

8221 Petting: Stadler, Tel: 08686/8037

8221 Petting: Wagner, Tel: 08686/8087

8068 Pfaffenhofen a.d.Ilm: Warmbad, Tel: 08441/78146

8235 Piding: Staufeneck, Tel: 08651/2134

8921 Prem: Hartmann-Hipp (W), Tel: 08368/416
8210 Prien a. Chiemsee: Hofbauer, Tel: 08051/4136
8210 Prien a. Chiemsee: Harras, Tel: 08051/2515
8243 Ramsau: Simonhof (W), Tel: 08657/284
8216 Reit i. Winkl: St. Sebastian (W), Tel: 08640/8911
8216 Reit i. Winkl: Seegatterl (W), Tel: 08640/8503 u. 8582
8110 Riegsee: Riegsee (W), Tel: 08841/2677
8121 Rottenbuch: Am Richterbichl (W), Tel: 08867/422
8222 Ruhpolding: Ortnerhof (W), Tel: 08663/1764
8211 Schleching: Zellersee (W), Tel: 08649/600
8162 Schliersee: Lido, Tel: 08026/6624
8162 Schliersee: Alpenblick, Tel: 08026/4644
8240 Schönau a. Königssee: Grafenlehen (W), Tel: 08652/4140
8240 Schönau a. Königsssee: Mühlleiten (W), Tel: 08652/4584
8920 Schongau: An der Lechuferstraße, Tel: 08861/7216
8221 Seebruck: Camping, Tel: 08667/7889
8031 Seefeld: Strandbad Pilsensee (W), Tel: 08152/7232
8031 Seefeld-Hechendorf: Camping, Tel: 08152/7445
8110 Seehausen a. Staffelsee: Insel Buchau, Tel: 08841/9570
8124 Seeshaupt: Camping (W), Tel: 08801/1528
8201 Söchtenau: Alpenblick (W), Tel: 08053/726
8221 Taching: Camping, Tel: 08681/9548
8252 Taufkirchen 2: Lain a. See (W), Tel: 08086/319
8221 Tettenhausen: Camping, Tel: 08681/1622 u. 313
8261 Tittmoning: Seebauer (W), Tel: 08683/541
8223 Trostberg: Oberhofer, Tel: 08621/3819
8212 Übersee-Feldwies: Rödlgries (W), Tel: 08642/470
8114 Uffing a. Staffelsee: Aichele, Tel: 08846/211
8101 Unterammergau: Ammertal, Tel: 08822/4321

8919 Utting a. Ammersee: Camping, Tel: 08806/7245
8221 Waging a. See: Camping (W), Tel: 08681/552
8221 Waging a. See: Schwaneneplatz Gaden (W), Tel: 08681/281
8111 Walchensee: Lobisau, Tel: 08858/237

Heimat-Museen

Oberbayern ist eine unermeßliche Fundgrube für Liebhaber handfester Geschichte, und die Oberbayern sind stolz darauf. Sie wissen ihr Erbe zu pflegen, zu bewahren und herzuzeigen; die Zahl der Heimatmuseen ist Legion. Deshalb hier nur eine kleine Auswahl, die keinesfalls den Anspruch der Vollständigkeit oder der rechten Gewichtung erheben will. Eigentlich ist es so: Jede Gemeinde, jeder Anger erzählt von gelebter Geschichte — fragen Sie!

Altötting

Wallfahrts- und Heimatmuseum, Kapellplatz 4, 8262 Altötting, Tel: 08671/5166. Öffnungszeiten: April bis Oktober, Di—Frei: 14—16 h, Sa/So: 10—12, 14—16 h.

Amerang

Bauernhaus-Museum, Im Hopfgarten, 8201 Amerang, Tel: 08075/810. Öffnungszeiten: Mitte März bis Mitte November von 9—18 h, montags geschlossen.
EFA Automobilmuseum, Wasserburgerstraße 38, 8201 Amerang, Tel: 08075/1016. Öffnungszeiten: 10—18 h, montags geschlossen.

Aschau

Prientalmuseum (Eisenindustrie), Auf Schloß Hohenaschau, 8213 Aschau, Tel: 08052/392. Öffnungszeiten: April bis Oktober (Führungen).

Bad Aibling

Heimatmuseum, Wilhelm-Leibl-Platz 1, 8202 Bad Aibling, Tel: 08061/8575. Öffnungszeiten: Sonntag 10—12 h, Montag 15—17 h.

Bad Reichenhall

Heimatmuseum, Getreidegasse 4, 8230 Bad Reichenhall, Tel: 08651/751. Öffnungszeiten: Mai bis Oktober,Dienstag bis Freitag, 14—18 h.
Bad Reichenhaller Quellenbau, Saline Bad Reichenhall, 8230 Bad Reichenhall, Tel: 08651/702—0. Öffnungszeiten: April bis Oktober, täglich 10—11.30 u. 14—16 h, November bis März Di u. Do 14—16 h.

Bad Tölz

Heimatmuseum, Marktstraße 48, 8170 Bad Tölz, Tel: 08041/504288. Öffnungszeiten: Dienstag bis Samstag 10—12 u. 14—16 h, Sonntag 10—13 h.

Benediktbeuern

Fraunhofer'sche Glashütte, Kloster Benediktbeuern, 8174 Benedikbeuern, Tel: 08857/682. Öffnungszeiten: Täglich (außer Mittwoch) 10—12 h, 14.30—18 h.

Berchtesgaden

Heimatmuseum, Schroffenbergallee 6, 8240 Berchtesgaden, Tel: 08652/4410. Öffnungszeiten: Montag bis Freitag, 10—15 h (nur mit Führung).
Salzbergwerk mit Museum, Bergwerkstr. 83, 8240 Berchtesgaden, Tel: 08652/4061. Öffnungszeiten: Mai bis Oktober, 8.30—17 h, sonst 12.30—15.30 h.

Garmisch-Partenkirchen

Werdenfelser Heimatmuseum, Ludwigstraße 47, 8100 Garmisch-Partenkirchen, Tel: 08821/2134. Öffnungszeiten: Dienstag bis Freitag 10—13 u. 15—18 h, Samstag und Sonntag 10—13 h.

Großweil

Freilichtmuseum Glentleiten, 8119 Großweil, Tel: 08841/1098.

Kochel

Franz-Marc-Museum, Herzogstandsweg 43, 8113 Kochel, Tel: 08851/7114. Öffnungszeiten: April bis Oktober, 14—18 h (außer montags).

Landsberg

Neues Stadtmuseum, Info: Städtisches Kultur- und Fremdenverkehrsamt, Hauptplatz 1, 8910 Landsberg am Lech, Tel: 08191/128246.

Mittenwald

Geigenbaumuseum, Ballenhausgasse 3, 8102 Mittenwald, Öffnungszeiten: Montag bis Freitag 10—12h, 14—17h, Samstag und Sonntag 10—12 h.

Oberammergau

Heimatmuseum, Dorfstraße 8, 8103 Oberammergau, Tel: 08822/3256.

Peißenberg

Bergbau-Museum (mit Schaubergwek im Tiefstollen), Am Tiefstollen 2, 8123 Peißenberg, Tel: 08803/9699.

Polling

Heimatmuseum, Kirchplatz 11, 8128 Polling, Tel: 0881/2242. Öffnungszeiten: So 9.30—12 h oder nach Vereinbarung.

Prien

Heimatmuseum, Friedhofweg 1, 8210 Prien, Tel: 08051/2450. Öffnungszeiten: April bis Oktober, 10—12 h, 15—17 h, Sa 10—12 h; November bis März: Sa geschlossen.

Rosenheim

Heimatmuseum, Ludwigplatz 26, 8200 Rosenheim, Tel: 08031/391254. Öffnungszeiten: Di—Fr, 9—12 h, 14—17 h, Sa/So 10—12 h.
Holztechnisches Museum, Max-Joseph-Platz 4, 8200 Rosenheim, Tel: 08031/16900.

Ruhpolding

Glockenschmiede, Haßelberg 6, 8222 Ruhpolding, Tel: 08663/2309.Öffnungszeiten: Mo—Fr, 10—12 u. 14—16 h; Oktober bis Mai: nur auf Anfrage.
Holzknecht-Museum, im Ortsteil Laubau, 8222 Ruhpolding, Tel: 08663/639. Öffnungszeiten: 13—17 h, Mo geschlossen.

Schongau

Stadtmuseum, Christophstr. 55—57, 8920 Schongau, Tel: 08861/21460. Öffnungszeiten: Di—So 10—12 u. 14—17 h.

Seebruck

Römer-Museum Bedaium, Jakob-Weyrer-Platz 4, 8221 Seebruck, Öffnungszeiten: Di—Sa 10—12 h, 15—17 h, So: 15—17 h.

Starnberg

Heimatmuseum, Possenhofener Straße 5, 8130 Starnberg, Tel: 08151/772132. Öffnungszeiten: Di—So 10—12 h, 14—17 h.

Stein an der Traun

Höhlenburg, Am Schloß, 8221 Stein an der Traun, Tel: 08621/2501. Öffnungszeiten: Mai bis September, 14—15 h, Taschenlampe mitbringen!.

Tegernsee

Olaf-Gulbransson-Museum, Kurgarten 5, 8180 Tegernsee, Tel: 08022/3338. Öffnungszeiten: täglich außer Montag: 14—18 h (November zu).

Teisendorf (Achthal)

Bergbau-Museum, Allerberg 4, 8221 Teisendorf, Tel: 08666/7149. Öffnungszeiten: Mai bis September, So 10—12 h, Di u. Do 13.30 bis 15.30 h.

Tittmoning

Heimathaus des Rupertiwinkels, Burg Tittmoning, 8261 Tittmoning, Tel: 08683/247 oder 911. Öffnungszeiten: Mai bis September, Führungen täglich um 14 h.

Traunstein

Heimathaus, Stadtplatz, 8220 Traunstein, Tel: 0861/65258. Öffnungszeiten: Mai bis Oktober, 14—15.30 h (außer Mo).

Waging am See

Vogelmuseum, Graben 1, 8221 Waging am See, Tel: 08681/9485. Öffnungszeiten: 9—18, So geschlossen.

Wasserburg

Heimatmuseum, 8090 Wasserburg, Tel: 08071/1050. Öffnungszeiten: Di—Fr 10—12h, 13—16 h, Sa/So 11—15 h.

Feuerwehr-Museum, Gerätehaus im Haag 3, 8090 Wasserburg, Tel: 08071/1050 Öffnungszeiten: Sa /So 10—13 h.

Weilheim

Stadtmuseum, Marienplatz, 8120 Weilheim, Tel: 0881/682—100. Öffnungszeiten: So—Do, 10—12 h, 14—16 h, Sa 10—12 h.

Klöster

Die Christianisierug Bayerns hat das Land so stark geprägt wie sonst weniges. Ausgangspunkt der Missionierung war, regional gesehen, jeweils ein Kloster. Sie entwickelten sich sich sehr schnell zu bedeutenden religiösen, kulturellen und ökonomischen Zentren und beherrschten so über Jahrhunderte hinweg ihr Umfeld. Hier einige der bedeutendsten Klöster Oberbayerns:

Kloster Benediktbeuern

Benediktinerkloster, gegründet 740, Don-Bosco-Str. 1, 8174 Benediktbeuern, Tel. 08857/88—0. Führungen: 1.1.—5.5. und 26.10.—31.12. jeweils, Samstag und Sonntag 10.30 Uhr—14.30 Uhr.

Kloster Schäftlarn

Um 750 von Benediktinern gegründet, später von Prämonstratensern übernommen.Nach Zerstörung im 30jährigen Krieg unter Leitung des Münchner Hofbaumeisters Cuvilliés wieder aufgebaut. Seit 1865 wieder unter Leitung des Benediktiner-Ordens. Heute beliebtes Ausflugsziel (Klostergaststätte). 8021 Schäftlarn, Tel. 08178/3435.

Kloster Reutberg

Franziskanerinnen-Kloster bei Sachsenkam, zu Beginn des 17. Jahrhunderts aus einer Wallfahrtsstätte entstanden, berühmt für seine Apotheke. Und für seinen Biergarten. 8179 Sachsenkam, Tel: 08021/8382.

Klosterkirche Dietramszell

Das Kloster wurde von Augustinern im 12.Jahrhundert gegründet, ist heute im Besitz der Salesianerinnen. Besichtigungen nach Vereinbarung. Info:, Pfarramt Dietramszell, Am Richteranger 8, 8157 Dietramszell, Tel. 08027/867.

Kloster Ettal

Von Kaiser Ludwig dem Bayern um 1330 gegründet, bis heute im Besitz der Benediktiner. Täglich von 8—18 Uhr geöffnet. 8107 Ettal, Tel. 08822/740.

Klosterkirche Rottenbuch

Kloster wurde von Herzog Welf VI. als Augustiner Chorherrenstift im 11.Jahrhundert gegründet. Die Säkularisation überlebte nur die Stiftskirche. Täglich von 8—18 Uhr geöffnet. Kath. Pfarramt Rottenbuch, Klosterhof, 8121 Rottenbuch, Tel. 08867/215.

Kloster Wessobrunn

Gegründet im 8. Jahrhundert von Benediktinern, berühmt durch das »Wessobrunner Gebet« und die »Wessobrunner Schule«. Führungen: Mo—Sa 10, 15 und 16 Uhr, an Sonn- und Feiertagen um 15 und 16 Uhr. Klosterhof 4, 8129 Wessobrunn, Tel. 0880/211.

Kloster Andechs

1455 aus Wallfahrtsstätte als Benediktiner-Kloster entstanden. Heute zieht vor allem die Klostergaststätte mit Biergarten Besucher an. Besichtigung der Klosterkirche von Montag bis Samstag zwischen 7 Uhr und 18 Uhr möglich. Bergstraße 2, 8138 Andechs, Tel. 08152/3760.

Klosterkirche Fürstenfeld

Das 1256 gegründete Zisterzienser-Kloster fiel der Säkularisation zum Opfer. Nur die Kirche blieb erhalten.Sie kann an allen Sonn- und Feiertagen besichtigt werden. Führungen möglich.Beliebtes Ausflugsziel im Sommer: der Klosterbiergarten. Kath. Pfarramt St. Magdalena, 8080 Fürstenfeldbruck, Tel. 08141/91143.

Kloster Scheyern

Benediktiner-Kloster aus dem 12. Jahrhundert, bis 1253 Grablege der Wittelsbacher. Führungen auf Anmeldung möglich. Im Sommer beliebt: der Biergarten. Schyrenplatz 1, 8069 Scheyern, Tel. 08441/752230.

Kloster Au am Inn

Als Augustiner Chorherrenstift im 12. Jahrhundert gegründet, heute im Besitz der Benediktinerinnen. Besichtigung der Klosterkirche möglich. Gemeindeverwaltung, 8096 Gars am Inn, 08073/1046.

Kloster Ebersberg

Gegründet im Jahre 934 von Augustinerchorherren. Dort wurde eine Reliquie des hl. Sebastian aufbewahrt. In der Sakristei sind Schnitzfiguren aus der Werkstatt von Ignaz Günther. Bis zur Säkularisation lebten dort Benediktiner, Jesuiten und Malteser. Stadtverwaltung Ebersberg, 8017 Ebersberg, 08092/2470.

Kloster Tegernsee

Gegründet im Jahre 746, wurde es sehr rasch zum bedeutendsten Kloster in Süddeutschland. Sein Wirkungsbereich erstreckte sich über halb Europa. Im Mittelalter war es berühmt für seine hervorragende Bibliothek. Nach 1803 ließen die Wittelsbacher das Kloster in ein Schloß umbauen. Eine beliebte Attraktion ist heute das herzogliche Bräustüberl. Schloßplatz 1, 8180 Tegernsee, Tel: 08022/18020.

Frauenchiemsee

Eines der ältesten Klöster Bayerns, gegründet zu Beginn des 8. Jahrhunderts, geführt von Benediktinerinnen. Täglich mehrfache Schiffsverbindung. Genaue Fahrplan-Information: Chiemsee-Schiffahrt Ludwig Feßler, Seestraße 108, 8210 Prien am Chiemsee, Tel: 08051/6090.

Kloster Seeon

Gegründet vom bayerischen Pfalzgraf Aribo, nahmen 994 Benediktiner aus Regensburg die Anlage unter ihre Fittiche. Hervorragende

Musiker und Musikwissenschaftler sorgten für einen klangvollen Ruf des Klosters, in dem auch Mozart öfters weilte. Kürzlich sehr aufwendig restauriert, ist die Anlage nun eine Tagungsstätte. Führungen durch die Kirche von Juni bis September, jeweils freitags 10 Uhr. Katholisches Pfarramt Seeon, 8221 Seeon, Tel: 08642/2509.

Kloster Baumburg

Barocker Prachtbau, schon von weitem sichtbar die spitzen Zwiebelhelme der beiden Türme. Gegründet im 12. Jahrhundert von Gräfin Adelheid, die auch — mit einem Modell der Stiftskirche — in Stein dort verewigt ist. Katholisches Pfarramt Baumburg, 8226 Altenmarkt, Tel: 08621/2753.

Kloster Berchtesgaden

Um 1100 in einer landschaftlich reizvollen Gegend gegründet, erreichte es schnell eine Vormachtstellung unter den Chorherrenstiften der Augustiner in Bayern. Den Äbten gelang es, den Holz- und Salzreichtum des Berchtesgadener Landes zu nutzen. Bis zur Säkularisation fanden dort nur Adelige Aufnahme, die ein recht fideles Leben führten. Nach 1803 wurde das Stift Sommerresidenz der Wittelsbacher. Das Schloßmuseum ist erstklassig ausgestattet. Schloßverwaltung Berchtesgaden, Schloßplatz, 8240 Berchtesgaden, Tel: 08652/2085.

Schlösser

Die Herrschernaturen hatten schon immer die Angewohnheit, sich und den anderen zu zeigen, wer es zu was gebracht hat. Das hat — unter anderem in Oberbayern — zu wunderschönen Blüten der Baukunst geführt. Insbesondere die kunstsinnigen Wittelsbacher, aber auch die Herzöge vor ihnen, die Adeligen neben und die Kirchenfürsten mit ihnen, haben Großes geschaffen, genauer: schaffen lassen. Hier nur eine kleine, aber feine Auswahl:

Amerang

8201 Amerang, Tel: 08075/204. Geöffnet: Pfingsten bis September, 10—12, 13—17 h.

Berchtesgaden

Schloßplatz 2, 8240 Berchtesgaden. Tel: 08652/2085
Geöffnet: täglich außer Sa 10—13 u. 14—17 h.

Herrenchiemsee

8210 Herrenchiemsee, Tel: 08051/3069. Geöffnet: April—September, 9—17 h, sonst: 10—16 h.

Hohenaschau

8213 Aschau, Tel: 08052/392. Führungen: April bis Oktober (Vereinbarung).

Linderhof

8107 Ettal/Linderhof, Tel: 08822/512. Geöffnet: April bis September: 9—17.30, Oktober bis März:, 10—16 h.

Literatur

Bodenstedt, Friedrich von: Flußreise Seiner Majestät; Leipzig 1897

Bosl, Karl: Bayerische Geschichte; List-Verlag

Bülow, Werner: Der Wörthsee, Schaftlach 1988

Dahn, Felix: Erinnerungen 1890 bis 1895; Leipzig 1895

Dix, Gerhard/Pusch, Wolfgang: Starnberg; Buchendorf 1987

Enderle, Lore: Der zarte Prinz aus Chiemgau; Rosenheimm 1988

Enzinger, Kurt: Der Bayerische Rupertiwinkel; Pannonia-Verlag

Feuchtwanger, Lion: Erfolg; Fischer

Graf, Oskar Maria: Das bayerische Dekameron; Desch-Verlag

Greiner, Klaus J.: Der Landkreis Starnberg, Bamberg 1991

Grosser, Andrea: Starnberger Seenland; Dachau 1988

*Groth-Schmachtenberger, Erika/Pörnbacher, Hans:*Der Paffenwinkel; Süddeutscher Verlag

Hager, Franziska: Drudenhax und Allelujawasser; Rosenheim 1975/88

Hausenstein, Wilhelm: Abendländische Wanderungen; München 1951

Haushofer, Max: Arbeitergestalten aus den Bayerischen Alpen; München 1890

Häussermann, Ulrich: Der Chiemgau; DuMont-Verlag

Haydenbuchner, Magdalena: Tagebuch einer Äbtissin; Maarssen, Holland 1988

Heyn, Hans: Bayerns Vorzeit; Rosenheimer Verlagshaus

Hummel, Manfred: Vom Insel-Willi zum blonden Hans; München 1991

Heyn, Hans: Rosenheim; Rosenheimer Verlagshaus

Kaiser-Queri, Thea: Das bayerische Raritätenbüchl; Zauner-Verlag

Karlinger, Hans: Bayerische Kunstgeschichte; Lama-Verlag

Keill, Peter: Gipfel zwischen Bayerischzell und Bad Tölz; Pannonia-Verlag

Keill, Peter: Gipfel zwischen Wendelstein und Kampenwand; Pannonia-Verlag

Köhler, Helmut A.: Alpenpark und Bayerischer Nationalpark; Pannonia-Verlag

Krempelhuber, Max C. von: Der Tegernsee und seine Umgebung; Oreos

Kroetz, Franz X.: Chiemgauer Geschichten; Kiepenheuer & Witsch

Lachner, Johann: 999 Worte Bayerisch; München 1955

Max, Heinrich: Der Starnberger See; München o.J.

Molodovsky, Nikolai: Die bayerischen Seen zwischen Salzach und Lech; Pannonia-Verlag

Mönnich, Horst: Merian-Heft Chiemgau; Hamburg 7/84

Mühsam, Erich: Künstlerchronik von Frauenchiemsee; 1907

Nadolny, Isabella: Ein Baum wächst übers Dach; Seehamer Tagebuch; München 1966

Noé, Heinrich: Neue Studien aus den Alpen; München 1865

Nöhbauer, Hans F.: Bayerische Bauerngeschichten; Süddeutscher Verlag

Peetz, Hartwig: Chiemgauer Volk; Leipzig 1892

Pörnbacher, Hans: Oberammergau. Das Herz des Ammerlandes — das Land von Rottenbuch bis Linderhof; Süddeutscher Verlag

Prähofer, Hans: Die Trachtenschaukel; München 1966

Reck-Malleczewen, Friedrich P.: Aus dem Tagebuch eines Verzweifelten; deutsch 1947

Rehmann, Ruth: Die Leute im Tal; Die Schwaigerin

Reventlow, Franziska Gräfin von: Tagebücher 1895–1910; München 1971

Richardi, Hans-Günther/Ullrich, Hans: Münchner Radlbuch; BLV

Salomon, Ernst von: Der Fragebogen; Hamburg 1951

Schacherl, Lillian: Der Chiemgau; München 1988

Scheffel, Josef Viktor: Die Künstlerchronik von Frauenchiemsee; München 1918 u. 1924

Schindler, Herbert: Berchtesgadener Land und Rupertiwinkel; Prestl-Verlag

Schlagintweit, Felix: Ein verliebtes Leben; München 1946

Schmeller, Johann Andreas: Bayerisches Wörterbuch; München 1973

Schmid, Gregor M./Pielmeier, Manfred: Bilder vom Starnberger See; Bad Wiessee 1986

Schubert, Kurt/Heyn, Hans: Der Chiemgau; Rosenheimer Verlag

Soika, Christian: Sehenswürdigkeiten bei uns im Chiemgau und im Rupertiwinkel; Alois—Erdl—Verlag

Sperr, Martin: Bayerische Trilogie; Suhrkamp—Verlag

Steinke, Udo: Ich kannte Talmann; München 1980

Steub, Ludwig: Die Trompete in Ef; Stuttgart 1881

Stieler, Karl: Hochlandlieder; 1879

Süskind, Patrick: Die Geschichte von Herrn Sommer; Diogenes

Thoma, Ludwig: Werke in sechs Bänden; München 1968

Ullrich, Hans: Wandern mit dem MVV; i—team

Vignau, Ilka von: Werdenfelser Land; Prestel—Verlag

Wagner, Kurt: Nationalpark Berchtesgaden; Plenk—Verlag

Weiß, Ferdl: Bayerische Schmankerl; Süddeutscher Verlag

Westenrieder, Lorenz von: Baierische Beiträge zur schönen und nützlichen Literatur; München 1780

Westenthanner, Markus: Der Bayerische Rupertiwinkel; Pannonia— Verlag

Widmann, Werner: Zwischen Isar und Lech; Gerber—Verlag

Personenregister

Ortsregister

Reisen ins eigene Land

VSA-Regional- und Freizeitführer

Landschaften & Regionen entdecken, Bräuche & Feste erleben,
Regionale Geschichte aufspüren

Regional- und Freizeitführer
Schwarzwald
Herausgegeben von Werner Skrentny
320 Seiten; DM 36,80

Regional- und Freizeitführer
Schleswig-Holstein
Herausgegeben von Harald Breuer
und Jens-Reimer Prüß
280 Seiten; DM 36,80

Regional- und Freizeitführer
Mecklenburg-Vorpommern
Herausgegeben von Ingo Koch
und Brigitta Meuche
288 Seiten; DM 36,80

»Mit den witzigen und hintergründi-
gen Regional- und Freizeitführer – in
der bewährten VSA-Reisebuch-Quali-
tät – läßt sich's gut auf Entdeckungs-
reise gehen.« (BRIGITTE)

Prospekt
anfordern

VSA-Verlag
Postfach 50 15 71
Stresemannstr. 384a
W-2000 Hamburg 50

Außerdem bei VSA:

★ Städte zu Fuß
★ StadtReiseBücher
★ Länderreiseführer

★ Engagierte Sachbücher
★ Geschichte »von unten«